Marcel Reich-Ranicki
Aus persönlicher Sicht

Marcel Reich-Ranicki

Aus persönlicher Sicht

Gespräche 1999 bis 2006

Herausgegeben von
Christiane Schmidt

Deutsche Verlags-Anstalt
München

Bibliografische Information Der Deutschen Bibliothek
Die Deutsche Bibliothek verzeichnet diese Publikation
in der Deutschen Nationalbibliografie; detaillierte
bibliografische Daten sind im Internet über
<http://dnb.ddb.de> abrufbar.

Diese Ausgabe wurde auf chlor- und säurefrei gebleichtem,
alterungsbeständigem Papier gedruckt.

1. Auflage
Für diese Zusammenstellung:

Gesetzt aus der Minion Pro
Satz und Layout: Boer Verlagsservice, München
Druck und Bindung: Friedrich Pustet, Regensburg
Printed in Germany
ISBN 10: 3-421-04256-X
ISBN 13: 978-3-421-04256-9

www.dva.de

Inhalt

2001

2002

2003

2004

2005

Editorische Vorbemerkung

Dieser Band zeigt Marcel Reich-Ranicki im Gespräch. Er umfaßt eine Auswahl der in Zeitungen und Zeitschriften gedruckten Interviews und Gespräche aus den Jahren 1999 bis 2006, also vom Erscheinen der Autobiographie »Mein Leben« bis heute.

Die meisten Gespräche dieser Zeit wurden in diesen Band aufgenommen. Weggelassen wurden diejenigen, die schon einmal in Buchform erschienen sind, und Kurzinterviews wie Fragebögen.

Da einige wichtige oder sprechende Episoden natürlich mehrfach, in verschiedenen Gesprächen zur Sprache kamen, wurden hin und wieder Absätze gestrichen. Dabei wurde darauf geachtet, daß kein Aspekt, kein Hinweis verlorengeht. Meist wurden die ersten Erwähnungen belassen. Sobald neue Gedanken hinzukamen oder der Zusammenhang einen neuen Bezug herstellte, wurden Wiederholungen in Kauf genommen. Die Auslassungen wurden durch eine Klammer mit drei Punkten gekennzeichnet.

Einige Titel sind zur besseren Orientierung des Lesers geändert. Zumeist zitieren sie oder beziehen sich unmittelbar auf eine Äußerung aus dem entsprechenden Gespräch. Die Originaltitel sind in den Anmerkungen angegeben.

Der Band wird durch eine Zeittafel, welche die Jahre 1999 bis 2006 tabellarisch erfaßt, eine Auflistung der Gesprächspartner und Interviewer sowie ein Personenregister ergänzt.

1999

»Ich habe in der Literatur Schutz gesucht«

»Welt am Sonntag«, 15. August 1999
Das Interview führte Dana Horáková.

Warum haben Sie eine Biographie und keinen Roman geschrieben?
Aus einem einzigen Grund: Weil ich es nicht kann. Ich gehöre zu den wenigen Menschen in Deutschland, die der Ansicht sind, dies nicht zu können. Denn an sich schreibt in dieser Nation beinahe jeder einen Roman. Suchen Sie mal unter den deutschen Zahnärzten einen, der bisher keinen Roman geschrieben hat.
War es doch nicht eher die Angst vor den Kritikern, die Sie daran hinderte?
Überhaupt nicht! Ich habe überhaupt keine Angst vor Kritikern, weil ich schon so oft verrissen worden bin (lacht). Und einen Roman hätte man bestimmt verrissen. Vor allem: In meinem Alter ist es zu spät, um mit dem Romanschreiben anzufangen.
Liest man Ihre Beschreibung der Literatur, entsteht der Eindruck, als hätten Sie sie als eine schußsichere Weste eingesetzt, die Sie vor dem Leben – wann immer auch es zu nahe kommt, es weh tun könnte – schützt. Ist es so?
Nein, aber es war eine Zuflucht. Und natürlich kann man sich in einer Zuflucht auch schützen.

Sie schreiben: »Ich paßte nie zu meiner Umgebung.« Aber sind Sie nicht selbst an dieser Außenseiterrolle schuld? Wer stets Literatur zwischen sich und der Wirklichkeit aufstellt, kann nur ein Secondhandleben führen – und so Außenseiter bleiben.

Ich habe in der Literatur Schutz gesucht, weil ich diesen Schutz im Leben nicht gefunden habe. Ich glaube nicht, daß das Buch ein einziges Klagelied ist. Mir ist im Leben soviel Unrecht wieder nicht geschehen. Manchmal war das Leben sehr gnädig und gütig.

Gab es Tiefpunkte oder Ekstasen, in denen das Buch überflüssig wurde? Wo Sie keine Zuflucht wollten?

Nein, die Literatur war immer mit dabei. Und ob sie versagt hat, als wir aus dem Ghetto geflohen sind und irgendwo versuchten zu überleben? Da hat uns die Literatur nicht viel helfen können. Da kann Literatur nicht helfen.

Aber gerade im letzten Kriegsjahr, als ein polnischer Setzer Sie und Ihre Frau versteckte, »bezahlten« Sie die Unterkunft, das Brot und manchmal ein Gläschen Wodka mit Geschichten. Sie erzählten um Ihr Leben, Nacht für Nacht, wie Scheherezade!

Richtig, der Vergleich ist durchaus berechtigt. Aber die Leute, die uns damals gerettet haben, hätten uns gerettet, auch wenn wir ihnen keine Literatur zu bieten gehabt hätten.

Wenn es um die Beschreibung der Wirkung von Büchern geht, werden Sie richtig episch. Aber wenn es um Selbsterlebtes geht – um Ihre Entjungferung, um die Geburt Ihres Sohnes –, verstummen Sie rechtzeitig. Ein literarischer Interruptus, der irritiert. Warum?

Darauf gibt es eine Antwort – wir leben in einem freien Land. Es ist das Recht des Autors, über bestimmte Dinge zu schreiben und über andere nicht. Mich langweilt in Autobiographien seit Jahrzehnten beinahe alles, was die Autoren über ihre Kinder und Enkelkinder erzählen. Wie intelligent der Fünfjährige war, wie toll die Siebenjährige. Abscheulich …

… aber Sie gehen in Ihrer – Feigheit oder Verweigerung? – sogar so weit, daß Sie uns nicht wissen lassen wollen, ob Sie überhaupt imstande sind, starke Gefühle zu empfinden. Es gibt zwar häufig ergreifende Begegnungen – egal ob mit einer Frau oder Willy Brandt –, die zu Tränen führen, doch Sie beenden die Szene immer mit dem Satz: »In wessen Augen gab es damals Tränen?«

Ja, ja. Ich kann diesen Einwand verstehen, diesen Wunsch nach mehr Mut, eigene Gefühle zu zeigen. Nein, den Mut habe ich nicht.

Wie reagierte Ihre Frau auf die Stellen, wo Sie Ihre Untreue bekunden?

Was heißt untreu? Sie haben das jetzt so simpel gesagt. Es gibt Andeutungen … Wissen Sie, wenn sich zwei junge Menschen kennenlernen, die beide genau neunzehn Jahre alt sind, und die sind jetzt beide im achtzigsten Lebensjahr, dann zeigt irgendwann die eine oder die andere Person Interesse an einem anderen Menschen. Ich stand vor der Frage: Soll ich das alles verschweigen? Dann hätte ich mein Leben, in dem die Liebe eine große Rolle gespielt hat, verfälscht und entstellt. Ich war mir völlig im klaren, und meine Frau auch, daß man diese Dinge nicht verschweigen darf.

Sie haben also Ihre Ehe durch Ihre Seitensprünge …

… Nur meine? (Teofila Reich-Ranicki, die beim Gespräch dabei ist, lächelt und nickt bekennend.)

Dennoch: Gefährdet nicht jeder Seitensprung die Ehe?

Man kann diese Frage nur vom Resultat her beantworten. Und das Resultat kennen Sie. Sie sehen, wir sind achtzig Jahre alt geworden und haben uns nicht getrennt. Nicht für eine Woche, nicht für einen Tag. Wir haben zwar zweimal geheiratet. Aber nicht weil wir uns getrennt haben, sondern weil die polnischen Behörden unsere Heiratsurkunde aus dem Ghetto nicht anerkannten.

Was bedeutet Ihnen die Ehe?

Die Antwort wird Sie sehr enttäuschen – eine Notwendigkeit, um durch das Leben durchzukommen. Ich bin kein Mensch, der zum Alleinleben geboren ist.

Wollten Sie tatsächlich – wie's im Buche steht – schon als Kind ein Kritiker und sonst gar nichts werden?

Ja. Ich war unter dem Einfluß eines Mythos in der späten Zeit der Weimarer Republik. Da gab es einen Mythos des Kritikers. In erster Linie Alfred Kerr, über den bei uns zu Hause viel geredet wurde. Mich hat die Wertung der Literatur schon sehr interessiert.

Und als Sie 1958 aus Polen in die Bundesrepublik kamen …

… wollte ich auch Kritiker werden. Aber es gab nicht viel Kritik. Da wurde meist nur der Inhalt referiert und nur selten ein Urteil gefällt.

Und Sie haben versucht, an die Tradition der Berliner Kritik – Alfred Kerr, Alfred Polgar, Kurt Tucholsky, Walter Benjamin – anzuknüpfen, die hierzulande nicht gerade beliebt war. Erntete sie so wenig Sympathie, weil sie weitgehend von Juden geschrieben wurde?

Das kann sein. Im Dritten Reich war Kritik verboten, weil Goebbels immer wieder sagte, sie sei eine jüdische Erfindung, fremd dem deutschen Geist. Er hat das so gesagt, als seien die großen deutschen Kritiker wie Lessing, wie die beiden Schlegels oder Fontane Talmud-Forscher gewesen. Man wollte die Kritik als etwas Jüdisches abstempeln. Aber viele Menschen, die meine Kritiken ablehnten, störte nicht, daß ich Jude bin. Sie waren vielmehr dagegen, daß ich der Literatur wertend begegne.

Die Literatur gibt es letztendlich auch ohne Kritiker. Fühlen Sie sich nie als ein – obwohl pädagogisch wertvoller – Edelparasit?
Nicht im geringsten! Im Gegenteil. Ich glaube, daß ich der Literatur geholfen habe!
Gibt es Bücher, die keine Kritik benötigen?
Ja, ganz schlechte Bücher. Jede Literatur von Rang braucht den Kritiker – der mir zeigen kann, was im Buch enthalten ist, was ich vorher nicht wahrgenommen habe.
Verfolgen Sie die Literaturszene im Internet?
Nein, das habe ich noch nie gesehen.
Hat denn die Literatur in der heutigen Welt der Globalisierung und der Arbeitslosen noch die gleiche Funktion wie vorher?
Nein, ich glaube das nicht. Die Funktion der Literatur hat sich verändert, unter anderem durch das Fernsehen. Viele finden Ablenkung und Unterhaltung – Literatur ist ja zu einem nicht geringen Teil Unterhaltung – im Fernsehen. Also halte ich es für dringend nötig, daß die Schriftsteller und die Filmleute zusammenarbeiten.
Wer aber soll heute noch lesen? Die Arbeitslosen, die zwar die Zeit dazu hätten, aber meistens keinen Zugang finden? Oder die entsprechend gebildeten Gestreßten ohne Zeit?
Man soll niemanden zwingen, Bücher zu lesen. Es ist völlig überflüssig. Wenn Leute nicht wollen, sollten sie nicht. Man soll niemanden zwingen. Man soll jungen Menschen in der Schule zeigen, wie man eine Novelle oder eine Ballade verstehen kann. Aber wenn sie lieber Fußball spielen als Romane lesen, dann soll man es bleibenlassen. Zur Literatur kommt man freiwillig oder gar nicht.
An welchen Eckwerten orientieren Sie sich eigentlich – was sagt Ihnen, was Gut und Böse ist?
Im Leben oder in der Literatur?

Beides.

Die deutsche Klassik. Goethe und Schiller und Lessing und Heine. Mich hat Literatur in hohem Maße geprägt.

Sie wurden aus der KP Polens ausgeschlossen. Stimmt es, daß Sie 1957 – aus Karrieregründen – ein zweites Mal eingetreten sind?

Ich habe, um als Kritiker tätig sein zu können, um die Wiederaufnahme gebeten, was indes nicht erfolgte.

Warum wurden Sie eigentlich Kommunist? Weil das »Kommunistische Manifest« ein – wie Sie schreiben – »wunderbares Stück deutscher Prosa« ist?

Das ist fabelhafte Literatur. Genial! Der Schluß! Die Proletarier haben nichts zu verlieren als ihre Ketten! Das kann man nicht besser sagen. Aber es wäre Unsinn, aus literarischer Begeisterung Kommunist zu werden. Der Grund ist doch der, daß wir beide, meine Frau und ich, unser Leben der Roten Armee verdanken.

Das »Kommunistische Manifest« hat die Welt verändert …

Nein. Man kann mit der Literatur die politische Wirklichkeit nicht verändern. Das ist höchst bedauerlich, aber es ist so. Sie dürfen nicht vergessen, man kann mit guter Literatur niemals Einfluß auf größere Teile des Volkes ausüben. Weil gute Literatur beinahe für das ganze Volk schwer verständlich ist. Wer in Deutschland mit Romanen auf die politische Situation Einfluß ausüben will, muß schlechte Bücher mit einer anständigen Gesinnung schreiben.

Wenn sich aber die deutsche Gegenwartsliteratur der Gegenwartspolitik verweigert – wo bleibt ihre Daseinsberechtigung?

Die besteht darin, daß sie vielen Menschen Freude und Glück bereitet. Schluß. Das ist das Größte, was Literatur machen kann.

Also ist es abwegig, wenn Dichter wie Grass oder Walser in die Mahnmaldiskussion eingegriffen haben?
In einer Demokratie hat jeder das Recht, sich einzumischen. Aber – gehen manche Autoren vielleicht nur deshalb auf die Barrikaden, weil es mit dem Schreiben nicht recht vorankommt? Vielleicht. Unterschiedlich. Individuell.
Sie haben sich aus der Mahnmaldiskussion rausgehalten. Glauben Sie, daß sich die Lage der Juden in Deutschland in den letzten Jahren veränderte? Ignatz Bubis hat ja verkündet, er möchte in diesem Land nicht begraben werden, da seine ganzen Bemühungen umsonst gewesen sind.
Bubis, den ich sehr schätze, hat eine bittere Enttäuschung erlebt. Ich nicht. Und das hat einen einfachen Grund. Bubis hat sich für einen Deutschen gehalten und allmählich gemerkt, daß man ihn für einen Juden und keineswegs für einen Deutschen hält. Ich habe mich nie im Leben für einen Deutschen gehalten. Ich war nie ein Deutscher, ich bin es nicht und werde es nie sein. Diese Enttäuschung also, die Bubis erlebte, kann mir nicht passieren. (…)
Sie leben »weder mit noch gegen« Gott, Sie gehen nie in die Synagoge. Wie definieren Sie Ihr Judentum?
Ich weiß es nicht. Ich kann nur sagen: Mein Vater war ein polnischer Jude, meine Mutter eine deutsche Jüdin. Ich bin Bürger der Bundesrepublik Deutschland. Schluß. Daß manche Eigentümlichkeiten meiner literarisch-kritischen Arbeit mit meinem Judentum zusammenhängen, ist möglich.
Wie?
Sehen Sie, die Juden haben sich jahrtausendelang damit beschäftigt, die Heilige Schrift zu kommentieren. Vielleicht hat meine Kritik etwas mit der jüdischen Tradition der Textinterpretation zu tun. Ich weiß es nicht.

Der Tod – Sie erlebten ihn nur zu oft. Beschäftigen Sie sich mit ihm?

Täglich. Täglich. Ich fürchte die Nichtexistenz. Wenn das Leben weitergeht – und man erfährt nichts mehr, man ist nicht mehr da.

Könnten solche Gedanken nicht dazu führen, daß Sie doch noch zu Gott finden?

Wenn man bald achtzig wird und niemals diesen Weg gesucht hat, sind Hopfen und Malz verloren.

»Der Rest ist Schweigen«

ARD, »ttt – Titel, Thesen, Temperamente«, 15. August 1999
Das Interview führte Wilfried F. Schoeller.

Welche inneren Widerstände hatten Sie beim Schreiben Ihrer Autobiographie zu überwinden?
Angst, im zweifachen Sinne. Angst zunächst, daß ich der Aufgabe literarisch nicht gewachsen bin. Ich weiß, Sie brauchen mir nichts zu sagen. Es haben über ähnliche Erlebnisse viele Leute geschrieben, die nicht schreiben können oder denen Lektoren die Bücher zurechtgemacht haben. Mein Metier ist ein anderes. Und wenn ich es ganz simpel sagen soll: Es fiel mir doch leichter, über Thomas Mann und Kafka als über mich selbst zu schreiben. Das war die eine Angst, daß ich es literarisch nicht schaffe. Die andere: ganz einfach die Angst davor, das alles noch einmal erleben zu müssen, wenn auch nur in Gedanken.
Ein Mensch, zwischen verschiedene Welten gezwungen: 1920 in Polen geboren, Jude, wegen des väterlichen Bankrotts nach Deutschland gekommen, Gymnasium in der Nazizeit, Abitur 1938, der Beste der Klasse in Deutsch. Im gleichen Jahr die Novemberpogrome und die Ausweisung des Achtzehnjährigen nach Polen. Dort ins Warschauer Ghetto gepreßt, ausweglose Drangsal. Was ist das Fazit dieser mörderischen Situation, der Sie ja mit Ihrer Frau denkbar knapp nur entronnen sind?
Ja, ein Fazit: zunächst einmal das Fragezeichen. Ein Fragezeichen, das uns beiden, meiner Frau und mir, keine Ruhe gibt, nämlich die Frage: Warum? Warum haben wir überlebt? Warum haben die Eltern meiner Frau und meine Eltern

und mein Bruder – sie alle haben es nicht überlebt. Wir haben es überlebt. Warum? Es gibt darauf nur eine einzige Antwort: der Zufall! Es war reiner Zufall. Vielleicht hat noch ein Element eine kleine Rolle gespielt: Wir waren die Jüngsten. Jüngere Menschen hatten etwas mehr Chancen zu überleben. Aber die Frage bleibt: Warum?

Sie schildern eine Situation, wo Sie beide schon zum Abtransport laufen, sozusagen schon in der Kolonne sind. Und es kann sich nur, sagen wir mal, um die Möglichkeit von zwei, drei Sekunden gehandelt haben, und Sie entrinnen.

Na ja, wir sind herausgesprungen aus der Reihe, und der Soldat hat hinter uns hergeschossen. Das wissen wir von einer Frau, die mit uns in den Reihen stand, die eine halbe Minute nach uns geflohen ist. Er hat geschossen, er hat uns nicht getroffen, er hat das Gewehr weggeworfen. Und die Frage, ob er uns nicht getroffen hat, weil da an dem Gewehr was kaputt war oder weil er uns gar nicht treffen wollte, wird unbeantwortet bleiben.

Wenn man Ihr Buch liest – das Letzte an Gewalt, an Gemeinheit, an menschlichem Dreck, an schrecklichem Handeln haben Sie verschwiegen.

Ich bin nicht so sicher, ob Sie recht haben. Da gibt es eine Stelle in diesem Buch, die für mich wichtig war: Wir kamen, nachdem die Deportation zunächst abgeschlossen worden war; weil drei Viertel der Bevölkerung des Ghettos schon abtransportiert waren, teilte man uns eine Wohnung zu. Wir wurden rausgeschmissen aus unserer Wohnung, bekamen eine Wohnung vorläufig zugeteilt. Und wir betraten eine Wohnung, in der noch die halbvolle Tasse Kaffee auf dem Tisch stand, neben den Kleidungsstücken der Leute, eines Ehepaares offensichtlich, das da gewohnt hat und das vor acht Stunden, vor sechs Stunden abtransportiert wurde. Das stand noch alles da. Es atmete noch – die Wohnung – das Leben der Deportierten. Und ich habe da beschrieben, wie ich mir die letzten Stunden dieser Deportierten in Treblinka, in der Gaskammer, vorgestellt habe. Ich hätte schreiben können, wie ich mir die letzten Stunden meiner Eltern vorstellte. Ich zog es vor, die Unbekannten zu schildern.

Februar 1943 gelang die Flucht. Versteck mit seiner Frau bei Polen, Befreiung durch die Rote Armee, Eintritt in die KP, Diplomat in England, polnischer Geheimdienst, aus der KP ausgeschlossen. Sie sind in die Kommunistische Partei gegangen – ich will jetzt nicht fragen, warum, das liegt ja so nahe, daß man damals Kommunist geworden ist. Ich will fragen: Was verdanken Sie der KP?

Das ist eine ganz leichte Frage: Ich verdanke der KP wohl vor allem das Gefühl – richtig oder schlecht – der Zugehörigkeit zu einer großen Gemeinschaft. Vergessen Sie bitte nicht: Ich war ja immer im Grunde ein einsamer Mensch. Ich hatte Freunde, gewiß, aber ich gehörte ja nirgendwohin: nicht zur jüdischen Gemeinde, deren Mitglied ich nie im Leben war und auch heute nicht bin. Gucken Sie die Schüler an, meine Mitschüler: die gehörten ja alle der Hitlerjugend an, die gingen in die Tanzschule und dergleichen. Das war alles anders bei mir. Ich saß zu Hause und las Thomas Mann. So sah es im Dritten Reich in meiner Schulzeit oft aus. Die KP gab mir das Gefühl der Zugehörigkeit zu einer großen und kämpfenden Gemeinschaft.

1958 die Flucht in die Bundesrepublik. Danach ein beispielloser Aufstieg des Mannes, der von sich sagt: Wer das erlebt hat, bleibt ein Gezeichneter. Das Buch enthüllt zwei Leben auf der Nadelspitze und bewegt durch seine leisen Töne. Was da so be-

sonders auffällt, ist, daß der streitbare Geist Marcel Reich-Ranicki, der Mann, der keine Polemik gescheut hat, daß der hier sehr zart schreiben kann, geradezu innig und zärtlich, vor allen Dingen über seine Frau. Es ist ja wahrscheinlich doch ein Wunder, daß eine Ehe, die unter der Pression im Warschauer Ghetto geschlossen worden ist, so lange gehalten hat.

Na, ich sag's doch, es ist wie ein Wunder, und ich sag's mit Hofmannsthals Worten: »wie ein Traum«. So war es, so ist es vorläufig. Und mehr kann ich dazu nicht sagen. Was ich sagen wollte, habe ich in diesem Buch gesagt, und der Rest ist Schweigen.

»Meine Heimat ist die deutsche Literatur«

»News«, 19. August 1999
Das Interview führten Heinz Sichrovsky
und Dagmar Kaindl.

Sie schreiben, Sie hätten nie Haß empfunden. Wie ist das möglich, nach dem, was Ihnen geschehen ist?
Ich habe das nicht ganz so gesagt. Ich habe nur gesagt, ich hasse und liebe keine Völker, sondern immer Individuen. Das ist etwas anderes. Ich höre es sehr ungern, wenn jemand in der Bundesrepublik sagt, ich liebe die Italiener. Das ist sehr schlecht, denn dieser Mensch, der heute sagt, ich liebe die Italiener, wird morgen vielleicht sagen, ich hasse die Türken. Es ist mir viel angenehmer zu hören, ich liebe die Italienerin Eleonora Canzelli.
Können Sie sich eigentlich als Deutscher fühlen?
Ich war nie ein Deutscher, ich bin es nicht, und ich werde es nicht sein. Ich bin kein Deutscher. Aber ich verwende das Wort »deutsch« hinsichtlich meiner Person oft und gern, doch immer nur als Adjektiv. Das soll heißen: Ich bin ein deutscher Literaturkritiker, ein deutscher Schriftsteller vielleicht. Aber ich bin kein Deutscher.
Sind Sie denn Weltbürger?
Für mich ist das Wort Weltbürger doch zu anspruchsvoll. Ich habe vor vielen Jahrzehnten, darüber befragt, gesagt, ich sei Europäer. Aber heute ist ja jeder ein Europäer, da möchte ich dieses Wort nun doch nicht benutzen. Was ich bin, kann ich Ihnen nur so antworten: Mein Vater war ein polnischer Jude, meine Mutter war eine deutsche, eine preußische Jüdin. Ich

bin ein Bürger der Bundesrepublik Deutschland. Daß ich heimatlos bin, stimmt nicht, aber meine Heimat ist die deutsche Literatur. Punkt. Schluß.

Die deutsche Literatur ist Ihr Hauptwohnsitz?

Ja.

Ihr soeben verstorbener Freund Ignatz Bubis wurde in Tel Aviv bestattet, weil er fürchtete, man werde in Deutschland sein Grab schänden. Ist das nicht entsetzlich?

Ja, es ist entsetzlich, aber es ist auch Zeichen einer späten Einsicht von Bubis. Er hielt sich immer – und betonte das bei jeder Gelegenheit – für einen deutschen Staatsbürger jüdischen Glaubens. Er glaubte, er sei längst in diesem Land hier als Deutscher anerkannt. Das war ein Mißverständnis, das seine späten Jahre in hohem Maße getrübt hat. Er wurde hier von jenen, mit denen er zu tun hatte, oft sehr geschätzt, bisweilen auch bewundert, aber so gut wie niemand hielt ihn für einen Deutschen. Man hielt ihn für einen Juden, über den man vieles, oft sehr viel Gutes zu sagen hatte, der in Frankfurt lebte und in Deutschland tätig war. Bubis beschwerte sich oft in Gesprächen mit mir, daß er selbst von wohlmeinenden Leuten gefragt werde: »Wo verbringen Sie Ihre Ferien, in Ihrer Heimat?« Und damit war immer Israel gemeint.

Als Sie seinerzeit auf dem »Spiegel«-Cover ein Buch von Günter Grass zerrissen, sagte man Ihnen eine Gesinnung wie die der Bücherverbrenner nach.

Alles hat zu tun damit, daß ich in einem wichtigen Augenblick meines Lebens meinen Urlaub in Österreich verbracht habe, in Altaussee. Dort habe ich den Artikel über das Buch »Ein weites Feld« geschrieben. Nun pflegt der »Spiegel« den Text eines Artikels von mir sehr genau mit mir abzusprechen, wenn irgendwas denen fragwürdig scheint, wenn ein Datum nicht ganz richtig ist oder ähnliches. Aber die Bebilderung machen sie mehr oder weniger, wie sie wollen. Der Umschlag des Heftes mit meiner Kritik war nicht mit mir vereinbart, und natürlich war es eine Fotomontage. Jeder von unserem Fach weiß, daß es geradezu unmöglich ist, ein großes, dickes Buch auseinanderzureißen. Ich bin doch kein Kraftmensch aus dem Zirkus! Die meisten Leser des »Spiegels« haben gar nicht gemerkt, daß es eine Fotomontage war, und haben überdies geglaubt, daß das ein von mir gewünschtes Bild ist. Daß ich je für die Vernichtung von Büchern war oder bin, ist natürlich barer Unfug.

Der Kritikerberuf ist oft mit Verletzen, auch dem Verlust von Freundschaften verbunden.

Sie sagen, der Beruf des Kritikers sei damit verbunden, daß man Menschen verletzt. Ich kann Ihnen darauf antworten: jawohl. Der Beruf des Chirurgen ebenfalls. Sie sind dennoch nötig. Die Kritiker und die Chirurgen.

Gibt es eine naturgegebene Feindschaft zwischen Kritiker und Autor?

Na ja, Feindschaft ist übertrieben, aber mir hat einmal Alexander Kluge gesagt: »Man wird von Ihnen gelobt, kriegt eine freundliche Kritik, aber man kann sich auf Sie nicht verlassen. Denn man ist nicht sicher, wie das nächste Buch beurteilt wird.« Und das ist richtig. Es gibt kein Abonnement für lobende Kritiken und auch nicht für Verrisse bei mir. Der Kritiker urteilt von Fall zu Fall und daher naturgemäß sehr unterschiedlich. (…)

Haben Sie Angst vor einem politischen Rechtsruck?

Diese Angst habe ich immer, und die werde ich bis zum Ende meines Lebens haben. Warum? Weil ich das Dritte Reich schon erlebt habe, weil ich gesehen habe, wie sich das Volk in jenen Jahren verhalten hat.

Sind Sie religiös?
Ich war nie in meinem Leben religiös. Ich bin Jude, aber ich war niemals Mitglied der jüdischen Gemeinde irgendeiner Stadt.
Glauben Sie denn an irgend etwas?
Ich kann Ihnen sagen, woran ich glaube: Ich glaube an Shakespeare und an Mozart. Ich kann auch noch hinzufügen, ich glaube an Goethe und an Beethoven. Shakespeare, Mozart, Goethe und Beethoven – ich glaube, das reicht.

»Ich habe keinen einzigen Augenblick an Gott geglaubt«

»Stern«, 19. August 1999
Das Interview führte Sven Michaelsen.

Herr Reich-Ranicki, obwohl Ihnen Verlage bis zu fünfhunderttausend Mark Vorschuß offerierten, haben Sie es stets weit von sich gewiesen, Memoiren schreiben zu wollen. In dieser Woche präsentieren Sie mit »Mein Leben« nun doch Ihre Erinnerungen. Was hat diesen Sinneswandel bewirkt?
Glauben Sie mir, es ist so viel leichter, sich mit Thomas Mann auseinanderzusetzen als mit sich selber. Aber da ich allmählich den Boden der Suppenschüssel sehe, habe ich mich gefragt, ob eine Autobiographie nicht vielleicht doch nötig und richtig wäre. Ich fürchtete, meinem Leben als Autor nicht gewachsen zu sein. Über das Ghetto zu schreiben bedeutet, sich an das Ghetto zu erinnern, und sich daran zu erinnern bedeutet, es noch einmal zu erleben. Davor hatte ich große Angst.
Nach Ihrer Kindheit in Polen kamen Sie 1929 nach Berlin. Unter welchen Umständen wurden Sie 1938 als Achtzehnjähriger nach Warschau deportiert?
Es war die erste organisierte Massendeportation. Insgesamt wurden damals rund achtzehntausend Juden verschleppt. Ein Polizist erschien frühmorgens in meinem Zimmer und präsentierte mir die Ausweisung aus dem Dritten Reich. Ich durfte fünf Mark mitnehmen und eine Aktentasche. In die steckte ich ein Reservetaschentuch und einen Roman von Balzac, den ich gerade las. Eine falsche Wahl, wie ich später feststellen mußte, denn es war ein schwacher Roman. In

Warschau fand ich Unterkunft bei meinem Bruder, der Zahnarzt war. Ich war in Polen fremd, isoliert und arbeitslos. Aber kaum hatte die Okkupation begonnen, da war ich gar nicht mehr isoliert, denn immer wieder kümmerten sich Deutsche in Uniform um mich.

Im November 1939 wurden Sie von Soldaten der Wehrmacht gezwungen, mit dreißig anderen Juden eine Kaserne zu putzen. Wie sehr haßten Sie damals die Deutschen?

Unsere Bewacher waren kaum älter als ich. Sie machten sich einen Spaß daraus, uns im Chor brüllen zu lassen: »Wir sind dreckige Juden.« Aber zum Haß war ich nicht imstande, und wenn ich ehrlich bin, fühlte ich mich auch nicht erniedrigt oder gedemütigt. Ich habe zwar vor Angst gezittert, daß diese deutschen Barbaren mich erschießen. Aber ich habe innerlich gelacht, als einer von ihnen mich als »jüdischen Untermenschen« beschimpfte. Ich dachte, das ist ein dummer Junge, der jetzt die Macht hat, dreißig Juden durch den Dreck zu treiben und sie brüllen zu lassen: »Wir sind jüdische Schweine.« Aber das ist lächerlich, das kann man keinen Augenblick ernst nehmen. Derselbe junge Mann war eine halbe Stunde später glücklich, sich mit mir darüber zu unterhalten, wer der bessere Linksaußen bei Hertha BSC ist. Der sadistische Schinder von eben war plötzlich ein zivilisierter junger Mensch aus Berlin-Gesundbrunnen.

Für die Besatzer waren die 400 000 Juden in Warschau Freiwild. Dennoch haben Sie im Untergrundarchiv des Ghettos mitgearbeitet und an einer Widerstandsaktion der Jüdischen Kampforganisation teilgenommen. Gab es Phasen, in denen Sie sich aufgeben wollten?

Ich war jung, und bei Zwanzigjährigen war der Wille zu überleben viel stärker als bei Fünfzigjährigen. Ich war nie überzeugt, daß ich zu den Überlebenden gehören werde, aber ich wußte immer: Die Deutschen werden diesen Krieg verlieren, wie sie noch nie einen Krieg verloren haben. Der Grund war eine gewisse Naivität, denn in der Schule in Deutschland hatte man mir beigebracht, daß letztlich die gerechte Sache siegt. Es war für mich einfach unmöglich, daß der Schwachsinn einer bestialischen Figur wie Hitler siegen könnte.

Wegen der Massentransporte ins Vernichtungslager Treblinka gab es Anfang 1943 nur noch rund 35 000 Überlebende im Ghetto. Als im Januar auch Sie mit Ihrer Frau Teofila Richtung »Umschlagplatz« getrieben wurden, gelang Ihnen trotz schußbereiter SS-Posten die Flucht. Ein arbeitsloser polnischer Setzer hat Sie dann anderthalb Jahre lang bei sich versteckt.

Bolek, so hieß der Mann, lebte in einem jämmerlichen Häuschen mit Plumpsklo in einem Vorort von Warschau. Tagsüber verbargen wir uns im Keller oder auf dem Dachboden. Nachts fertigten wir Tausende Zigaretten an, die Bolek auf dem Schwarzmarkt verkaufte.

Was haben Sie tagsüber in Ihrem Versteck gemacht?

Da wir nachts Zigaretten drehen mußten, waren wir am Tag wahnsinnig übermüdet und sind oft eingeschlafen. Wir haben viel über unsere Zukunft gesprochen. Einmal sagte ich zu meiner Frau: »Du wirst mir nicht glauben, aber ich halte es nicht für ausgeschlossen, daß unsere Zukunft in Deutschland sein wird.« So tief war ich überzeugt von der Niederlage Deutschlands und so tief geprägt von jenen, die mich erzogen haben, also Goethe, Schiller, Lessing, Heine und natürlich Thomas Mann.

Gab es bei Bolek Bücher?

Ein einziges. Als ich es sah, hoffte ich, es sei die Bibel. Leider war es ein Gebetbuch.

Haben Sie Gott um Beistand gebeten?
Nein. Ich habe in meinem Leben keinen einzigen Augenblick an Gott geglaubt. Früher hielt ich Gott für eine nicht sonderlich gelungene literarische Figur.
Als es abends mal wieder keinen Strom gab, kam Boleks Frau auf die Idee, Sie Geschichten erzählen zu lassen.
Von da an mußte ich das jeden Abend machen, monatelang. Je unterhaltsamer ich erzählte, desto besser wurden wir versorgt. Ich erzählte also um unser Leben. Was ich zum besten gab, waren auf simple Spannung reduzierte Kurzfassungen von »Romeo und Julia«, »Wilhelm Tell«, »Effie Briest«, »Aida« oder »Rigoletto«. Ich mußte die Stoffe schamlos verflachen, weil ich zu Menschen sprach, die nie im Leben Namen wie etwa Shakespeare oder Schiller gehört hatten. Die glaubten, daß all diese Geschichten ich erfunden hätte. Als ich einmal den »Prinzen von Homburg« erzählte, sagte Bolek: »Die Deutschen soll der Teufel holen, aber dieser Herr Hamburg, der gefällt mir.«
Wie wurden Sie versorgt?
Unsere Tagesration bestand manchmal aus zwei Mohrrüben oder einer halben Scheibe Brot. Wir haben anderthalb Jahre ein Gefühl nicht gekannt: satt zu sein. Nur rauchen konnten wir, soviel wir wollten, denn Tabak war genug da. Schrecklicher als der Hunger war nur die dauernde Todesangst. Wenn untergetauchte Juden aufgedeckt wurden, hat man sie häufig drei Minuten später erschossen.
Als die Rote Armee Sie 1944 befreite, wurden Sie auf knapp fünfzig geschätzt. Dabei waren Sie erst vierundzwanzig.
Das ist nicht verwunderlich. Wir waren ausgemergelt, verlaust und in schmutzige Lumpen gehüllt.
Wie alt fühlten Sie sich?

Ich habe mich schon zur Zeit des Abiturs als erwachsener reifer Mensch empfunden. Ich hatte nichts von der Leichtigkeit, wie sie Siebzehnjährige so oft haben. Ich war ein Außenseiter, der nur das eine Ziel vor Augen hatte: daß man mich als Juden nicht rausschmeißt aus der Schule. Eine wirkliche Jugend hatte ich nie. Die haben mir die Nazis geraubt.

Viele Holocaust-Überlebende haben nie über ihre Erlebnisse gesprochen.

Ich habe nur dann etwas erzählt, wenn ich direkt gefragt wurde. Und ich bin in Deutschland so gut wie nie gefragt worden. Ich war dreißig Jahre lang mit Walter Jens befreundet. Er wollte nie etwas über die SS und den brutalen Alltag im Ghetto wissen. Statt dessen fragte er: »Wie stehst du eigentlich zu Kleist?« Die erste Deutsche, die aufrichtig und ernsthaft wünschte, etwas über meine Erlebnisse zu hören, traf ich 1964 in Hamburg. Sie war Mitarbeiterin des Norddeutschen Rundfunks und hat ein Interview mit mir geführt. Ihr Name war Ulrike Meinhof.

Fühlen Sie sich schuldig, zu den Überlebenden des Holocaust zu gehören?

Rings um uns sind alle ermordet worden. Meine Eltern und die Mutter meiner Frau wurden in Treblinka umgebracht, mein Bruder wurde im Lager Poniatowa ermordet, wahrscheinlich hat er im letzten Augenblick Zyankali genommen. Wer wie wir zufällig verschont wurde, kann nicht in Frieden mit sich selber leben. Heute ist die Intensität dieses, sagen wir, Sachverhalts naturgemäß nicht mehr so stark wie vor fünfzig Jahren, aber vergessen kann man es nicht. Trauer und Angst und das Gefühl, Gezeichnete zu sein – das bleibt bis zu unserem Ende.

Haben sich bei Ihnen Verhaltensweisen aus dem Ghetto erhalten?

(...) Wegen der gestreiften Häftlingskleidung in Auschwitz trage ich nie Hemden mit Streifen, übrigens sehr zum Leidwesen meiner Frau. Wenn wir eins der elenden Cafés im Ghetto besuchten, um ein Konzert zu hören, saß ich immer so, daß ich die Tür im Blick hatte. Auch das hat sich bei mir nie mehr geändert.

Ende 1944 wurden Sie der Postzensur der polnischen Armee zugeteilt; ab 1947 arbeiteten Sie dann im Rang eines Hauptmanns für den polnischen Auslandsgeheimdienst. Warum haben Sie das bis 1994 stets verschwiegen?

Aus Angst. Mir wurden von polnischen Stellen die schrecklichsten Konsequenzen angedroht, falls ich etwas über diese Zeit erzähle. Ich habe später erfahren, daß ich im Westen vom polnischen Geheimdienst mit Hilfe von Markus Wolf und der Stasi gesucht wurde. Die Leute vom Bonner Verfassungsschutz waren bei mir und sagten: »Wir sind über Ihre damalige Tätigkeit informiert. Wenn andere Personen etwas wissen möchten, sagen Sie am besten kein Wort.«

1949 wurden Sie Lektor eines polnischen Verlags; 1958 entschlossen Sie sich dann, in die Bundesrepublik zu kommen. Über diesen Schritt schreibt Henryk M. Broder: »Juden, die nach dem Krieg nach Deutschland gekommen sind, wissen, daß es eine monströse Absurdität war, sich im Land der Mörder niederzulassen, und wenn sie mit sich selber ehrlich sind, dann wissen sie auch, daß es Verrat an den Ermordeten war.«

Die These ist falsch, aber nicht so dumm. Als ich beschlossen hatte, das kommunistische Polen zu verlassen, gab es ein Land, das mich sehr gelockt hat: die Schweiz. Da wäre ich hingegangen, wenn man mich nur reingelassen hätte. So wie Thomas Mann nach Kilchberg gegangen ist, so wäre ich nach Zürich gegangen, um dort über deutsche Literatur zu schreiben. Aber es gab damals nur zwei Länder, die mich reinließen: Israel und die Bundesrepublik. Und da ich kein Wort Hebräisch kann, kam Israel nicht in Frage. Da hätte ich vielleicht in einem Reisebüro tätig werden können, und das hätte ich als Niederlage empfunden, nämlich als noch einen Triumph des Nationalsozialismus. Vor rund zwanzig Jahren erschien von Sebastian Haffner ein Artikel, der mich sehr gefreut hat. Er schrieb, daß mein Erfolg als Kritiker in Deutschland letztlich ein Triumph ist über Hitler.

Von 1959 bis 1973 waren Sie bei der »Zeit« als Literaturkritiker angestellt. Wieso fühlten Sie sich trotz Ihres wachsenden Ruhms »isoliert und vereinsamt«?

Ich las und schrieb im Hamburger Vorort Niendorf, und mein Kontakt mit der Welt ging nur selten über Telefongespräche hinaus. Ich wollte in einem Ensemble, in einem Team sein. Aber in der Redaktion war ich unerwünscht. Ich wurde ausgegrenzt. In meinen vierzehn Jahren bei der »Zeit« hat man mich zu keiner einzigen Konferenz eingeladen. Das war beleidigend.

Antisemitische Ressentiments in der »Zeit«?

Eine leitende Persönlichkeit dieser Zeitung hat mal in kleiner Runde gesagt: »Juden? Sehr begabt. Man darf sie nur nicht in der Redaktion beschäftigen. Dann holen sie andere Juden hinterher, und plötzlich haben wir hier einen ganzen Schwanz von Juden.« Ist das Antisemitismus? Und noch was will ich Ihnen erzählen. Vor drei Jahren erhielt ich eine offizielle Festschrift der »Zeit«. Darin fand ich die Notiz über mich, daß die Feuilletonredakteure damals »größte Bedenken« hatten, »ob sie einen so machtbewußten, rabulistischen Mann aushalten würden«. Der Begriff »jüdische Rabulistik« kommt oft in antisemitischen Äußerungen von Richard Wagner vor. Er hat ihn, wenn nicht erfunden, so doch popularisiert. Es ist auch eine Lieblingsvokabel von Goebbels gewesen.

Hätten Sie sich denn gern zum Kollegen?

Wahrlich keine dumme Frage. Wahrscheinlich bin ich nicht ganz leicht erträglich. Ich habe ja nicht sehr viele Freunde im Leben gehabt. Aber ich werde Sie verblüffen und die Frage mit ja beantworten. Ich habe immer schwierige Mitarbeiter gesucht, also keine Speichellecker und Zunicker, die mit allem einverstanden sind. Als ich 1973 zur »Frankfurter Allgemeinen Zeitung« ging, habe ich dort eingeführt, daß jede von mir geschriebene Kritik zwei Kollegen gegenlesen müssen. Wer bei mir die meisten Stellen beanstandet hat, an dem war ich am meisten interessiert.

Warum bezeichnen Sie in Ihrer Autobiographie Martin Walser als einen »der wunderlichsten Intellektuellen weit und breit«?

Ich halte nicht viel von seinen Romanen, weil ihnen jede Anschaulichkeit fehlt. Aber er ist nun mal Deutschlands gescheiteste Plaudertasche, und das gibt seinen Essays einen originellen und temperamentvollen Ton. (...) Die höhnische Art und Weise, wie er sich über das geplante Holocaust-Mahnmal in Berlin geäußert hat – »fußballplatzgroße Kranzabwurfstelle« –, hat ihm den verdienten Zuspruch der extremen Rechten eingebracht. Der Ton und der Stil und die Wortwahl von Walser können nur zur Vergrößerung des Antisemitismus führen. Niemals hat es solche Entgleisungen im Œuvre von, beispielsweise, Günter Grass gegeben.

Bekennende Antisemiten sind eine äußerst rare Spezies. Wie viele Judenhasser, schätzen Sie, gibt es in Deutschland?

Wenden Sie sich mit dieser Frage bitte an Allensbach. Bei einer anonymen Umfrage werden schon einige sagen: »Die Juden mögen glücklich werden – aber auf Madagaskar.« Die

Angst, ich könnte als Jude in Deutschland plötzlich ins Gefängnis kommen, ist völlig absurd. Für die Rechtsextremisten sind die Juden doch nicht sonderlich interessant. Für die sind Türken und Pakistani und Afrikaner viel wichtiger. Daß so viele jüdische Gräber geschändet werden, hat nur wenig mit dem Haß gegen Juden zu tun. Es ist das Bedürfnis dieser Leute aufzufallen, Krach zu machen. Zwei jüdische Gräber geschändet? Die Weltpresse berichtet groß. Drei Türken brutal verprügelt? Keine 3-Zeilen-Meldung.

(…)

Herr Reich-Ranicki, Sie haben Ihre Frau 1940 im Ghetto kennengelernt. Wenige Minuten vor Ihrer ersten Begegnung hatte sich Teofilas Vater erhängt. Über Ihre Tröstungsversuche schreiben Sie: »Ich faßte sie plötzlich an, ich griff zitternd nach ihrer Brust. Sie zuckte zusammen, aber sie sträubte sich nicht.«

Wir haben lange darüber gesprochen, ob diese Formulierung bleiben soll. Aber das ist doch als ein Symbol des Lebens gemeint, ich erzähle ja keine Sexualdetails. Peter Weiss hat in seinem autobiographischen Buch »Abschied von den Eltern« geschildert, wie er mit seiner Schwester im Bett lag. Dann schreibt er, wenn ich mich recht erinnere, den Satz: »Und mein Glied drang in ihre Scheide.« Solche Poesie finden Sie bei mir nicht.

Sie gestehen, mehrmals die Ehe gebrochen zu haben. Wie hat Ihre Frau auf diese Bekenntnisse reagiert?

Ich habe sie gebeten, die Passagen meines Buches, die ins Erotische gehen, besonders genau zu lesen. Aber sie hat keine einzige Korrektur vorgeschlagen. Außerdem mache ich Sie darauf aufmerksam, daß es sich hier um zwei Menschen handelt, die neunzehn Jahre alt waren, als sie sich kennenlernten, und heute neunundsiebzig sind. Kein strenger Pfarrer würde erwarten, daß diese Menschen in bald sechzig Jahren Ehe nie einen Blick auf andere geworfen haben. Es gab Situationen, unter denen sie viel gelitten hat, und ein paar Mal habe auch ich leiden müssen. Aber diese Liebesverhältnisse konnten unsere Ehe niemals gefährden.

Welche Note hat Ihnen Teofila für Ihre Memoiren erteilt?

Meine Frau ist meinem Schreiben gegenüber eher milde eingestellt. Ihr wichtigster Einfluß besteht darin, daß sie mich öfters auffordert, meine Sichtweisen weniger boshaft zu formulieren. Besonders wenn es um Schriftsteller geht, die wir persönlich kennen und mögen, fragt sie: »Marcel, kannst du das nicht vielleicht ein bißchen delikater oder höflicher ausdrücken?«

Der Autor Philip Roth schreibt über Kritiker: »Früher oder später kommt für jeden Schriftsteller der aus zwei oder drei oder fünftausend Wörtern bestehende Peitschenhieb, an dem er nicht bloß die üblichen zweiundsiebzig Stunden, sondern sein Leben lang zu würgen hat.« Sie gelten als Spezialist für solche Hinrichtungen.

Beim Bachmann-Wettbewerb habe ich erlebt, wie eine Autorin nach einem Verriß weinend aus dem Saal gerannt ist. Wenig später wurde eine andere Autorin sehr gelobt und umarmte weinend ihren Freund. Ich bin ganz sicher, daß das Glück der einen nicht möglich war ohne das Unglück der anderen. Tränen des Glücks, Tränen des Unglücks – auch das gehört zur Kritik.

Hochmut, heißt es, ist die Schutzhaltung der Verletzten.

Ja, aber Deutlichkeit ist die Höflichkeit der Kritiker. Alle Rezensenten von Rang haben viel mehr getadelt als gelobt. Fontane hat unentwegt verrissen. Seine Theaterkritiken zeichnete er mit »Th. F.«. Das haben die verrissenen Schauspieler übersetzt mit »Theater-Fremdling«. So ist es auch mit unseren Autoren: Die meisten verstehen von Literatur so viel wie Vögel von Ornithologie.

Welche Berufskrankheiten beobachten Sie an sich?

Manchmal habe ich einfach keine Lust mehr, Romane zu lesen, und erhole mich lieber bei Musik. Man sagt ja, daß Marlene Dietrich, wenn sie wirklich Spaß an der Sexualität haben wollte, mit Frauen ins Bett ging. Ich habe eine Ehe mit der Literatur und eine Liebesgeschichte mit der Musik. Eine andere Entstellung, die mit meiner Profession zusammenhängt, ist der Blick für das Exemplarische. Wenn ich etwas beobachte, denke ich oft: »Gutes literarisches Motiv. Gehört in einen Roman.«

Ertappen Sie sich dabei, auch Ihre Frau zu rezensieren?

Das wäre falsch. Der Kritiker Alfred Kerr hat sich mal boshaft über eine, wie er sagte, Romanze von Karl Kraus mit einer Schauspielerin geäußert. Da hat Kraus verärgert geschrieben: »Meine Romanze, Herr Kerr, lag Ihnen nicht als Rezensionsexemplar vor.«

Sie schreiben: »Ich habe noch nie einen Schriftsteller kennengelernt, der nicht eitel und nicht egozentrisch gewesen wäre – es sei denn, es war ein besonders schlechter Autor.« Woran merken Sie, daß Sie eitel sind?

Natürlich bin ich egozentrischer als ein Metzgermeister. Die Literatur- und Theaterkritiker sind besonders eitel, weil sie Urteile fällen, ohne über einen Kodex zu verfügen. Sie urteilen vor allem mit ihrem Gefühl, also müssen sie sich selber äußerst wichtig nehmen. Dieses Sich-wichtig-Nehmen nennt man eitel. Der eitelste deutsche Autor dieses Jahrhunderts heißt Thomas Mann. Er war ichbezogen wie ein Kind, empfindlich wie eine Primadonna und eitel wie ein Tenor. Und er hatte keine Bedenken zu behaupten, daß alle Kunst menschlichem Sich-wichtig-Nehmen entspringt.

Selbst Ihre rachsüchtigsten Feinde räumen ein, daß Sie der einflußreichste Kritiker in der Geschichte der deutschsprachigen Literatur sind. Ist es vorstellbar, daß Sie einen Nachfolger haben werden?

Ich sehe keinen. Die gewaltige Mordaktion der Nazis hat offenbar Lücken hinterlassen, die sich nicht so bald ausgleichen lassen. Die großen Kritiker der Weimarer Republik waren fast alle Juden. Es ist vielleicht nicht ganz ausgeschlossen, daß ich ein Letzter von dieser Spezies bin – sozusagen der letzte Mohikaner.

Welche Vorkehrungen werden Sie für Ihren achtzigsten Geburtstag im kommenden Juni treffen?

Einen Wunsch habe ich wirklich: keine Reden. Ich habe bereits genug Geburtstagsreden gehört. Schluß! Aber ich hätte schon gern von dem einen oder anderen Autor, der mich für seinen Feind hält und mit mir nichts zu tun haben will, etwas Versöhnliches und Freundliches gelesen.

»Was ich in diesem Buch geschrieben habe, ist wahr«

»Süddeutsche Zeitung«, 11./12. September 1999
Das Interview führte Sven Siedenberg.

Sechs Jahre haben Sie an Ihrer Autobiographie gearbeitet.
Das stimmt nicht ganz. Eigentlich habe ich mehr als sechzig Jahre daran gearbeitet. Mit anderen Worten: Die Autobiographie ist ein Ergebnis meines Lebens und meiner lebenslangen Beschäftigung mit der Literatur.
Warum haben Sie erst jetzt, mit fast achtzig Jahren, dieses Buch geschrieben?
Ich hatte dazu überhaupt keine Lust. Ich bin oft bedrängt worden, ein solches Buch zu schreiben. Meine Frau hat mich schon 1943, nachdem uns die Flucht aus dem Warschauer Ghetto gelungen war, aufgefordert, ich müsse all unsere Erlebnisse aufschreiben. Später, je bekannter ich wurde als Kritiker, haben mich auch immer wieder Verleger bedrängt.
Welche Note würden Sie sich selber für das Buch erteilen?
Ich selber gebe mir keine Noten. Das überlasse ich allen anderen. Die Frage, ob ich mit dem Buch zufrieden bin, kann ich nur dahingehend beantworten: Ich war noch nie mit etwas, was ich geschrieben habe, ganz zufrieden.
Haben Sie beim Schreiben etwas über sich erfahren, was Sie nicht wußten?
Ich habe mich doch nicht an den Schreibtisch gesetzt, um mich selber zu erforschen, sondern um ein Buch über mein Leben zu schreiben. Dabei habe ich mir immer wieder Gedanken über zwei Dinge gemacht. Erstens: Wie war das? Zweitens:

Interessiert das überhaupt jemanden heute? Ich finde, in den meisten Autobiographien steht zu viel über die frühe Kindheit. Das ist furchtbar langweilig. Ich habe ganz wenig über meine Kindheit geschrieben. Denn ich wollte vermeiden, daß das Buch zu dick wird. Erst wollte ich dreihundert Seiten schreiben, dann dachte ich, vielleicht vierhundert. Nun sind es fünfhundertsechzig geworden, das reicht.

Wie ist das Verhältnis von Dichtung und Wahrheit?

Alles, was ich in diesem Buch geschrieben habe, ist wahr. Aber nicht alles, was ich erlebt habe, habe ich in dem Buch beschrieben.

In manchen Kritiken hieß es, dies sei kein wichtiges literarhistorisches Buch, aber eine bewegende Biographie.

Herrgott, das ist genauso, als wenn man jemandem Käse zum Essen offeriert, der dann sagt: Na ja, Schinken ist das nicht, aber es schmeckt gut. Ich habe natürlich keine Literaturgeschichte geschrieben, weil ich keine Literaturgeschichte habe schreiben wollen.

Immerhin sagen Sie etwas zur Gruppe 47.

Das schien mir wichtig, daß endlich einmal jemand die Wahrheit sagt, nämlich: Das Unglück war der Name. Er hat dazu geführt, daß die Leute die Gruppe für eine literarische Strömung gehalten haben. Was für ein Quatsch! Es gab keine Literatur der Gruppe 47. Sie hätte Studio 47 oder Forum 47 heißen sollen. Im übrigen verdankte die Gruppe ihre Existenz vor allem dem Umstand, daß Hans Werner Richter nicht schreiben konnte.

Was sagen Sie jenen, die bemängeln, daß Sie die Chance verstreichen lassen, Ihre polnische Geheimdiensttätigkeit richtigzustellen?

Ich habe gewußt, daß meine vielen Gegner sagen werden: Ach, er bagatellisiert, vielleicht war das nicht so unbedeutend, wie er es darstellt. Ich habe es aber genau so dargestellt, wie es war.

Warum verschweigen Sie die Gründe, die zum Bruch der Freundschaft mit Walter Jens geführt haben?

Meine Freundschaft mit Walter Jens war – und das steht im Buch – wahrscheinlich die größte und die längste in meinem Leben. Ich wage die Behauptung: Sie war wichtiger für mich als für ihn. Ich habe versucht, über Jens so gerecht wie möglich zu schreiben. Ich glaube, daß man meine Herzlichkeit sehr wohl merkt. Ich habe mich jedenfalls darum bemüht. Ja, die Sache ist dann auf dramatische Weise zu Ende gegangen. Das steht im Buch drin: Jene, die zum Bruch dieser Freundschaft beigetragen haben, mögen es mit ihrem Gewissen vereinbaren.

Sie nennen aber keine Namen.

Ich wollte auf keinen Fall, daß dieses Buch eine Abrechnung wird.

Sie sind ein friedfertiger Mensch?

Ja. Sie dürfen mir glauben, daß ich den Bruch der Freundschaft mit Walter Jens zutiefst bedauere. Auch bedauere ich sehr, daß er bis heute den Brief nicht beantwortet hat, worin ich ihm vorgeschlagen habe: Treffen wir uns. Sogar Kollegen haben versucht, bei ihm zu intervenieren, um zu einer Versöhnung beizutragen. Denen hat er immer dasselbe geantwortet: Nein, das könne er seiner Familie nicht antun, er könne sich nicht mit mir versöhnen.

Haben sich Verleger oder Autoren beschwert, weil sie in dem Buch unerwähnt bleiben?

Siegfried Unseld hat sich lediglich beschwert, daß ich ihn einen Manager genannt habe. Viel lieber hätte er als Verleger tituliert werden wollen. Empört über das Buch geäußert hat sich angeblich Joachim Fest, der freilich behauptet, es nicht gelesen zu haben. Den schönsten Brief habe ich von dem Historiker Eberhard Jäckel erhalten, der sagt, daß das Buch für die Geschichtsschreibung von größter Bedeutung sein wird.

Halten Sie weiter an dem Vorwurf fest, es habe Ihnen gegenüber antisemitische Ressentiments in der »Zeit«-Redaktion gegeben?

Das ist eine komplizierte Angelegenheit.

Haben Sie die Replik von Dieter E. Zimmer gelesen?

Ja.

Was antworten Sie ihm?

Ich schätze Zimmer außerordentlich. Ich habe ihn häufig öffentlich gelobt. Aber sein Artikel in der »Zeit« ist leider wirr und enthält nicht wenige Fehler. Ich hätte, behauptet er, den Posten des Literaturchefs der »Zeit« nicht bekommen können, weil ich weder bereit noch fähig zur Teamarbeit war. Zimmer hätte hinzufügen sollen: Er habe sich geirrt, denn kaum daß ich die »Zeit« verlassen hatte, war ich fünfzehn Jahre lang Literaturchef der »Frankfurter Allgemeinen Zeitung« und, wie sich erwiesen hat, zur Teamarbeit sehr wohl fähig.

Zimmer behauptet, sie seien nie zu Feuilletonkonferenzen eingeladen worden, weil es nicht üblich war, freie Mitarbeiter teilnehmen zu lassen.

Da hat Zimmer etwas vergessen oder verdrängt: Ich war damals kein freier Mitarbeiter, sondern fester Angestellter mit allen Privilegien wie einem dreizehnten Gehalt. Und warum hat man mich zu den regelmäßigen großen Konferenzen, bei denen auch Volontäre und Hospitanten zugegen waren, nicht zugelassen?

Zimmer belehrt Sie, daß damals auch Juden Mitarbeiter der »Zeit« waren.

Wozu die Belehrung, da dies ja in meinem Buch auf Seite 430 zu lesen ist? Zimmer protestiert gegen die Vermutung, bei dem Verhältnis der »Zeit« zu mir habe möglicherweise Antisemitismus eine Rolle gespielt. Auch ich widersetzte mich zunächst einem derartigen Verdacht, mußte aber der 1996 erschienenen offiziellen Geschichte der »Zeit« entnehmen, daß man »einen so machtbewußten rabulistischen Mann« – wie ich es sein soll – nicht haben wollte. Warum hat diese offizielle Darstellung der »Zeit« sich eines von Goebbels oft verwendeten Ausdrucks der nationalsozialistischen Kampfpresse bedient? Als ich das las, war ich nicht mehr ganz sicher, welche Motive die ausschlaggebenden waren. Wie auch immer: Dieter E. Zimmer ist der letzte, den ich antisemitischer Regungen verdächtigen könnte. Nur hätte er auf diesen irreführenden Beitrag verzichten sollen.

»Wir waren zusammen in der Hölle – und im Himmel«

»Die Welt«, 18. September 1999
Das Interview mit Marcel und Teofila Reich-Ranicki führte Mathias Döpfner.

Woran haben Sie im Warschauer Ghetto geglaubt?
Marcel Reich-Ranicki: Wenn überhaupt, dann an die Musik. Nur an die Musik.
Tosia Reich-Ranicki: Die Musik gab uns Erleichterung, sie lenkte uns ab. Aber ich kann nicht sagen, daß ich an die Musik geglaubt habe.
Warum glauben Sie nicht an Gott? Hat Ihnen der Holocaust den Glauben genommen?
MRR: Das hat damit nichts zu tun. Ich war nie Mitglied der jüdischen Gemeinde. Ich war seit 1934, dem Jahr meiner Konfirmation, nie – mit einer unwichtigen Ausnahme – in der Synagoge. Mir war das schon als Kind unbegreiflich, daß jemand einen gedruckten Text liest und das für ein Gebet, ein Gespräch mit Gott hält. Ich habe diese Texte im Gebetbuch sehr wohl gelesen. Sie haben mich nicht beeindruckt und sehr enttäuscht, ich hielt sie für indiskutabel. »Gelobt sei der Ewige, der Ewige ist einzig, gepriesen sei der Name des Ewigen, denn Er ist einzig, gelobt sei Gott.« Und immer wieder ein und dasselbe. Was soll das? Und warum soll er gepriesen werden? Von Gott habe ich am wenigsten Hilfe während der Shoah erwartet und gespürt.
Also war das Judentum für Sie nur eine Schicksalsgemeinschaft?

MRR: Zunächst einmal ja. Mich hat ja niemand gefragt, ob ich Jude sein wollte. Man wird hineingeboren und muß sich damit abfinden. Hinzu kommt das Bewußtsein, daß ich von deutschsprachigen Juden sehr viel gelernt habe. Es ist also auch eine Art Kulturgemeinschaft.

Welche Juden meinen Sie?

MRR: Heine und Börne, Schnitzler und Döblin, Freud und Kafka, Kerr, Karl Kraus, Polgar und Tucholsky, Mahler, Schönberg und Kurt Weill. Reicht das?

Hat Sie die eigene Geschichte, die Sie jahrzehntelang verdrängen mußten, um zu leben, durch die Beschäftigung mit Ihrer Biographie wieder eingeholt?

MRR: Ja und nein. Schon wahr, ich mußte allerlei verdrängen, um leben zu können. Aber nicht in den letzten Jahrzehnten, sondern in den ersten zehn Jahren nach 1945. In dieser Zeit habe ich nicht einmal mit meiner Frau darüber geredet. Wir hatten auch gar keine Zeit dazu, weil wir uns um den Lebensunterhalt und die Arbeit kümmern mußten.

Ist das Erlebte jetzt, nach der Arbeit an dem Buch, viel gegenwärtiger als vorher?

TRR: O ja. Wir haben vor jedem einzelnen Kapitel gemeinsam über die Erlebnisse gesprochen. Wir haben unsere Erinnerungen ergänzt. Mein Mann hat ja ein viel besseres Gedächtnis als ich. Ich hatte viele Dinge einfach vergessen.

MRR: Aber oft hat auch meine Frau mich an Details erinnert, die mir nicht gegenwärtig waren. Wir waren da schon aufeinander angewiesen.

Ist Ihnen durch das Buch Ihr Jüdischsein bewußter geworden?

MRR: Nein, überhaupt nicht. Nein, mein Verhältnis zum Judentum hat sich im Laufe der vergangenen dreißig, vierzig Jahre nicht geändert.

(…)

Empfinden Sie so etwas wie kulturellen Patriotismus?

MRR: Auch das nicht. Meine Schwester pflegt zu sagen: Es gibt nur deutsche Musik und Chopin, der Rest ist unwichtig. Ich bin sehr für Chopin, aber da hat sie doch etwas übertrieben.

Verstehen Sie Bubis' Entscheidung, in Israel beerdigt zu werden?

MRR: Mir ist das vollkommen fremd. Ich wünsche nicht, bestattet zu werden. In Israel nicht, in Polen nicht und in Deutschland nicht. Es ist mir völlig egal, wo die Einäscherung stattfindet. Aber eines empfehle ich: Dort, wo ich sterbe, sollte die Einäscherung stattfinden. Wenn ich während eines Urlaubes in der Schweiz sterbe, bitte: keinen Transport! Den Fall kann man in der Schweiz sehr gut erledigen. Hast du verstanden, Tosia?

TRR: Ja. Muß ich das jetzt verstehen?

Reich-Ranicki: Du sollst dich zumindest daran halten.

In Ihrem Buch beschreiben Sie die Angst vor dem deutschen Rohrstock, vor der deutschen Barbarei, vor dem deutschen Konzentrationslager. Andererseits bewundern Sie die deutsche Kultur. Ihre Liebe gehört der deutschen Literatur. Was überwiegt?

MRR: Das bleibt immer ambivalent. Es gibt sogar Bindungen an einzelne Individuen, deren Rolle sehr dubios war. Ein Beispiel: Gustaf Gründgens hat auf mich eine starke Wirkung ausgeübt.

Thomas Mann und Adolf Hitler verkörpern für Sie »die beiden Möglichkeiten des Deutschtums«. Wo steht die Waage zwischen Barbarei und Kultiviertheit?

MRR: Ganz klar: auf Seiten von Thomas Mann. Was immer ich denken mag über diesen Herrn Schröder an der Spitze, ja. Aber daß diese Herren je die Absicht haben könnten, neue Konzentrationslager zu schaffen, das glaube ich nun wirklich nicht. Wir haben eine liberale und vernünftige Verfassung. Es mag Rechtsextreme geben, aber das ist doch vorerst eine sehr kleine Minderheit. Tosia, spürst du Antisemitismus, wenn du auf der Frankfurter Freßgasse einkaufen gehst?

TRR: Nein. Aber ich weiß doch, daß er da ist. Ich bin sehr verunsichert, wenn ein Taxifahrer mich fragt: Sind Sie Jüdin?

MRR: Das allein ist ja noch kein Antisemitismus. Auf diese Frage gibt es auch folgende Antwort: Sind Sie Jude? Ja. Ich auch.

In der »Welt« hat Alphons Silbermann Ihnen vorgeworfen, daß Sie Ihr Judentum früher immer versteckt hätten.

MRR: Das ist eine Gemeinheit sondergleichen. Und ich habe Herrn Silbermann auch schon einen Brief geschrieben. Wenn er das nicht zurücknimmt, werde ich ihn mit der härtesten Strafe belegen, die es gibt: Ich werde keine Zeile mehr von ihm lesen. Sein Vorwurf ist Unsinn. In dem ersten Buch, das ich in Deutschland herausgegeben habe – es war 1960 –, steht, daß ich im Warschauer Ghetto war. Ja, glaubt vielleicht irgend jemand, daß im Ghetto vor allem chinesische Katholiken untergebracht waren? Ich habe mein Judentum nie versteckt, aber ich bin auch nie mit meinem Judentum hausieren gegangen.

Angenommen, Sie wären bei Walsers Rede in der Paulskirche dabei gewesen. Wären Sie – so wie Bubis – beim Applaus sitzen geblieben?

MRR: Ich weiß nicht, ob ich so schlagfertig gewesen wäre. Es war eine schlimme Rede. Mehr oder weniger antisemitische Akzente gibt es bei Walser schon eine Weile. Das ist nichts Neues, leider.

Würden Sie Walser als antisemitischen Schriftsteller bezeichnen?

MRR: Nein, auf keinen Fall. Er ist natürlich kein Antisemit, aber es reizt ihn, dem Slogan »Ende der Schonzeit« – nämlich für die Juden – zu folgen. Seine Rede in der Paulskirche 1998 wurde als trotziges Bekenntnis zum Wegschauen von nationalsozialistischen Verbrechen verstanden und als Aufruf zur Nachahmung seines Verhaltens. Er hat wiedergegeben, was an vielen deutschen Stammtischen zu hören ist – und er hat für diese Stammtische und für alle, die die Juden nicht mögen, neue Formulierungen geliefert. Walser ist viel zu intelligent, um nicht zu wissen, was er mit seiner Rede anrichtet. Bald ein Jahr ist seitdem vergangen, und man hat von ihm kein Wort der Korrektur oder der Klarstellung gehört. Und es war auch kein Wort von ihm nach dem Tod von Ignatz Bubis, mit dem er ja stundenlang öffentlich diskutiert hat, zu vernehmen. Gebeten um eine Äußerung über Bubis, sagte er entschieden ab. Ich finde das unwürdig und kleinlich.

Das klingt so, als würden Sie Walser doch für einen antisemitischen Schriftsteller halten?

MRR: Er ist vor allem ein sehr ehrgeiziger Schriftsteller, der das dringende Bedürfnis hat aufzufallen.

Glauben Sie, daß es je wieder eine deutsch-jüdische Symbiose geben wird?

MRR: Ich bin da sehr skeptisch. Die deutsch-jüdische Symbiose war eine höchst einseitige Angelegenheit. Man kann nicht gerade sagen, daß die Liebe der Juden zu den Deutschen je erwidert wurde.

Wie wichtig sind die Juden für die deutsche Kultur?

MRR: Man kann sich die moderne Musik ohne Schönberg und Mahler nicht vorstellen, die moderne Psychologie nicht ohne Freud, die moderne Physik nicht ohne Einstein und die moderne Soziologie nicht ohne Marx. Alles deutschsprachige Juden. Zu den überragenden Malern dieses Jahrhunderts gehören auch Juden, also Chagall oder Modigliani, aber nur wenige deutsche Juden wie etwa Max Liebermann. In der Literatur sieht die Sache anders aus: Kafka, Döblin, Schnitzler – alles Juden. Die großen Dirigenten waren Juden, von Pianisten, Geigern und Regisseuren nicht zu reden. Also es ist schon unübersehbar, daß die Juden in der Kultur Deutschlands eine größere Rolle spielen als beispielsweise in Italien oder in Frankreich.

Es ist doch bestimmt kein Zufall, daß Ihre Memoiren genauso heißen wie die von Richard Wagner: »Mein Leben«.

MRR: Doch. Ich wollte keinen originellen Titel, sondern den einfachsten, den es gibt: »Mein Leben«.

Was verbindet Sie mit Wagner, dem Antisemiten, Geizhals, Neidhammel und genialen Komponisten?

MRR: »Die Meistersinger von Nürnberg« sowie »Tristan und Isolde«.

Warum sind ausgerechnet »Die Meistersinger von Nürnberg«, die deutsche Nationaloper schlechthin, Ihr Lieblingswerk?

MRR: Das ist, anders als »Tristan«, ein ganz breites Werk. »Tristan« ist ein herrliches und tiefes, aber vergleichsweise schmales Werk. In den »Meistersingern« findet sich alles, die große Oper, das Musikdrama, das Singspiel und sogar die Operette. Außerdem beschäftigen sich die »Meistersinger« mit meinem Beruf. In dieser Oper geht es doch auch um mich. Diese Oper zeigt, wie ein Kritiker aus einem weltfremden Künstler einen richtigen Autor macht.

Gibt es jemanden, der sich das ernsthaft von Ihnen wünscht?

MRR: Martin Walser zum Beispiel. Vor vielen Jahren fragte er mich vor angeschalteten Fernsehkameras: Wie soll der moderne Roman aussehen? Und ich Idiot habe einen Fehler gemacht. Ich habe ihm nämlich geantwortet. Das hätte ich nie tun dürfen. Wagner hat das viel besser gelöst: Der törichte und tumbe Tenor Stolzing fragt den hier als Kritiker fungierenden Hans Sachs: Wie fang ich nach der Regel an? Sachs antwortet: Ihr stellt sie selbst und folgt ihr dann. Sie sehen: Das ist tatsächlich eine Oper über meinen Beruf.

Man sagt, Wagner habe in Beckmesser einen jüdischen Kritiker karikiert.

MRR: Ich kenne die Theorie. Eine der schönsten Stellen der Oper, das Ende des zweiten Aktes, nachdem Beckmesser in einer pogromartigen Szene verprügelt wurde, ist von einer Musik untermalt, die zärtlich und mitleiderregend ist – das komponiert keiner, der nur karikieren oder bloßstellen will.

Wagners Antisemitismus hat auch mit dem Neid auf seine jüdischen Komponistenkollegen Meyerbeer und Halévy zu tun. Ist Neid eine Wurzel des Antisemitismus?

MRR: O ja. Eine besonders wichtige sogar.

Leiden Sie unter dem Neid, der Ihnen begegnet?

MRR: Selbstverständlich.

TRR: Aber das begleitet meinen Mann doch schon seit vielen Jahren, seit wir in Deutschland sind.

Neid ist die aufrichtigste Form der Anerkennung.

MRR: Diese Anerkennung habe ich in höchstem Maße genossen. Und sie wird mir auch jetzt wieder zuteil, weil das Buch »Mein Leben« sich so gut verkauft.

Im Warschauer Ghetto spielte Musik eine wichtigere Rolle als Literatur. Warum sind Sie nicht Musikkritiker geworden?

MRR: Es gibt einen einzigen Grund: weil ich nicht gelernt habe, ein Instrument zu spielen.

Diese Begründung überzeugt mich nicht. Sie können doch auch keine Romane schreiben wie Thomas Mann. Für Kritiker gilt

der Satz von Karl May: Man muß kein Kunstschütze sein, um zu sehen, ob jemand ins Schwarze getroffen hat.
MRR: Halt! Den Text von Thomas Mann kann ich lesen, die Partitur von Richard Strauss leider nicht.
E. T. A. Hoffmann hat gesagt: Musik ist die höchste aller Künste, weil sie ihr letztes Geheimnis nie preisgibt.
MRR: Den Satz kannte ich nicht, aber er ist gut. Meine Leidenschaft für die Musik ist vielleicht sogar eine Spur größer als für die Literatur, aber mir fehlten die Voraussetzungen, um Musikkritiker zu werden. Es ist unglaublich: Ich habe im Ghetto mit dem Klavierspielen begonnen. Aber glauben Sie etwa, ich hätte nach 1945 Zeit und Geld gehabt, Klavierunterricht zu nehmen? Ich wäre sehr gerne Musikkritiker geworden.
Könnte es sein, daß Musikkritik schwieriger ist als Literaturkritik, weil sie über einen Gegenstand berichtet, der in einer anderen Sprache verfaßt ist, einer vergleichsweise schwer übersetzbaren Semiotik gehorcht?
MRR: Gerade das hätte mich enorm gelockt.
Aber hätten Sie in der Musikkritik genauso brillieren können wie im Literaturfach?
MRR: Eventuell. Der originellste Musikkritiker, den wir heute haben, heißt, glaube ich, Joachim Kaiser. Er schreibt zwar leider zu schnell und ist von der Manie besessen, seine Texte zu diktieren, sie sozusagen hinzuplappern, aber dabei gelingt ihm doch manche überzeugende, ja virtuose Formulierung. Er weiß enorm viel und hat großen Einfluß. So eine Rolle, wie Joachim Kaiser sie heute in Deutschland spielt, die hätte ich vielleicht auch gespielt.
Gibt es einen zeitgenössischen Literaturkritiker, den Sie schätzen?
MRR: Jawohl. Den Germanisten Peter von Matt. Den habe ich auch als Kritiker entdeckt.

Das ist ein Schweizer Universitätsprofessor, der nebenbei Rezensionen schreibt. Sie müssen schon einen Vollblutkritiker nennen.

MRR: Das gibt's gar nicht. Ein solcher Vollblutkritiker war Günter Blöcker, jetzt sechsundachtzig Jahre alt. Aber leider hat er vor sechzehn Jahren aufgehört zu schreiben. Jetzt bin ich vielleicht der einzige, vielleicht der letzte.

Sie haben sich selbst einmal als »letzten Mohikaner« in der Reihe großer jüdischer Kritiker bezeichnet. Polgar, Tucholsky, Kerr, Benjamin – produziert die jüdische Kultur auf dem Feld der Kritik eine besondere Begabung?

MRR: Ja, aber es gibt auch große nichtjüdische Kritiker. Herbert Ihering etwa.

Bedeutend, aber etwas trocken, oder?

MRR: Er sprüht Leder, schrieb Kerr. Übrigens gibt es noch einen: Friedrich Sieburg. Mit erstklassigem Ariernachweis. Aber Sie haben schon recht: Im Bereich der Kritik haben Juden im späten neunzehnten und im zwanzigsten Jahrhundert eine enorme Rolle gespielt. Dafür gibt es zwei Gründe. Erstens: Viele Juden wären gerne Professoren geworden. Doch war das im Kaiserreich und auch noch in der Weimarer Republik beinahe immer unmöglich. Also wurden sie Journalisten, oft Kritiker. Zweitens: Aufgrund der jahrhundertelangen Bemühungen um die Interpretation der Thora und des Talmud ist die Tradition der Textinterpretation unentwegt gepflegt worden. Das mag eine besondere Begabung erzeugt haben.

In Ihrem Buch schreiben Sie: »Die Juden haben keine Schlösser und Paläste erbaut, keine Türme und Dome errichtet, keine Reiche gegründet. Sie haben nur Worte aneinandergereiht. Es gibt keine Religion, die das Wort höher schätzen würde als die mosaische.«

MRR: Richtig, aber dann gab es so einen Trottel, der hat mir in seiner Kritik vorgeworfen, die Juden hätten doch ein Reich gegründet: den Staat Israel. Quatsch! Israel mag alles sein, aber doch wirklich kein Imperium, kein Reich.

Als Sechzehnjähriger beschlossen Sie, Kritiker zu werden. War Kerr da Ihr Vorbild?

MRR: Ja, aber nur bedingt. Kerr war der berühmteste Kritiker der Weimarer Republik. Er interessierte mich sehr, aber ich wollte nicht schreiben wie er. Kerr wollte die Kritik neben der Lyrik, Epik und dem Drama als vierte Gattung der Literatur etablieren. Das geht aber nicht. Die Kritik muß der Literatur dienen, nicht umgekehrt.

Kritiker Ihrer Memoiren sind sich ziemlich einig darin, daß der erste Teil des Buches, also die Zeit bis 1945, wesentlich besser gelungen ist als der zweite. Könnte es sein, daß sie recht haben?

MRR: Hundertprozentig. Keine Frage. Ich lese das ungern, aber es stimmt natürlich. Selbstverständlich ist der Stoff im ersten Teil viel dramatischer und aufregender. Kapitel über Thomas Bernhard oder Elias Canetti sind natürlich nicht so eindringlich wie der Hunger im Warschauer Ghetto. Aber will man mir etwa vorwerfen, daß ich nach 1945 nicht mehr gequält worden bin, daß ich nicht mehr hungern mußte? Ein Dramatiker hat mir vorgeschlagen, man solle aus dem ersten Teil ein Theaterstück machen. Eine, befürchtete ich, abwegige Idee. Natürlich wollte er nur, daß ich sage: Und Sie sind der Autor.

(…)

Wie geht es dem Kritiker, wenn er selbst kritisiert wird?

MRR: Wie jedem Autor. Er kann nur drei Dinge sagen: Der Kritiker hat unrecht, der Kritiker ist bösartig, der Kritiker reißt Zitate aus dem Zusammenhang.

Das schönste Kompliment hat Ihnen wohl Frank Schirrmacher gemacht: »Reich-Ranicki hat eine der schönsten Liebesgeschichten des Jahrhunderts geschrieben.«

MRR: Ich muß sagen: Mit der bisherigen Kritik kann ich sehr zufrieden sein. Ich bin ganz gut davongekommen.

Über welches Kapitel in Ihrem Leben haben Sie am meisten geschwiegen?

MRR: Es gibt in meinem Leben einige erotische Episoden, die nicht in die Öffentlichkeit gehören. Es gibt die Beziehung zu einer Frau, die noch lebt. Von ihr erhielt ich – vor vielen Jahren – ein ganzes Päckchen Briefe. Daraus hätte man wohl ein schönes Kapitel machen können. Aber das wollte ich nicht.

Dabei haben Sie doch auch so über erotische Eskapaden recht freimütig geplaudert. Wie kommen Sie, Frau Reich-Ranicki, mit der Veröffentlichung des ganz Privaten zurecht?

TRR: Es hat mich nicht überrascht. Ich wußte ja von den Dingen. Wir haben oft darüber geredet. Wir haben alles, jedes Kapitel, miteinander besprochen.

MRR: Und meine Frau hat alles akzeptiert. Nur einen Satz hat sie gestrichen, aber der betraf keine Freundin, sondern sie selbst. Ein harmloser Satz.

TRR: Wissen Sie, der Schluß des Buches hat mich sehr gefreut.

Das Zitat von Hofmannsthal: »Ist ein Traum, kann nicht wirklich sein, daß wir zwei beieinander sein.«

TRR: Ja. Eine schönere Liebeserklärung kann es doch nicht geben.

Welche Phase Ihres Lebens war die schönste?

TRR: Gleich nach dem Krieg. Alles war neu. Wir hatten das Leben und viel Hoffnung.

MRR: Ich würde Ihnen eine andere Antwort geben: Die fünfzehn Jahre, in denen ich den Literaturteil der »Frankfurter

Allgemeinen Zeitung« geleitet habe, das war schon eine sehr schöne Zeit. Ich konnte machen, was ich wollte. Ich war da, wo ich hinwollte.

Sind Sie ein fröhlicher Mensch?

MRR: Ja.

TRR: Na ja, himmelhochjauchzend, zu Tode betrübt. Das bist du.

Oft ist der Clown der Traurigste im ganzen Zirkus.

MRR: Sagen wir so: In jeder Komödie steckt auch eine Tragödie. Daß ich auch depressive Phasen habe, unterliegt keinem Zweifel.

Wenn Sie heute noch einmal geboren würden, und Sie könnten wählen, als Jude oder als Nichtjude auf die Welt zu kommen …

MRR: … dann würde ich selbstverständlich als Nichtjude geboren werden wollen. Da gibt es keinen Augenblick des Zweifels. Es ist kein Vergnügen, einer Minderheit anzugehören. Ich weiß: Herr Bubis und seine Frau würden sagen: Nur Jude möchte ich sein. Aber das gilt nicht für mich. Sie wissen nicht, was man für einen täglichen Kummer hat.

Auch der Philosemitismus ist eine Plage?

MRR: Natürlich. Neulich traf ich einen sehr gebildeten Menschen, der mir den ganzen Abend erzählen wollte, warum Mendelssohn für ihn der größte Komponist sei. Warum erzählt er mir das wohl?

TRR: Glauben Sie mir: Man gehört nun wirklich nicht freiwillig einer verfolgten Minderheit an.

MRR: Aber es wäre auch unanständig, eine verfolgte Minderheit zu verlassen.

Sie haben in Ihrem Buch geschrieben: »Wir haben überlebt, ohne es verdient zu haben.« Ist das ein Satz, der Sie immer wieder einholt?

MRR: Ja, das trifft zu. Nur: Wer hat es denn verdient? Jeder Jude, der den Holocaust überlebt hat, muß sich diese Frage stellen: Warum gerade ich? Wir stellen uns diese Frage oft. Jedes Jahr, das wir seither erleben dürfen, ist uns geschenkt worden. Jetzt schon fünfundfünfzig Jahre. Aber mein Bruder, der viel bessere Chancen hatte als ich, ist von den Nazis ermordet worden. Warum?

Gründet Ihre Liebe im gemeinsamen Leiden?

MRR: Natürlich.

TRR: Ja, damals waren wir zusammen in der Hölle – und auch im Himmel.

»Ich glaube nicht an die Gefahr eines deutschen Rückfalls«

»Stuttgarter Nachrichten«, 12. Oktober 1999
Das Interview führte Peter Kümmel.

Herr Reich-Ranicki, Sie haben durch die Deutschen ungeheures Leid erlitten. Sie haben in den Konzentrationslagern Ihre engsten Verwandten, Mutter, Vater und Bruder, verloren. Dennoch sind Sie, 1958, von Polen nach Deutschland übersiedelt. Wenn man Ihre Autobiographie liest, findet man als Argumente für dieses Übersiedeln vor allem die Literatur und die Musik. Waren da auch Menschen, die Ihnen Anlaß zu diesem Neuanfang gaben?
Meine Entscheidung von 1958, nach Deutschland überzusiedeln, hatte sowohl politische als auch berufliche Gründe. Ich wollte mit meiner Familie raus aus der kommunistischen Welt. Und ich wollte meine Tätigkeit als Kritiker deutscher Literatur auch außerhalb Polens kontinuieren. Die Bundesrepublik bot sich als wichtigste Möglichkeit an. Sie war zudem das einzige Land, das verpflichtet war, mich hineinzulassen, da ich 1938 aus dem Deutschen Reich deportiert worden war.
Ist Ihr Verhältnis zu Deutschland so sachlich? Eine Arbeitsgrundlage, mehr nicht?
Aber was suchen Sie? Mein Verhältnis zu diesem Land, das ist ja auch mein Verhältnis zum Theater in diesem Land, zu den Konzerten, zu der Literatur, die hier entsteht. Dinge, die mir äußerst wichtig sind, die mir in jeder Hinsicht nahestehen.
Der ehemalige israelische Botschafter in Deutschland, Avi Primor, hat gesagt, Deutschland sei bezüglich totalitärer Strömun-

gen wie ein geheilter Alkoholiker – seit langem trocken, aber jederzeit in Gefahr, rückfällig zu werden.

Das ist doch wohl übertrieben. Ich glaube nicht, daß die Gefahr dieses Rückfalls wirklich sehr groß ist.

In Ihrem Buch stellen Sie die Frage, warum Sie den Holocaust überlebt haben, nicht aber Ihr Bruder. Gibt es so etwas wie das Schuldgefühl des Überlebenden?

Ich habe mir die Frage gestellt, warum ich überlebt habe und er nicht, der doch allem Anschein nach bessere Chancen hatte. Aber Schuldgefühle, nein, das ist nicht das richtige Wort.

Sie greifen in »Mein Leben« Martin Walser an, dessen Friedenspreisrede in Frankfurt Sie zutiefst getroffen habe. Er habe, so schreiben Sie, wiedergegeben, was an den Stammtischen zu hören sei. Der Philosoph Dieter Thomä sagt, Walsers Rede sei typisch für aktuelle Debattenbeiträge – wie Sloterdijks »Menschenpark«-Äußerungen und Handkes Einlassungen zum Balkankrieg –, die keine Argumente, sondern diffuse »Atmosphären« lieferten.

Es ist gewiß kein Zufall, wenn Walser eine Rede von rund einer Stunde hält, von deutscher Vergangenheit unentwegt spricht, aber das Wort »deutsche Verbrechen« oder »deutsche Schuld« oder andere Schlüsselworte überhaupt nicht vorkommen. Walser ist kein Mensch, der eine solche Rede unbedacht hält. Ich weiß gar nicht, warum man in seinem Fall von Atmosphären redet – seine Rede war nicht atmosphärisch diffus, sondern von Kalkül bestimmt. Es ist vollkommen klar, warum gewisse Worte darin nicht vorkommen.

Ralph Giordano hat den Begriff von der »zweiten deutschen Schuld« geprägt: Daß die wichtigen Täter von Nazideutschland in der Bundesrepublik selten wirklich belangt wurden – und

daß die Kinder nie genau wissen wollten, was ihre Eltern getan hatten. Was sagt Ihnen der Begriff?
Darüber hab ich mir nie Gedanken gemacht. Ich habe mir allerdings Gedanken gemacht, warum mein ehemaliger enger Freund Walter Jens nie von mir wissen wollte, wie das eigentlich im Ghetto war. Wir haben uns jahrzehntelang unterhalten, viele Stunden lang, und er war überhaupt nicht an meiner Vergangenheit interessiert. Er war nie Nazi, er war nicht in der Wehrmacht, aber Erlebnisse im »Dritten Reich« und im okkupierten Polen haben ihn nicht interessiert, ich weiß nicht warum. Verlangen Sie nicht, daß ich das alles erkläre.
Hatten Sie bisweilen das Gefühl, über die Beschäftigung mit der Literatur das Leben versäumt zu haben?
Gewiß, aber das ist schon lange her. Ich hatte zuletzt dieses Gefühl während meines Aufenthalts in Hamburg, von 1959 bis 1973. Das war eine sehr einsame Zeit, da befaßte ich mich wirklich nur mit Lesen und Schreiben. Ich fühlte mich in Hamburg während meiner Anstellung bei der »Zeit« in viel höherem Maße isoliert als in Frankfurt. (...)
Zimmer schreibt, es sei überflüssig gewesen, Sie einzuladen, da man mit Ihnen oft telefoniert hätte.
Da stellt er die Sache auf den Kopf. Man telefonierte mit mir viel, weil man mich in der Redaktion nicht sehen wollte. Man mochte mich nicht, das kommt vor. Auf die Idee, das könnte mit Antisemitismus zu tun haben, bin ich nie gekommen. Das habe ich zu meiner Überraschung viele Jahre später erfahren – aus der 1996 erschienenen offiziellen Geschichte der »Zeit«.
Darin steht doch viel Freundliches über Sie.
Ja, aber dort wird auch gesagt, man habe mich nicht in der Redaktion haben wollen, weil man mich für einen »macht-

bewußten, rabulistischen Mann« hielt. Das hat mir die Augen geöffnet. Rabulistik ist ein antisemitisches Wort, das im neunzehnten Jahrhundert häufig verwendet wurde – unter anderem von Richard Wagner. Und es wurde oft gegen Juden in der nationalsozialistischen Kampfpresse verwendet, zumal in Artikeln von Joseph Goebbels. Dieses Wort, gegen mich gerichtet, empfinde ich als eine Unverschämtheit. Es kann nicht mißverstanden werden.

In Ihrer Autobiographie verzichten Sie auf alle Stimmungsmalerei. Selbst die schlimmsten Situationen im Ghetto sind mit erschütternder Nüchternheit gezeichnet.

Das hat mit meiner Mentalität zu tun. Dahinter steckt kein taktischer Beschluß. Auch glaube ich, daß eine nüchterne Darstellung derartiger Verhältnisse am überzeugendsten ist. Die poetische Darstellung des Grauens führt beinahe immer zur unzulässigen Beschönigung der Wirklichkeit.

Hatte das Schreiben dieses Buches für Sie einen therapeutischen Effekt?

Nein. Von Therapie kann man nur dort sprechen, wo es vorher eine Krankheit gab. Ich weiß nicht recht, welche Krankheit es war, die da hätte therapiert werden können.

Aber eine traumatische Erfahrung …

Ich verstehe. Aber dennoch: Das Schreiben dieses Buches hat nichts an meiner Person geändert.

Kann es sein, daß ein großer Teil der Deutschen durch Sie zum ersten Mal die Realität des Ghettos erfährt?

Das müssen Sie andere fragen. Aber daß viele Leute zum ersten Mal erfahren haben, was das Ghetto war, glaube ich schon.

Etwas, was die Leute an Ihren öffentlichen Auftritten fasziniert und wovor sie sich immer ein wenig fürchten, ist Ihr blitzschnelles Urteil, das strikte Ja-nein-Prinzip Ihrer Rhetorik. Das Don-

nerschlaghafte Ihrer Argumentation. Warum setzen Sie das ein?

Aber im »Literarischen Quartett«, wenn Sie darauf anspielen, reden wir über Dinge, die wir gerade gelesen haben. Wir sind ja vorbereitet. Und, mein Lieber, ich beschäftige mich mein Leben lang mit Literatur. Ich habe da meine festen, aber natürlich veränderbaren Ansichten, meine im Laufe eines langen Lebens angesammelten Kenntnisse. Was das Donnerschlaghafte angeht: Im Fernsehen kann man doch nicht zagen und stottern. Das funktioniert nicht mit dem meist unerträglichen »Jein«.

Wieviel Schauspielerei ist in Ihren Auftritten?

Von bewußter Schauspielerei kann nicht die Rede sein. Unbewußt, nun ja – wenn ich mir Gedanken mache um eine pointierte Formulierung und davor eine kleine Kunstpause setze, das gehört zum Gewerbe. Wenn ein Rechtsanwalt im Gericht plädiert – ist bei ihm Schauspielerei im Spiel? Aber natürlich! Wenn man öffentlich redet, muß man um Wirkung bemüht sein. Wenn Sie das Schauspielerei nennen wollen, nun gut.

»Komödiantentum schmälert kein poetisches Talent«

»Format«, 29. November 1999
Das Interview führte Christoph Hirschmann.

Haben Sie mit dem großen Erfolg Ihrer Autobiographie »Mein Leben« gerechnet?
Überhaupt nicht. Meine kühne Hoffnung war, daß wir eine Auflage von fünfzigtausend erreichen. Inzwischen sind es über dreihunderttausend, und es werden täglich mehr. Das ist für mich eine große Überraschung.
In Österreich wurden bereits mehr als zehntausend Exemplare verkauft.
Haben Sie noch Fragen?
Woher rührt Ihrer Meinung nach das große Leserinteresse?
Lieber, erstens: Fragen Sie andere. Fragen Sie Buchhändler, Leser, wen auch immer. Nicht mich. Ich habe es nicht zu beantworten, warum das Buch erfolgreich ist. Ich möchte Ihnen nur eine Antwort geben: weil es nicht langweilig ist. Das ist ein Grund, aber es sind auch andere Gründe. Aber darüber will ich nicht reden. Ich finde es empörend und idiotisch, daß ich seit dreißig Jahren Dinge gefragt werde wie zum Beispiel: »Worauf führen Sie zurück, daß Sie als der berühmteste Kritiker in diesem Lande gelten?« Das habe ich nicht zu beantworten.
Die vollständige Frage sollte lauten: Woher rührt Ihrer Meinung nach das große Leserinteresse an der Nazizeit?
Das ist doch Unsinn, lieber Freund. Es erscheinen Dutzende Bücher über dieses Thema und erreichen in Deutschland eine

Auflage von fünf- oder achttausend. Und wir sind über 300 000. Das ist nicht nur das Thema.

Hellmuth Karasek meint über Ihre Autobiographie, sie sei die Antithese zu Goldhagens Buch »Hitlers willige Vollstrecker«, weil Sie nicht alle Deutschen als willfährige Nazis beschreiben.

Das ist eine sehr vernünftige Ansicht. Aber, Lieber, ich möchte mich dazu nicht äußern. Langweilen Sie mich nicht.

Sie sind aber brüsk.

Ich bin nicht brüsk. Aber ich hasse Journalisten, die mich zwingen wollen zu sagen: »Mein Buch ist erfolgreich, weil ich es guuut geschrieben habe.« Idiotisch, peinlich und unangenehm.

In »Mein Leben« schreiben Sie, daß Sie sich der Prosa von Thomas Bernhard nicht gewachsen fühlten. Weshalb?

Ich werde Ihnen sagen, warum: Das gilt für seine frühen Bücher. Ich habe mich von »Verstörung« an laufend mit Thomas Bernhard beschäftigt. Seine frühen Bücher, wie zum Beispiel »Amras«, haben mich tief beeindruckt. Ich wußte nicht, warum. Und wenn ich nicht weiß, warum mir ein Buch gefällt, schreibe ich über das Buch nicht.

Ist Ihnen das bei anderen österreichischen Autoren auch so ergangen? Etwa bei Peter Handke?

Mir ist das passiert in meiner Jugend, sehr lange her – bei Franz Kafka.

Sehen Sie in Österreich neue Autoren, bei denen Sie auch dieses Gefühl des Nichtgewachsenseins haben?

Jedenfalls keinen Autor vom Rang Thomas Bernhards. Ich sehe keinen. Vielleicht ist einer da.

Sie haben in Ihrem Buch den Intimfeind Peter Handke einmal nicht wie gewohnt zerzaust, sondern eine gegen Ihre Person gerichtete Injurie Handkes zitiert, in der Sie als »mordlüsterner

Leithund« beschrieben werden. Sind Sie so milde geworden, daß Sie Handke nichts mehr entgegensetzen?

Ich fürchte, Sie haben sich den Titel meines Buches nicht gemerkt. Das Buch ist betitelt: »Mein Leben«. Und nichts anderes erzähle ich als mein Leben. Das ist kein Lexikon. In meinem Leben hat Max Frisch eine wichtige Rolle gespielt. Friedrich Dürrenmatt nicht, obwohl ich Dürrenmatt übersetzt habe, und so weiter. Bernhard hat in meinem Leben eine Rolle gespielt. Handke überhaupt nicht.

In Ihrem Buch klingt es aber so, als hätte Handke Sie mit seiner Injurie immerhin nachhaltig gekränkt.

Natürlich. Wenn einer mich ermorden will, bin ich doch verletzt. Sagen Sie, bin ich denn geisteskrank? Wenn einer öffentlich erklärt, daß er mich ermorden will – na, dann soll ich nicht verletzt sein? Bin ich denn Jesus Christus?

Also hat Handke in Ihrem Leben doch eine gewisse Rolle gespielt.

Das habe ich ja berichtet ... Seine Prosa hat keine Rolle gespielt.

Ihre Begegnungen mit Günter Grass ziehen sich durch das ganze Buch. Sie aßen bei ihm (schlechte selbstgemachte) Suppe und (guten selbstgemachten) Butt. Sie haben Grass verrissen und hymnisch beurteilt. Was haben Sie gefühlt, als er den Nobelpreis bekommen hat?

Als er den Nobelpreis bekommen hat, war ich glücklich. Ich hielt das für einen Sieg, einen Triumph. Mein persönlicher Sieg. Denn ich habe seit langer Zeit – auch öffentlich im Fernsehen – gesagt: Wenn ein deutscher Schriftsteller den Nobelpreis kriegen soll, dann Günter Grass. Und ich habe, glaube ich, ein klein wenig dazu beigetragen, daß Grass den Preis erhalten hat.

(…)
In »Mein Leben« spielt auch eine Autorin eine gewisse Rolle: Ingeborg Bachmann. Allerdings schreiben Sie, daß sie eine Komödiantin gewesen sei. Ist das ein Tadel?
Das sind viele Schriftsteller. Das ist nicht so schlimm gemeint. Ja, ja, sie war schon eine Komödiantin. Sie ist oft ohnmächtig geworden, weil es ihr so paßte. Aber das ist doch gar nichts Schlimmes. Die Neigung zum Komödiantentum im Alltag hatte ein Genie höchsten Ranges: Richard Wagner.
Auch Thomas Bernhard…
Rilke. Rilke! Rainer Maria Rilke. Er hatte große Neigungen zum Komödiantentum. Aber diese Tatsache schmälert nicht das große poetische Talent der Ingeborg Bachmann.
Ich versuche die Eingangsfrage noch einmal zu stellen: Weshalb interessieren sich derzeit so viele Leser für die Hitlerzeit?
Die Frage ist falsch gestellt. Man müßte die Frage stellen: Wie war es möglich, daß sich so viele Jahre lang in Deutschland die meisten Leute gar nicht sonderlich für Hitler interessiert haben? Das war das Anormale und das Ungeheuerliche. Daß sich heute und in den letzten Jahren viele Menschen für Hitler interessieren, das ist ganz normal und logisch. Er hat die Welt verändert. Wenn Hitler nicht gewesen wäre, wären Breslau und Stettin und Königsberg noch deutsch. Millionen von Menschen wären am Leben geblieben. Auch die vielen Deutschen, die im Krieg gefallen sind. Er hat Ungeheuerliches getan. Und da wundern Sie sich, daß die Menschen sich für ihn interessieren? Die Menschen haben sich hundert Jahre lang für Napoleon interessiert. Es gibt viel mehr Gründe, sich für Hitler zu interessieren.
Wie lange werden Sie das »Literarische Quartett« noch weitermachen?

Das werden Sie merken. Ich werde es so lange machen, solange es mir Spaß macht.

Nach Ihrer hymnischen Beurteilung des Buchs von Alfred Kerr im »Quartett« wurde »Wo liegt Berlin?« zehntausendmal bestellt. Freut Sie so etwas noch?

Wenn ich ein Buch lobe, und wenn das konkrete Folgen hat – wenn das Buch also viel verkauft wird –, dann bin ich glücklich. Ich mache ja dazu Kritik. Ich mache nicht im luftleeren Raum Kritik, sondern ich möchte erreichen, daß bestimmte Bücher gelesen und geschätzt werden – und andere nicht.

Bedeutet der Millenniumswechsel etwas für Sie?

Ja, ein wenig, aber nicht so furchtbar viel. Das ist doch eine arithmetische Frage. Nein, eigentlich überhaupt nicht sehr wichtig für mich.

Wer sind die großen literarischen Talente fürs nächste Jahrhundert?

Erinnern Sie sich an den Namen Robert Jungk? Das war ein Zukunftsforscher. Die Zukunft ist nicht mein Metier.

2000

»All das sind unübersetzbare Werke«

»Dialog«, Februar 2000
Das Interview führte Joanna Skibińska.

Ihr Leben ist in erster Linie mit der deutschen Kultur verbunden. Ihren Memoiren ist zu entnehmen, daß Ihre Mutter in diesem Zusammenhang eine sehr wichtige Rolle gespielt hat.
Meine Mutter hat für mich tatsächlich eine wichtigere Rolle gespielt als mein Vater. Besonders fiel hier jedoch die Tatsache ins Gewicht, daß ich mit neun Jahren nach Deutschland gekommen bin. Ich blieb dort bis zu meiner Deportation nach Polen, das heißt bis ich achtzehn war. Das sind doch die wichtigsten Lebensjahre – die zwischen zehn und achtzehn Jahren. In diesem Alter entwickelt sich das gesamte menschliche Denken. Was man in der Gymnasialzeit erlebt hat, das formt die Persönlichkeit fürs Leben. Zweifellos nimmt mein Verhältnis zur deutschen Literatur seinen Anfang in den Jahren auf dem Gymnasium in Berlin. Was die polnische Öffentlichkeit angeht und die Behauptung, erst jetzt könnten die polnischen Leser erfahren, welche Rolle die deutsche Literatur in meinem Leben gespielt habe … Nein, das stimmt nicht. So war es von Anfang an. In Polen habe ich seit 1951 für »Nowa Kultura« und »Twórczość« geschrieben, und ich habe bis 1958, dem Jahr meiner Ausreise nach Deutschland, publiziert. Ich habe ziemlich viele Artikel, Essays, Skizzen und Kritiken

veröffentlicht, und alles betraf ausnahmslos die deutsche Literatur. Ich traute mir nicht zu, über die polnische Literatur zu schreiben. Kritiker war ich nur für die deutsche Literatur, weil ich glaubte, diese Literatur irgendwie beurteilen zu können.

Was hielt Sie davon ab, über die polnische Literatur zu schreiben?

Meine Kenntnis der polnischen Literatur war und ist mit Sicherheit unzureichend. Verstehen Sie bitte, daß ich 1939, nach meiner Ankunft in Warschau, überhaupt erst begann, mich mit der polnischen Literatur zu beschäftigen. Meine polnischen Sprachkenntnisse waren damals schwach, geradezu kümmerlich. Als ich meine Frau im Januar 1940 kennenlernte, da mußte sie noch lachen, als sie mein Polnisch hörte. Mit der polnischen Literatur begann ich mich also erst mit neunzehn Jahren zu befassen. Ich denke, daß ich diese Literatur einigermaßen kenne, aber letztendlich ist das nur ein oberflächliches Kennen.

In den letzten zehn Jahren hat man pro Jahr ungefähr fünfhundert Bücher aus dem Deutschen ins Polnische übersetzt, während aus dem Polnischen ins Deutsche, wenn es ein gutes Jahr war und die Umstände günstig waren, ungefähr fünfzig Bücher übersetzt wurden. Wie läßt sich eine solche Diskrepanz erklären?

Diese Diskrepanz hat immer bestanden. Schon immer wurde in Polen viel aus fremden Literaturen übersetzt, aus dem Französischen, dem Englischen, dem Amerikanischen. Ich glaube, man hat einmal in der Zwischenkriegszeit eine Statistik der häufigsten Übersetzungen im Bereich Belletristik veröffentlicht, und auf dem ersten Platz in Europa befand sich in dieser Statistik Polen. Das hat sich wohl bis heute nicht geändert. Im Gegenteil – die Deutschen haben sehr wenig polnische Literatur übersetzt, was allmählich besser wird. Jetzt erschienen viele polnische Bücher zur Frankfurter Buchmesse, deren diesjähriger Themenschwerpunkt Polen war. Verschiedene Verleger gaben jetzt polnische Bücher auf deutsch heraus. Und warum? Ist auf einmal plötzlich ihre Liebe zur polnischen Literatur erwacht? Nein. Die Wahrheit ist, daß die Übersetzungen dieser Bücher teilweise von polnischer Seite finanziert werden, das heißt, der deutsche Verleger riskiert materiell nicht viel, wenn er Übersetzungen polnischer Literatur herausgibt. Sonst ist dies normalerweise mit einem großen Risiko verbunden, denn für diese Bücher ist es nicht leicht, Leser zu finden.

Läßt sich feststellen, was das Haupthindernis der polnischen Literatur auf dem Weg zu den deutschen Lesern darstellt?

Es gibt verschiedene Gründe, und man macht es sich zu einfach, wenn man darauf antwortet, daß das mit der Qualität der polnischen Literatur zu tun hat. Es hat eher mit dem Charakter, der Art, den Eigenheiten der polnischen Literatur zu tun. Bei den Übersetzungen polnischer Literatur in fremde Sprachen gibt es ein großes Dilemma: Das, was sich von der polnischen Literatur übersetzen läßt, ist in der Regel eher schwach. Und das, was gut und außergewöhnlich ist, kann man in der Regel nicht übersetzen, es läßt sich in keiner Weise übertragen. Das ist ein sehr gravierendes Problem. Natürlich habe ich jetzt sehr stark verallgemeinert. Aber im einen wie im anderen Fall gibt es verschiedene Ausnahmen. Präziser gefragt – was ist das Beste in der polnischen Literatur der Vergangenheit? Zweifellos Adam Mickiewicz. Es ist kein Zufall und steht für mich völlig außer Zweifel, daß das der größte polnische Dichter ist. Interessant, großartig, hervorragend in Mickiewicz' Werk sind seine Gedichte, aber auch »Pan Tadeusz« und »Dziady« (»Die Ahnenfeier«). All das sind unübersetzbare Werke. »Pan Tadeusz« hat man oft versucht, ins Deutsche zu übertragen, mit mehr oder weniger Erfolg. Aber wirklich gute

Übersetzungen gibt es nicht. Kurzum: Die polnische Romantik bleibt dem deutschen Leser völlig fremd.

Wie beurteilen Sie die polnische Literatur der zweiten Hälfte des neunzehnten Jahrhunderts sowie die des zwanzigsten Jahrhunderts?

Man muß die Wahrheit sagen, ob das nun jemanden kränkt oder nicht: der polnische Roman dieser Epoche ist ohne Frage interessant und manchmal sehr gut. Aber ihn mit dem französischen, englischen oder russischen Roman zu vergleichen, ist völlig unmöglich. Den deutschen Leser haben Schriftsteller wie Prus, Zeromski oder Reymont, wie Orzeszkowa oder Konopnicka nicht fasziniert. Wobei man sagen muß, daß es für »Chłopi« (»Die Bauern«) von Reymont eine glänzende Übersetzung gibt. Zeromski dagegen, der besonders schwer zu übersetzen ist, hat niemals ein deutsches Publikum gefunden. Man darf auch nicht vergessen, daß es für den deutschen Leser außer den Sprachschwierigkeiten auch die Schwierigkeit gibt, die in diesen für die polnische Leserschaft so bekannten und vertrauten Büchern angesprochene Problematik zu verstehen. Für den deutschen Leser bleibt sie oft unverständlich. Ich gebe Ihnen ein konkretes Beispiel, ein relativ neues, das sehr bedauerlich und traurig ist. Leider wurde im Rahmen der Salzburger Festspiele Wyspiańskis »Wesele« (»Die Hochzeit«) aufgeführt, unter der Regie von Andrzej Wajda. Diese ganze Geschichte war von Anfang an ein Mißverständnis. Andrzej Wajda, ein herausragender Künstler und großer Regisseur, spricht nämlich kein Deutsch, trotzdem hat er mit den deutschen Künstlern gearbeitet. Es ist nicht leicht, mit Hilfe eines Dolmetschers Regie zu führen. Aber es geht hier nicht um die Aufführung in Salzburg selbst, die ich natürlich gesehen habe. Es geht darum, daß diese Kunst – obwohl in einer neuen Übersetzung, die in jedem Fall besser war als die bisherige – für das deutsche Publikum absolut unverständlich bleibt. Die Deutschen glauben, daß das irgendein schrecklicher Dilettantismus ist, daß das überhaupt keinen Sinn hat, daß das naive und schlechte Literatur ist. Die deutschen Rezensenten äußerten sich sehr negativ, und einer schrieb, das sei »eine Ausgrabung, keine Entdeckung«. Kurz gesagt, die Aufführung der »Hochzeit« war völlig überflüssig. Alle fragten mich hinterher aus, ob die polnische Literatur tatsächlich so schlecht sei wie dieses Stück. Natürlich habe ich den Deutschen versichert, daß das ein hervorragendes Stück sei, daß sie es nur nicht verstünden.

Was von der neuesten polnischen Literatur hat in Deutschland Resonanz gefunden?

Stanislaw Jerzy Lec. Heute sind die Epigramme von Lec jedoch fast vergessen, kaum jemand kennt mehr seinen Namen, aber sie waren hier sehr bekannt und beliebt. In Kürze erscheint eine neue Sammelausgabe mit allen Epigrammen und Gedichten von Lec in einem dicken Band. Seine Aphorismen hatten in Deutschland großen Erfolg. Erstens deswegen, weil sie hervorragend sind. Zweitens, weil Aphorismen allen Redakteuren sehr entgegenkamen. Wenn es in einer Zeitung eine kleine Lücke gab, konnte man ein Gedicht meist wegen seiner Länge nicht hineinquetschen, aber ein Epigramm von zwei oder drei Zeilen immer. Das ist ein praktischer Grund für den großen Erfolg der Epigramme. Erfolg hatte auch Sławomir Mrożek. Seine Stücke wurden gespielt – vor allem »Tango«, aber auch »Policijanci« (»Die Polizei«): Heute spielt niemand mehr Mrożek, aber es ist nicht ausgeschlossen, daß die Zeit kommen wird, wo man ihn wieder aufführt. Es wurden eine Reihe Bücher herausgegeben von Dąbrowska, Iwaszkiewicz, Andrzejewski, Kazimierz Brandys, Rudnicki. Alle ohne Resonanz und ohne Erfolg. Einen Riesenerfolg hatten hingegen die Bücher von Lem.

Polnische Bücher werden oft in speziellen Reihen herausgebracht, die von Stiftungen unterstützt werden. Kann eine solche Vorgehensweise den Autoren helfen, auf dem deutschen Markt zu bestehen?

Das ist vor allem die Robert-Bosch-Stiftung mit der von ihr finanzierten »Bibliothek der polnischen Literatur«. Dort wurden etliche Bücher herausgegeben, die im allgemeinen überhaupt keine Leser haben. Aber der Herausgeber dieser Reihe sagte mir, als wir uns über dieses Thema unterhielten, ihm sei das egal. Er wisse, daß das Titel seien, für die es keine Abnehmer gibt, aber er wolle vor allem, daß sie überhaupt ins Deutsche übersetzt werden. Sie liegen zwanzig, dreißig Jahre, bis sich vielleicht mal jemand für sie interessiert. Übrigens stößt auch die Literatur aus anderen Ländern auf große Schwierigkeiten. Zusammenfassend läßt sich feststellen, daß der deutsche Leser Bücher in deutscher Sprache liest, natürlich auch von österreichischen und Schweizer Autoren. Sehr gern liest er auch amerikanische und englische Bücher. Seltener schon französische. Alle kleineren Literaturen haben es schwer, sich auf dem hiesigen Markt durchzusetzen. Niemand hier in Deutschland liest rumänische, bulgarische oder finnische Bücher. Ein Interesse daran ist nicht vorhanden. Etwas besser sieht es vielleicht für die ungarische Literatur aus.

Sie haben die Frage der Übersetzungen angesprochen. In Polen haben sich viele bekannte Dichter mit Lyrikübersetzung befaßt. Mieczysław Jastrun zum Beispiel übersetzte deutsche Lyrik. Rainer Maria Rilke erfreut sich bis heute in Polen großer Beliebtheit, sowohl bei den Lesern als auch bei den Überset-

zern. Ist der Mangel an gelungenen Übersetzungen ins Deutsche dafür verantwortlich, daß die polnische Literatur bis heute in Deutschland so wenig populär ist?
Nein, nein. Das, was Sie ansprechen, ist zwar richtig, hat aber einen völlig anderen Hintergrund. In Polen hatten und haben wir zahlreiche hervorragende und weniger hervorragende Dichter, die gut Deutsch können. Das beste Beispiel ist Adam Mickiewicz' Übersetzung von Goethes »Kennst du das Land, wo die Zitronen blühen« sowie von Schillers »Handschuh«. Diese beiden Gedichte hat Mickiewicz kongenial übersetzt. Ich wage zu behaupten, daß die polnische Übersetzung »Znaszli-ten kraj,/ Gdzie cytryna dojrzewa« vielleicht noch besser ist als das Original von Goethe. Und natürlich haben verschiedene Dichter des zwanzigsten Jahrhunderts, wie Mieczysław Jastrun, Stanisław Jerzy Lec oder Artur Maria Swinarski, deutsche Dichter übersetzt. Sie haben sich die Dichter ausgewählt, die sie interessierten, und das waren oft Rilke und Brecht. Aber haben Sie irgendwann von einem heutigen deutschen Dichter gehört, der die polnische Sprache beherrscht hätte? Es gibt keinen. Polnisch können Übersetzer, und wir haben hier im übrigen sehr gute Übersetzer. Aber das sind keine Dichter, wenngleich sie gut Prosa übersetzen können. Übertragungen von Gedichten gelingen nur in Ausnahmefällen. Übrigens sind die schönsten polnischen Gedichte unübersetzbar. Kann man ins Deutsche übersetzen »Polały się ły me czyste, rzęsiste,/ Na me dziecińistwo sielskie, anielskie« ... Das läßt sich nicht ins Deutsche hinüberbringen. Die Deutschen unterscheiden zwischen den Wörtern »übersetzen«, »übertragen« und »nachdichten«. In Deutschland haben wir viele ganz gut übersetzte polnische Gedichte, die leider nur unzureichend übertragen wurden, von Nachdich-

tungen ganz zu schweigen. Von einigen wenigen Ausnahmen sei hier einmal abgesehen.

Ist in der polnischen Literatur für Sie das Wichtigste die Poesie?

Ja, tatsächlich hat der polnische Roman bei mir keinen sehr starken Eindruck hinterlassen. Ich habe die wichtigsten Werke von Prus, Reymont, Żeromski, Wittlin und Gombrowicz gelesen. »Die Bauern« haben mich sehr entzückt. Natürlich habe ich Sienkiewicz gelesen. Aber den größten Eindruck hat auf mich die polnische Lyrik gemacht. Ich meine damit selbstverständlich die von Dichtern wie Leopold Staff und Leśmian, wie Tuwim und Słonimski, Wierzyński und Lechón. Und sehr interessiert hat mich auch die Poesie meiner Zeit, zum Beispiel Gałczyński oder Jastrun, Herbert, Szymborska und Różewicz. Viel beschäftigt habe ich mich mit Lec. Ich habe nicht nur seine Epigramme gelesen, sondern auch die schönen Gedichte. Ich wiederhole: das ist wirklich ein Unglück, daß das Beste an der polnischen Literatur, also die Lyrik, sich fast nie übersetzen läßt.

Danke für das Gespräch.

»Ich kenne keinen Kritiker, der unfehlbar wäre«

»Welt am Sonntag«, 21. und 28. Mai 2000
Das zweigeteilte Interview führten Klaus Bölling und Peter Gauweiler.

Klaus Bölling: Herr Reich-Ranicki, in wenigen Tagen feiern Sie Ihren achtzigsten Geburtstag, und ich vermute, das schönste Geburtstagsgeschenk haben Ihnen die Leser Ihrer Autobiographie gemacht. Ihr Bucherfolg überstrahlt ja den der meisten deutschen Schriftsteller unserer Tage. Bei den Lesereisen quer durch die Republik sind Sie den lesenden Deutschen nähergekommen als durch den Bildschirm, auf dem Sie das Publikum auch durch Ihre komödiantischen Talente beeindrucken konnten. Wie reflektieren Sie diesen Erfolg?
Ich bin meinen Lesern in der Tat nähergekommen. In allen Lesungen war die Stille fabelhaft und die Reaktion eigentlich ideal. Aber noch wichtiger sind in dieser Hinsicht die Briefe, die ich erhalte. Die Zahl dieser Briefe ist gigantisch. Ich kann nicht sagen, wie viele es sind, ob es 1200 oder 1600 sind. Natürlich habe ich nur einen kleinen Teil der Briefe gelesen. Worauf ich den Erfolg dieses Buches zurückführe? Ich wäre Ihnen sehr dankbar, wenn Sie mir die Frage beantworten könnten. Das Buch hat eine Eigentümlichkeit, von der sehr viele Leser, auch Kritiker sprechen: Es wirkt authentisch. Die Leute glauben mir. Das Buch scheint die Leser nicht zu langweilen und ist offenbar, das wird von vielen betont, leicht lesbar. Ich war immer der Ansicht und bin der Ansicht, daß der Autor sich Mühe geben soll, damit der Leser sich nicht so viel

Mühe geben muß. Andererseits: Das Buch bedient, ohne daß es meine Absicht gewesen wäre, sehr verschiedene Lesergruppen. Es ist für Leute geschrieben, die sich für Literatur interessieren. Es ist lesbar für Leute, die sich nicht für Literatur, wohl aber für Zeitgeschichte interessieren.

KB: Auch für latente Antisemiten vielleicht?

Bestimmt. Von dem Buch wurden in Deutschland jetzt knapp über eine halbe Million Exemplare verkauft; da sind sicherlich auch viele Antisemiten unter den Lesern ...

Peter Gauweiler: ... und Philosemiten ...

Ich sehe da den großen Unterschied nicht. Philosemiten sind nur umgekehrte Antisemiten. Aber ich muß Ihnen gestehen, und da ist keine Spur von Koketterie dabei: Dieser Erfolg hat mich absolut verblüfft und sprachlos gemacht. Als das Buch gedruckt war, hat der Verleger gezögert, ob er fünfzigtausend drucken soll oder siebzigtausend. Ich habe gesagt: Bitte fünfzigtausend, die Hälfte wird ohnehin liegenbleiben. Ich will nicht verheimlichen, daß ich bei dem jetzigen Erfolg daran denken mußte, daß mir im Laufe der Jahre und Jahrzehnte gewisse deutsche Schriftsteller – ich meine vor allem Günter Grass und Martin Walser – gern sagten, ich sei völlig abhängig von ihnen. Wenn sie nichts produzierten, könne ich nichts machen. Ich könne nur über die Bücher anderer schreiben. Ich habe damals Walser gesagt: »Wenn Sie und alle anderen deutschen Autoren aufhören Romane zu schreiben, kann ich noch über amerikanische oder englische Bücher schreiben, ich kann auch über Thomas Mann oder Fontane oder gar über Heine schreiben. So groß ist die Abhängigkeit von euch nicht.« Als ich dieses Buch, das ja nun ein erzählendes Buch ist, publiziert habe, da habe ich mir im stillen gedacht, vielleicht bekomme ich eine Postkarte von Grass oder Walser in dem Sinne: »Sie sind ein schrecklicher Mensch, Sie haben uns Unrecht getan. Aber das, was Sie da geschrieben haben, ist nicht so schlecht.«

(...)

PG: Heute entscheiden – Daumen nach oben, Daumen nach unten – die Medien über Leben und gesellschaftlichen Tod einer Existenz. Sie haben das auch mehr als einmal am eigenen Leibe erfahren müssen. Was kann man tun gegen solche Macht, die vermeintlich außerhalb jeder Kontrolle ist? Was kann man tun, daß die Macht der Medien nicht immer wieder mit Menschen so umgeht, wie es Shakespeare im »King Lear« formuliert: »... wie Kinder, die zum Spaß Fliegen quälen«?

Es gibt nur eine Möglichkeit dagegenzuwirken: einen Teil der Macht an sich reißen und sie selber ausüben. Ich bin 1973 von der »Frankfurter Allgemeinen Zeitung« zum Chef der Literatur berufen worden, unter anderem deshalb, weil das Literaturblatt der »Frankfurter Allgemeinen Zeitung« unlesbar war. Ich habe gleich am ersten Tag einem nicht unbekannten deutschen Autor sein Manuskript zurückgeschickt, ihn angerufen – weil das milder ist, wenn man es mündlich sagt, als wenn man es im Brief schreibt – und ihm gesagt: »Ich schicke Ihnen das Manuskript nur aus einem einzigen Grund zurück: Es sind darin mehrere Absätze, die ich nicht verstehe. Was ich nicht verstehe, versteht der Leser auch nicht, glaube ich. Sie müssen sich auf mein Niveau einstellen. Es tut mir leid, ich weiß, daß es für Sie eine Qual ist, sich auf niedrigem Niveau zu äußern, aber wenn Sie für das Blatt weiterarbeiten wollen, was ich wünsche, müssen Sie mit meinem Niveau schon rechnen. Das war ein relativ junger Autor, der da völlig unverständliches Zeug geschrieben hatte. Ich habe versucht, in der »Frankfurter Allgemeinen Zeitung« gegen die Ungerechtigkeiten des

Machtapparates der Medien zu wirken, was nur in Grenzen möglich war. Dann kamen die Leute vom ZDF auf die Idee, mir eine Sendung anzuvertrauen. Nach einigen Gesprächen entstand das »Literarische Quartett«. Es ist ein Versuch, gegen die ganze Medienmacht zu wirken. Der wichtigste Erfolg des »Literarischen Quartetts« ist es, Büchern, die erfolglos geblieben waren, zu einem größeren Echo zu verhelfen.

KB: Die Buchhändler sitzen stets vor dem Bildschirm …

Sie wissen, daß die deutsche Nation nicht danach giert, Bücher über Auschwitz zu lesen. Ruth Klüger hat ein kluges Buch mit dem Titel »weiter leben – eine Jugend« über Auschwitz geschrieben. Sie erhielt die positiven Kritiken, die sie verdiente, und es wurden sechs-, siebentausend Exemplare verkauft. Aber am Tag nach unserer Sendung konnte der Verleger die Tür zu seinem Büro kaum öffnen, weil die deutschen Buchhandlungen so viele Bestellungen gefaxt hatten. Binnen kurzer Zeit wurde das Buch über hunderttausendmal verkauft. Gegen das »Literarische Quartett« ist viel gesagt und geschrieben worden. Und es hat in der Tat allerlei Schwächen und Fehler. Aber es hat für die ernste Literatur eine Wirkung, die noch nie im Fernsehen erreicht wurde. Das Gerücht, die Sendung würde zu Ende gehen, hat schon vor Monaten zu Telegrammen von Verlagsverbänden und ähnlichen Institutionen geführt: »Um Gottes willen, das muß weiter bleiben!«

PG: Aber wir reden ja nicht nur über Literaturkritiker, sondern über das Machtgefühl der Medien, George Orwell, Big Brother. Davor kann ja offenbar nicht einmal der Artikel 1 des Grundgesetzes, daß die Würde des Menschen unantastbar sei, schützen …

Was heißt, die Würde des Menschen ist unantastbar? Da beginnt schon die Diskussion. Jeder empfindet den Satz anders.

Sie werden von den Redakteuren im Fernsehen oder von Kritikern hören, daß sie gerade um die Würde zu verteidigen in der Sache so scharf agieren mußten.

PG: Also soll alles erlaubt sein in der Fernsehgesellschaft?

Nein, nein. Ich glaube nicht, daß alles erlaubt sein sollte. Und ich weiß sehr gut, wie viele Dinge gesendet werden, die nicht gesendet werden sollten. Ich bin auch nicht der Ansicht, daß es unbedingt nötig ist, immer wieder den Koitus im Fernsehen zu filmen. Es gibt ja Programme, die uns das jeden Abend vorführen.

KB: Und deutsche Bühnen …

Da probiert ein jeder, was er mag, heißt es im Vorspiel zum »Faust«. Wissen Sie, auf deutschen Bühnen ist das nicht das Schlimmste. Romeo und Julia liegen ja bei Shakespeare zusammen im Bett, und die spielen dort nicht Skat, das ist ziemlich sicher. Daß da ein Koitus angedeutet wird, ist nicht falsch. Wenn aber vor der Schlacht bei Fehrbellin die Stabsoffiziere, alles preußische Aristokraten, den Plan der Schlacht erörtern und einer nur zwei Schritte von ihnen entfernt auf der Bühne zu pinkeln beginnt – das hat eine junge Frau inszeniert –, da frage ich: Muß das sein? Sie sagt, ja, der muß auch mal. Dann frage ich: Ja, aber mit Kleistschen Versen?

KB: Nicht nur Golo Mann hat Ihnen eine überlegene Kompetenz als Literaturkritiker bescheinigt in seinem Briefwechsel mit Ihnen. In unserer klischeesüchtigen Zeit haben Sie irgendwann den Titel eines Literaturpapstes angehängt bekommen. Nun sind Ihre Urteile, das werden Sie von sich selber auch nicht behaupten wollen, nicht unfehlbar. Wollen Sie unsere Begegnung heute nicht zum Anlaß nehmen, dieses Etikett des Literaturpapstes abzustreifen?

Ich habe schon bei verschiedenen Gelegenheiten gesagt, daß ich diese Bezeichnung für sinnlos halte, weil sie immer mit Unfehlbarkeit assoziiert wird. Ich kenne keinen einzigen Kritiker in der ganzen Geschichte der deutschen Literaturkritik, der unfehlbar gewesen wäre. Aber, wissen Sie, ich habe längst aufgehört, dagegen irgendwas zu sagen.

PG: Wenn es um Weltanschauung geht, habe ich das Gefühl, daß in Ihrer Brust mehr als zwei Seelen ruhen. Einerseits rühmen Sie sich, in der mehr konservativen »Frankfurter Allgemeinen Zeitung« häufig expressis verbis linke Autoren, also auch Kommunisten gebracht zu haben. Andererseits haben Sie sehr scharf sozialistische Lebenslügen entlarvt, zum Beispiel, wenn Sie über die DDR-Autorin Christa Wolf schreiben: »Hat sie denn überhaupt begriffen, daß sie jahrzehntelang einer schlechten, einer üblen Sache gedient, daß sie zur Rechtfertigung der Existenz eines verbrecherischen Staates beigetragen hat?« Und zum dritten überraschen Sie jetzt in Ihrem Buch mit einer heutzutage unüblichen Objektivität bei der Beschreibung Ihrer Jugend im Dritten Reich und haben bei Ihren Lehrern am Fichte-Gymnasium auch dann sympathische Einzelheiten festgehalten, wenn Sie gleichzeitig diese Lehrer als relativ überzeugte Anhänger des Regimes vorgestellt haben. Ein richtiger Linker tut doch so was nicht …

Wahrscheinlich war und bin ich kein richtiger Linker. Zu den Autoren, die ich geschätzt und gerühmt habe, gehört auch Christa Wolf. Ich habe den Roman »Nachdenken über Christa T.« als erster deutscher Kritiker gelobt und gerühmt. Wie ich später erfuhr, hat man einen Satz aus dieser Kritik auf der Politbüro-Sitzung, auf der dieses Buch erörtert wurde, von mir zitiert – gegen Christa Wolf. Mein Satz lautete: »Christa T. ist an der Leukämie gestorben. Aber sie hat gelitten an der DDR.« Da haben die gesagt, der Feind hat dein Buch durchschaut. Aber jetzt zu dem, was Sie hier von mir zitiert haben über Christa Wolf: Es ist falsch zitiert. Ich bin der letzte, der Christa Wolf oder irgendeinem DDR-Autoren vorwerfen würde, daß er DDR- oder SED-Anhänger war. Ich selber war Kommunist bis Ende 1949. Ich hatte Grund, der Kommunistischen Partei beizutreten. Ich stehe dazu. Und ich bin sehr schnell aus der Partei ausgestoßen worden – mit gutem Grund. Bei Christa Wolf geht es um einen ganz anderen Punkt. Ich war empört, als sie jene berühmte Rede auf dem Alexanderplatz gehalten hat, in der sie die Kühnheit hatte, sich mit keinem Wort zur eigenen Schuld zu bekennen. Sie kam nur mit einer Idee: Das Ganze noch einmal! Wir müssen noch einmal versuchen, den Sozialismus zu bauen, jetzt solle man vom Sozialismus »träumen« und ihn vom Kopf auf die Füße stellen. Ich fand das ungeheuerlich. Das ist das eine. Das andere: Sie begann in jener Zeit, sich als Opfer der SED zu stilisieren, und wurde auch von manchem ihrer Anhänger in der Bundesrepublik in diesem Sinne präsentiert. Da habe ich mir erlaubt zu sagen, das sei nun nicht ganz in Ordnung.

PG: Die literarische Biographie von Geistesriesen wie Knut Hamsun oder Bertolt Brecht läßt sich nicht erzählen, ohne ihr politisches Engagement festzustellen und zu werten. Gleichwohl lagen diese beiden Poeten mit ihren Befürwortungen grausam daneben. Der eine für Hitler und der andere für Stalin. Irrungen dieser Art sind unter den Literaten leider keine Ausnahme. Wie ist es zu erklären, daß immer wieder hochbegabte Wortkünstler sich durch besonders mißratene politische Äußerungen artikulieren?

Es ist unmöglich, über Hamsun zu schreiben, ohne auf sein Verhältnis zu Hitler zu sprechen zu kommen. Es ist unmöglich, über Brecht zu schreiben und den Kommunismus auszusparen. Aber ich bin tief überzeugt, daß Brecht niemals an den Kommunismus ernsthaft geglaubt hat. Brecht hat den Kommunismus gebraucht für das, was der Inhalt seines Lebens war: für das Theater, für die Literatur. Er hat den Kommunismus gebraucht – als ideelles Fundament, als Impuls und Thema für sein Werk, als Motor.

KB: Sie sind als Homo politicus eigentlich kaum in Erscheinung getreten. Mit dem Thomas-Mann-Thema »Geist und Macht« haben Sie sich naturgemäß Ihr ganzes Leben lang beschäftigt. Richard von Weizsäcker hat vor geraumer Zeit beklagt, daß die Repräsentanten des Geistes in unserem Land eher Distanz, zuweilen sogar Resignation gegenüber der politischen Macht zeigen. Finden Sie das Weizsäckersche Urteil zutreffend?

Es ist im großen und ganzen nicht falsch. Aber wenn es um mich geht: Sie haben vollkommen recht, ich bin im Grunde kein politischer Mensch. Ich bin einmal im Leben einer politischen Partei, der Kommunistischen Partei Polens, beigetreten. Das hat mit meiner Biographie zu tun und mit der Tatsache, daß meine Frau und ich nie überlebt hätten, sondern von Deutschen ermordet worden wären wie meine Mutter, mein Vater, mein Bruder, die Eltern meiner Frau, wenn nicht die Russen gekommen wären. Ich glaube sogar, wenn die Russen zwei Wochen später gekommen wären, hätten wir auch nicht mehr gelebt. Und damit hat auch zu tun, daß ich mich damals entschieden habe, in Polen zu bleiben und der Kommunistischen Partei beizutreten. Beides war falsch. Ich habe später, 1949/1950, den Fehler erkannt und beschlossen, nie wieder einer politischen Partei beizutreten. So wird es bleiben.

KB: Wir haben es seit geraumer Zeit mit einem signifikanten Anwachsen des Rechtsradikalismus zu tun, zumal in einigen

der ostdeutschen Bundesländer. Teilen Sie meine Einschätzung, daß sich die Intellektuellen in unserem Land diesem bedrohlichen Phänomen gegenüber auffällig schweigsam verhalten?
Ja.
KB: Warum äußern Sie sich nicht mit Ihrer gewachsenen moralischen Autorität, die ja nicht zuletzt Resultat dieses wunderbaren Bucherfolges ist?
Weil ich nicht dazu da bin, das deutsche Volk politisch in irgendeinem Sinne zu erziehen. Ich maße mir an, dem deutschen Volk zu sagen, was ich für gute oder schlechte Literatur halte. Aber ich habe noch nie gesagt, das Volk solle nur die CDU wählen oder nur die SPD und solle dies und jenes machen. Ich mische mich im Grunde genommen in politische Angelegenheiten überhaupt nicht ein. Es sei denn, die Politik greift in die Literatur ein. Ich will auch nicht hören, daß man mir sagt: »Sie sind doch gar kein Deutscher.« Was richtig ist. (…)
KB: Mich überzeugt das nicht. Denn Sie sind für die ganz große Mehrheit der Gebildeten – oder sagen wir bescheiden – der lesenden Deutschen schon eine moralische Autorität, auch wegen Ihrer jüdischen Biographie. Da kann es Sie doch nicht unberührt lassen, daß dort der Ungeist sich wieder frech hervorwagt.
Nein, vor diesen Rechtsradikalen, vor diesem Ungeist habe ich Angst. Große Angst. Es ist mir wahrlich nicht gleichgültig. Aber ich kann nicht die Nation aufrufen zur Wachsamkeit, weil ich immer die Antwort hören könnte, ich sei befangen, ich sei nicht objektiv. Natürlich bin ich befangen. Natürlich bin ich in dieser Sache nicht objektiv.

PG: Sie haben einmal gesagt, an der Literatur interessierten Sie vor allem die Leiden des Individuums…

Na ja, und wie die Leiden ausgedrückt werden …

PG: Für viele Intellektuelle ist der Pfälzer Helmut Kohl eher eine Reizfigur. Aber bei objektiver Beobachtung ist er mit seiner historischen Wirkung doch auch ein über die Maßen bedeutender Mann. Muß man im Kohl-Drama nicht unseren Hauptdarsteller irgendwie vor dieser lustvollen Entehrung durch seine zahlreichen Widersacher in Schutz nehmen? Und gibt es gegen den historischen Erfolg dieses Mannes als Rettungsmittel wirklich nur den Haß?

Während dieser ganzen Vorgänge im Zusammenhang mit der Spendenaffäre habe ich unentwegt an eine literarische Parallele denken müssen – nämlich an die Königsdramen von Shakespeare.

PG: Welche standen denn vor Ihrem geistigen Auge?

Ich dachte an alle Königsdramen von Shakespeare, aber nicht in erster Linie an die Zentralfiguren, also nicht an Richard II. oder Richard III., sondern an die vielen kleinen Leute, die sich rings um den jeweiligen König betätigen. Es ist genial, wie Shakespeare gezeigt hat – um nur dieses Beispiel anzuführen –, daß jene, die vor dem König knieten, kaum daß er nicht mehr die Macht hat, die ersten sind, gegen ihn zu reden. Shakespeare hat das fabelhaft vorausgesehen. Ich halte ihn für den größten Schriftsteller, der je auf Erden gelebt und geschrieben hat. Jetzt zu Kohl selber: Ich kann Ihnen nur sagen, ich habe nie an irgendeiner Jagd und an Attacken gegen Kohl teilgenommen, niemals. Ich habe nie gegen ihn gehetzt, ihn, da ich mich nicht für einen politischen Menschen halte, auch nie kritisiert.

KB: Fanden Sie denn sein Verhalten tadelsfrei?

Natürlich nicht. Aber ich fand, daß nicht ich berufen bin, ihn zu kritisieren. Und ich bin auch nicht berufen, ihn heute zu verteidigen.

KB: Sie sollten uns sagen, ob Sie die pessimistische Einschätzung von Ignatz Bubis teilen, der kurz vor seinem Tod gesagt hat, daß er in Wahrheit für die Normalisierung zwischen jüdischen und nichtjüdischen Deutschen wenig ausgerichtet habe. Ist Normalisierung überhaupt das richtige Wort?

Na ja, es kommt nur darauf an, wann man die Normalisierung erreichen könnte. Solange die Täter und die Opfer von damals leben, wird die Normalisierung nicht erreicht werden. Das ist gar nicht möglich. Bubis hat eine große Niederlage erlitten, das ist richtig. Und die Niederlage besteht darin, daß er sich ungeheuer Illusionen gemacht hat. Irgendwann gegen Ende seines Lebens hat er seine Irrtümer und Illusionen vielleicht erkannt. Ich habe das Meinige getan und ihm immer wieder gesagt: »Sie werden in diesem Land respektiert. Aber als Jude respektiert.« Er hat es nicht geglaubt. Bubis hat seine Rolle und seine Situation in diesem Land völlig verkannt. Er hat den Leuten sehr imponiert. Zu Recht. Weil er imstande war, lange, vernünftige, intelligente Vorträge frei zu sprechen. Wenn deutsche Professoren sagen sollen »Wir freuen uns, Sie alle zu begrüßen«, dann haben die ein Blatt in der Hand.

KB: Herr Reich-Ranicki, Menschen, die Sie gut zu kennen meinen, sagen, daß Sie von einem beachtlichen Ego angetrieben werden, weshalb Sie sich zu keiner dauerhaften Freundschaft entschließen konnten …

Daß ich zur Freundschaft unfähig bin? Ich bitte Sie! Mit Siegfried Lenz bin ich seit 1957 befreundet. Mit Walter Jens war ich dreißig Jahre eng befreundet. Ich habe über ihn mehrfach geschrieben und aus den Neuauflagen meiner Bücher kein rühmendes Wort über ihn weggelassen oder geändert. Auch in meinem Buch »Mein Leben« ist ihm ein Kapitel gewidmet. Ich habe, wie mir auch von anderen bestätigt wurde, denkbar nobel über ihn geschrieben und alles Skeptische oder Bedenkliche ausgespart. (...) Es gibt auch andere Menschen, mit denen ich in diesem Land befreundet bin. Mir die Unfähigkeit zur Freundschaft vorzuwerfen, ist ein Zeichen der Unkenntnis. Ich war nie mit Günter Grass befreundet. Günter Grass' Verhältnis zu mir war immer lieb und gut und freundlich, wenn ich das letzte Buch von ihm gelobt habe. Aber wenn ich das nächste nicht so gelobt habe, dann war die Beziehung beendet. Bis zum nächsten Fall, wo ich wieder freundlich war. Ich war eine Zeitlang mit Sarah Kirsch befreundet, mit Ulla Hahn und Klaus von Dohnanyi bin ich es bis heute.

KB: Und Ihr Ego?

Was meinen Sie: Egozentrik? Verliebt in mich selber? Narziß?

KB: Nein. Narzißmus nicht. Aber doch ein beträchtliches Quantum Eitelkeit.

Na, das ist doch die Voraussetzung der Kritik! Kritik besteht darin, daß man in aller Öffentlichkeit über die literarische Arbeit anderer Menschen ein Urteil fällt, aber keinen Kodex hat. Fontane hat gesagt, daß es mit den Prinzipien und einem Paragraphenkodex nicht gehe. Mein Gefühl ist hier aufgerufen. Damit muß ich reagieren. Ich muß mit meiner ganzen Person im Theater sitzen oder ein Buch lesen. Und plötzlich spüre ich etwas: Das ist ja gut, was ich lese. Aber ich weiß nicht, warum das so gut ist. Da habe ich Erfahrung. Der Teufel soll mich holen, wenn ich nicht Argumente finde, um das Buch zu verteidigen, das mir gefällt. Verstehen Sie? Ich muß also mich selber beobachten. Eitelkeit? Wenn ich nicht eitel wäre, könnte ich nicht Kritiker sein.

PG: Unsere Schlußfrage beschäftigt sich mit Ihrem Verhältnis zum dritten Gebot »Du sollst den Feiertag heiligen«. Und sie schließt Gretchens Frage an Faust ein: »Heinrich, wie hältst du es mit der Religion?«

Ich bin ein ganz areligiöser Mensch. Und ich bin es nicht geworden, ich war es von Anfang an. Mir ist alles Religiöse fremd. Ich war niemals Mitglied der jüdischen Kultusgemeinde und werde es nie sein. Und ich wünsche, daß an meiner Beerdigung, wenn eine stattfindet, kein Rabbiner und kein Kantor teilnimmt. Wenn Sie nach dem siebten Tag der Woche fragen: Ich feiere, wann ich will. Und ich habe oft am Sonntag viel gearbeitet – wie es sich so ergeben hat. In den zehn Geboten muß man überhaupt eine große Leistung der Juden sehen. Übrigens: Du sollst nicht begehren deines Nächsten Weib – na gut. In denselben zehn Geboten steht auch, du sollst nicht ehebrechen. Zweimal also steht dasselbe in den zehn Geboten.

PG: Vielleicht hat das einen Grund…

Ja. Aber du sollst nicht töten, steht nur einmal da.

»Kritiker sind in der Regel einsame Menschen«

»Süddeutsche Zeitung«, 22. Mai 2000
Das Interview führten Georg Diez
und Dominik Wichmann.

Nachmittags um 15 Uhr in der Gustav-Freytag-Straße. Was macht Deutschlands erster Kritiker da normalerweise?
Um diese Zeit, nach dem Mittagessen, gehe ich spazieren. Nicht täglich, aber doch häufig. Das empfehlen alle Ärzte.
Sehen Sie es mit Genugtuung, daß Sie in einem Viertel wohnen, wo die Straßen nach Schriftstellern benannt sind?
Das ist natürlich Zufall: Hier gab es eine für mich geeignete Wohnung. Daß die Straße nach Gustav Freytag benannt ist, betrübt mich ein wenig, ohne mich sonderlich zu stören. Denn schließlich hat Freytag auch Beachtliches geschrieben, das inzwischen freilich vergessen ist. Gewiß hätte ich lieber in der Thomas-Mann-Straße gewohnt oder in der Franz-Kafka-Straße. Die gibt es in Frankfurt ebenfalls. Aber da war keine Wohnung frei.
Es hätte schlimmer kommen können.
Wieso?
Die Peter-Rosegger-Straße ist gleich um die Ecke.
Na und? Wir haben hier auch die Grillparzerstraße und die Mörike- und die Eichendorffstraße. Und das sind ja die schlechtesten Dichter nicht.
Die Frage mit der Uhrzeit bezieht sich natürlich auch auf einen Ihrer Lieblingsautoren: Thomas Mann. Haben Sie Ihren Tagesablauf zumindest grob an den von Mann angelehnt?
Ihre Frage verblüfft mich schon deshalb, weil Thomas Mann

immer vor dem Mittagessen spazierenging. Mein Tagesablauf hat mit meiner alltäglichen Arbeit zu tun.

Was für ein Alltag ist das eigentlich? Ist es der Alltag eines ehemaligen Journalisten, der heute als Schriftsteller Millionen verdient? Oder ist es der Alltag eines bald achtzigjährigen Rentners?

Erstens: Ich bin kein ehemaliger Journalist, denn ich arbeite nach wie vor in der »Frankfurter Allgemeinen Zeitung«, wo ich beispielsweise seit sechsundzwanzig Jahren die allwöchentlich erscheinende »Frankfurter Anthologie« redigiere. Zweitens: Über meine Einkünfte bin ich Rechenschaft schuldig, aber nicht der »Süddeutschen Zeitung«, sondern dem zuständigen Finanzamt. Und drittens: Wenn ich bedenke, was ich im letzten Jahr publiziert und im Fernsehen gemacht habe, wundert es mich doch, daß Sie im Zusammenhang mit meiner Person die Vokabel »Rentner« für angebracht halten. Um nun Ihre Frage ganz kurz zu beantworten: Ich bin Kritiker, also steht im Mittelpunkt meines Alltags das Lesen. Auf das Lesen folgt das Schreiben und auf das Schreiben das Lesen. So ist das.

Hat Sie dieses Leben glücklich gemacht?

Das Wort »Glück« verwende ich, wenn es um mich geht, sehr selten. Reden wir lieber von »Zufriedenheit«. Ich bin sicher, daß ich den für mich richtigen Beruf gewählt habe. Nur war es in Wirklichkeit wohl umgekehrt: Der Beruf hat mich gewählt, um nicht zu sagen: ergriffen. Kritiker sind in der Regel einsame Menschen. Das gilt auch für mich. In Polen wurde ich diskriminiert als einer, den man schon Ende 1949, also in der stalinistischen Zeit – und wahrlich nicht zu Unrecht – aus der Kommunistischen Partei verstoßen hat, in Hamburg wurde ich geduldet, und in Frankfurt erging und ergeht es mir am besten. Aber es fällt mir schwer, Frankfurt als meine Heimat zu bezeichnen. Meine Heimat war immer die Literatur – schon in meiner Schulzeit in Berlin.

Sogar in der Synthese aus Literatur und Räumlichkeit, der »Suhrkamp-Kultur«, wie Georg Steiner das geistige Leben in der Bundesrepublik einmal nannte, fühlten Sie sich ausgeschlossen?

Nur in der Literatur habe ich mich wiedererkannt. Zu den größten Erlebnissen meiner Jugend gehört die Lektüre des »Tonio Kröger«. Vieles, was Thomas Manns Held sagt, traf und trifft auch auf mich zu.

Das Menschliche darstellen, ohne am Menschlichen teilzuhaben?

Andere nahmen an Fahrten und Ausflügen teil und an allerlei Sportfesten, gingen in die Tanzstunde und hatten viele Freunde. Bei mir sah es eben anders aus: Ich erlebte das Menschliche in der Literatur, ohne es in der Wirklichkeit zu kennen. Was Liebe ist, habe ich zum ersten Mal geahnt, als ich, dreizehn oder vierzehn Jahre alt, »Romeo und Julia« sah.

Selbst die Sexualkunde haben Sie sich mit dem Brockhaus selbst beigebracht.

Das war damals nicht ungewöhnlich.

Ist Ihre Heimatlosigkeit nicht auch die der alten Bundesrepublik?

Ich glaube, daß meine Heimatlosigkeit mit der angeblichen Heimatlosigkeit der Bundesdeutschen nichts gemein hat.

Trotzdem ist Ihr Leben eng mit der Geschichte der alten Bundesrepublik verflochten. Ist Ihre Biographie eine Metapher dieses Landes?

Daß meine Biographie eine Metapher der Bundesrepublik sein soll, begreife ich nicht recht. Jedenfalls ist es mir neu. Das mögen bitte andere beurteilen.

Das Datum 1985 zum Beispiel? Die verhinderte Aufführung des Fassbinder-Stücks »Der Müll, die Stadt und der Tod« hier in

Frankfurt. War der Eklat um dieses Stück für Sie nicht prägend?
Nein, dieser Eklat war überhaupt nicht prägend für mich, aber doch wichtig. Seit Juden an der deutschen Literatur teilnehmen, also seit bald zweihundertfünfzig Jahren, haben sie niemals Literatur oder Theater zu verhindern versucht. Im Gegenteil: Sie alle, von Moses Mendelssohn über Heine und Börne bis zu Schnitzler, Tucholsky und Kerr, bis zu Canetti und Peter Weiss, waren erbitterte Gegner jeglicher Art von Zensur. Damals aber, 1985, besetzten Mitglieder der Jüdischen Gemeinde in Frankfurt die Bühne und machten die Aufführung eines Theaterstücks unmöglich. Fassbinders Produkt ist literarisch wertlos und gleichwohl ein charakteristisches Zeitdokument. Damals hat man das Wort geprägt: »Das Ende der Schonzeit«. Womit gesagt sein sollte, es sei nun an der Zeit, über die Juden und ihre Rolle in diesem Land offen und aufrichtig zu reden – eben schonungslos.

Endete da die Konsensgesellschaft?
In der Tat wurde ab 1985 über Juden und deren Angelegenheiten anders gesprochen. Es gab nun weniger Tabus. Als ich Ende der fünfziger Jahre, kurz nach meiner Rückkehr nach Deutschland, Vorträge hielt, reichte ein einziges Wort – etwa wenn von Kafka oder Döblin die Rede war –, und es wurde im Saal unheimlich still. In Büchern über Heine oder Kafka wurde das Wort »Jude« oft ängstlich vermieden.

Ein Jahr nach der Premiere des Fassbinder-Stücks erlebte die Bundesrepublik eine weitere Zäsur: den Historikerstreit.
In dieser Auseinandersetzung ging der in ihrem Zentrum stehende Historiker Ernst Nolte in seinen so unseriösen wie gefährlichen Thesen und Äußerungen so weit, kurzerhand zu erklären, Hitler sei berechtigt gewesen, alle deutschen Juden zu deportieren. Sie seien »ohne grausame Absicht« umge-

bracht worden, »wie man Ungeziefer, dem man ja auch nicht Schmerzen bereiten will, weghaben möchte«.

Im Streit um Noltes Thesen zerbrach auch Ihre Freundschaft mit dem »Frankfurter Allgemeine Zeitung«-Herausgeber Joachim Fest. Trotzdem haben Sie nicht die mögliche Konsequenz gezogen, sich von der Zeitung zu trennen. Sind Sie eigentlich ein politischer Mensch?

Nein, im Grunde bin ich an der Politik nur wenig interessiert. Ich lese in den Zeitungen den Kulturteil viel lieber und häufiger als den politischen Teil. Eine Premiere interessiert mich mehr als ein Parteitag. Während des CDU-Spendenskandals dachte ich vor allem an die Königsdramen von Shakespeare, wobei freilich Richard II. oder Richard III. schillerndere Figuren sind als Schäuble oder Manfred Kanther.

(...)

Sie waren auch in London tätig, im diplomatischen Dienst und im Nachrichtendienst.

Ja, und zwar 1948 und 1949. Es war eine schöne Zeit, viel Theater, zumal mit Laurence Olivier, großartige Konzerte, auch unter Furtwängler. Mein Amt – ich war Konsul – bereitete mir keine Schwierigkeiten.

Und der Geheimdienst?

Das war keine sonderlich ernste Tätigkeit.

Wann hat die Partei gemerkt, daß es ein Fehler war, Sie aufzunehmen?

Schneller als ich. Als ich dann in einer Warschauer Gefängniszelle »Das siebte Kreuz« von Anna Seghers gelesen habe, da hatte ich Zeit, über die Literatur und mein Leben nachzudenken. Zweierlei habe ich damals beschlossen: mich von nun an mit der Literatur und nicht mit der Politik zu beschäftigen und nie wieder einer politischen Partei beizutreten.

Bei aller Skepsis der Politik gegenüber scheint es aber doch so, daß es in erster Linie ein politischer Akt war, der Sie, mehr als jedes Buch, jedes Theaterstück, mit der Bundesrepublik wieder versöhnt hat: der Kniefall Willy Brandts im Warschauer Ghetto.
Das war kein politischer Akt.
Was dann?
Brandt ist nicht als Repräsentant der SPD auf die Knie gefallen, sondern im Namen des deutschen Volkes. Es war ein moralischer Akt und ein historisches Ereignis.
Waren Sie jemals ein Linker?
Sagen wir: linksliberal. Mein Verhältnis zur engagierten Literatur hat damit zu tun. An die große, unmittelbare gesellschaftliche Wirkung der Literatur habe ich nie geglaubt. Aber ich bildete mir ein, die Literatur dürfe eine solche Wirkung nicht aus dem Auge verlieren. Aber ich weiß es längst: Wer mit der Literatur die Welt verändern möchte, der muß wenigstens teilweise auf seine künstlerischen Ambitionen verzichten und eine möglichst populäre Literatur anstreben und billige Effekte nicht meiden.
Kann man links sein, ohne gleichzeitig auch politisch zu sein?
Nein!
Aber Sie leben diesen Widerspruch doch vor.
Zunächst mal ist Linkssein eine Grundhaltung. Natürlich stand mir schon früher die SPD viel näher als die CDU. Und wenn Sie mich fragen warum, dann gebe ich Ihnen die primitivste Antwort.
Warum also?
An der Spitze der SPD standen Männer wie Ollenhauer, Schumacher, Reuter, Brandt. Also alles Leute, die entweder im KZ oder in der Emigration waren. An der Spitze der CDU standen Leute, die sich mit dem Dritten Reich arrangiert hatten.

Da waren auch ehemalige Nazis in der Partei auf hohen Posten. Natürlich stand mir da die SPD näher.
Und heute? Was wählen Sie heute?
Meines Wissens sind in Deutschland die Wahlen ja geheime Wahlen. Aber sagen wir es mal so: Der Franzose André Gide wurde einmal gefragt, wer der größte Schriftsteller Frankreichs sei. Er hat geantwortet: Leider, leider Victor Hugo.
Das heißt, Sie wählen noch immer die SPD?
Ja. Leider, leider. Mir bleibt nichts anderes übrig. Und so ist die Partei, diese Es Pe De, auch mit meiner Stimme an die Macht gekommen. Wahrscheinlich war das ganz gut so.
Erster Kritiker der »Zeit«, Literaturchef der »Frankfurter Allgemeinen Zeitung«, Gründer des »Literarischen Quartetts« – wie wichtig ist für Sie Macht?
Man hat mir oft eine Machtkonzentration nachgesagt oder vorgeworfen, die es, so wurde öffentlich erklärt, im literarischen Leben Deutschlands noch nie gegeben habe. Wer dies meint, sollte sich fragen, zu wessen Gunsten ich diese angebliche Macht konzentriert habe. Ich bin da ganz sicher: zu Gunsten der deutschen Literatur.
Haben Sie, als Sie 1958 in die Bundesrepublik gekommen sind, nie damit gerechnet, daß Ihre Karriere so einen Weg nehmen könnte?
Überhaupt nicht!
Sie kokettieren!
Das war für mich, alles in allem, eine ganz große Überraschung. Als meine Autobiographie »Mein Leben« erschien, (…) fürchtete ich, die Hälfte der ersten Auflage werde liegenbleiben. Inzwischen ist die halbe Million überschritten. Und auf der Bestsellerliste des »Spiegels« steht es auf Platz eins – seit rund neun Monaten ununterbrochen. Ich gebe zu: Ich kann es nicht fassen.

Aber Kritiker, das zeigt auch die Lektüre Ihrer Autobiographie, Kritiker wollten Sie immer schon werden.

Ja – und meine Schulaufsätze näherten sich, wie mir die Lehrer sagten, literarkritischen Arbeiten, wenn auch vermutlich naiven oder schlechten. Mein Ehrgeiz war in der Schulzeit groß: Dabei spielte eine erhebliche Rolle, daß ich aus Polen nach Berlin gekommen war. Eben weil ein Fremdling, wollte ich unbedingt der Beste im Deutschunterricht sein, was mir übrigens, kein Wunder, rasch gelungen ist.

Darf man also sagen, daß die deutsche Kultur die Grunderfahrung Ihrer Jugend war?

Mit Sicherheit ist das richtig, betraf aber nicht nur die deutsche Kultur. In meinen Berliner Gymnasialjahren habe ich die Schularbeiten sehr schnell erledigt, um Zeit vor allem für das Lesen zu haben. An guten Noten war ich nicht sonderlich interessiert, es reichte mir aus, wenn ich in den einzelnen Fächern »genügend« erhielt. Von Deutsch abgesehen, war ich nur in Geschichte und Musik besonders gut. Sehr viel bin ich in jener Zeit ins Theater gegangen und in die Oper. Übrigens hat sich mein ganzes Leben im westlichen Teil der Stadt abgespielt, die zentrale Straße meines Alltags war der Kurfürstendamm. In die Innenstadt von Berlin fuhr ich, wenn ich ins Schauspielhaus am Gendarmenmarkt ging oder ins Deutsche Theater und natürlich in die Staatsoper Unter den Linden oder in Museen. Daß jenseits des Alexanderplatzes auch Menschen lebten, das wußte ich sehr wohl, aber ich bin dort nie gewesen.

Ihr Ehrgeiz half Ihnen, in der neuen Umgebung rasch Fuß zu fassen. Wann in Ihrem Leben kam zum Ehrgeiz noch die Eitelkeit?

Die Frage nach der Eitelkeit gehört seit mindestens zwanzig Jahren zum Standardrepertoire meiner Interviewer.

Das mag auch an Ihnen liegen.

Es langweilt mich, immer wieder dieselbe Antwort zu geben, aber Sie zwingen mich dazu. Also: Ein Kritiker fällt Urteile, ohne über einen Kodex zu verfügen. Daher ist er im höchsten Maße daran interessiert zu erfahren, was die Leute von diesen Kritiken halten. Das nennt man Eitelkeit des Kritikers.

Wenn Sie aber als Kritiker ohne einen festen Kodex arbeiten, warum greifen Sie dann so häufig auf Zitate zurück, wenn es darum geht, das eigene Leben zu beschreiben? Häufig schildern Sie wichtige Erlebnisse, die erste Erfahrung von Sexualität oder von physischer Gewalt, indem Sie diese Erlebnisse mit einem Zitat auflösen.

Ja, das stimmt: Ich liebe Zitate. Was haben Sie denn eigentlich dagegen? Schon in meinen Schulaufsätzen habe ich gern mit Zitaten operiert, zumal von Schiller und aus dem »Faust«.

Bedingt denn dieses Leben im Zitat eine andere Wahrnehmung von Wirklichkeit?

»Leben im Zitat« ist ein ganz falscher, überhaupt nicht zutreffender Begriff. Ich muß Ihnen gerade hier mit einem Zitat antworten. Thomas Mann schrieb einmal: »Belächeln Sie nicht meine Neigung zum Zitieren.« Denn: »Auch das Zitieren ist eine Form der Dankbarkeit.« Darüber hinaus dienen Zitate oft dazu, etwas knapp auszudrücken, was man nicht ausdrücken kann, jedenfalls nicht so gut, wie es ein anderer getan hat. Warum um Himmels willen sollte man sich bemühen, einen Gedanken oder ein Gefühl unbedingt neu zu formulieren, wenn es von einem anderen und größeren längst und besser formuliert wurde? Natürlich gibt es auch abgegriffene Zitate. Irgendwo habe ich gelesen: »Der erste, der Herz auf Schmerz gereimt hat, war ein Genie; der hundertste ein Epigone; der tausendste ein Dilettant.«

Gilt das nicht für alle Zitate?

Nein, mit Sicherheit nicht. Aber natürlich sollte man sich hüten, immer wieder dieselben Lieblingszitate zu verwenden. Ich will Ihnen ein Beispiel geben. Vor vielen Jahren habe ich bei Friedrich Schlegel den Satz gefunden: »Goethe ist zu sehr Dichter, um Kunstkenner zu sein.« Ich habe seitdem diese grandiose Erkenntnis mehrfach zitiert, und ich kann Ihnen nicht versprechen, daß ich es nicht wieder einmal tun werde. Und gleich noch ein Beispiel: »Heldentum ist Ausnahmezustand und meist Produkt einer Zwangslage.« Wer hat das wohl geschrieben? Vielleicht Tucholsky? Nein, es stammt von Theodor Fontane und steht im »Stechlin«.

Ist Ihnen der Tod näher gekommen, seit Sie Ihre Autobiographie beendet haben?

Das ist eine Intimfrage, und ich bin nicht verpflichtet, sie zu beantworten. Soviel kann ich sagen: Während der Arbeit an meinem Buch »Mein Leben« habe ich immer wieder gefürchtet, meine Gesundheit oder eben der Tod könnten verhindern, daß ich die Sache zu Ende bringe. Als ich die Hälfte hatte, habe ich mir gedacht: Schlimmstenfalls werden das meine Freunde als Fragment veröffentlichen. Und als ich auf der letzten Seite angekommen war, da war ich beinahe glücklich, jedenfalls hatte ich ein gutes Gefühl.

War das ein Gefühl von Ankunft? Oder ein Gefühl von Abschied?

Weder Abschied noch Ankunft. Ich habe gelernt – und Sie mögen das für eine der deutschen Komponenten in meiner Person halten –, daß man das, was man tut, ordentlich zu Ende führen müsse. Daran war mir sehr gelegen. Und noch etwas habe ich gelernt, vor allem während des Krieges, zumal im Warschauer Ghetto und dann in der Illegalität – daß nämlich der Mensch dem Tode keine Herrschaft einräumen solle über seine Gedanken.

»Jeder Autobiograph schont sich selbst«

»Der Spiegel«, 22. Mai 2000
Das Interview führten Mathias Schreiber,
Volker Hage und Martin Doerry.

Herr Reich-Ranicki, von Ihrer Autobiographie »Mein Leben« wurden in neun Monaten eine halbe Million Exemplare verkauft, das Buch steht seit dreiunddreißig Wochen auf Platz eins der »Spiegel«-Bestsellerliste. Triumphgefühle?
Dieser Erfolg ist für mich natürlich eine unerhörte Überraschung. Ich habe nie damit gerechnet. (...) Der Erfolg ist auch eine Überraschung für viele Kollegen Schriftsteller ...
... Kollegen?
Ich darf in aller Bescheidenheit sagen, daß keiner der Romane, die etwa Martin Walser oder Günter Grass in den letzten zehn Jahren veröffentlicht haben, eine auch nur vergleichbare Auflage erreicht hat. Das freut mich, weil ich von diesen Herren oft zu hören bekam, ich sei überhaupt nicht kreativ. (...)
Hat einer dieser Schriftsteller Ihnen gratuliert, und sei es nur mit einem »Willkommen an Bord«?
Kein einziger von ihnen hat mich angerufen oder mir eine Postkarte geschickt – ausgenommen Siegfried Lenz, mit dem ich seit Jahrzehnten befreundet bin. Er hat mir gesagt: Du bist ein Erzähler. Das klang wie ein Ritterschlag.
Glauben Sie, Heinrich Böll, lebte er noch, hätte sich ähnlich verhalten wie Lenz?
Glauben Sie, wenn Böll eine Frau gewesen wäre, daß er dann zu den Lesbierinnen gehört hätte? Im Ernst: Ich weiß es nicht.

Wenn Grass und Walser im Buchhandel schlechter abgeschnitten haben als nun Sie – folgt das, statt aus Ihrer Brillanz, nicht schlicht aus der literarischen Schwäche des Spätwerks dieser Autoren?
Ja selbstverständlich, (...) ich finde zum Beispiel das letzte Buch von Walser, »Ein springender Brunnen«, schwach – nicht bloß weil Walser in diesem Buch den Eindruck erweckt, er habe das, was er früher über Auschwitz und die Deutschen publizierte, ein bißchen wieder vergessen.
Zurück zu Ihrem Rollenwechsel: Nach Jahrzehnten Kritikerruhm haben Sie nun selbst ein erzählerisches Werk vorgelegt und erlebt, wie man zum Objekt zahlloser Kritiken wird. Sehen Sie die Literaturkritik heute in einem anderen Licht?
Ich bin hier nicht maßgebend, weil ich Glück hatte. Es sind unendlich viele Kritiken zu meinem Buch erschienen, und die meisten waren freundlich, wohlwollend, einige sogar enthusiastisch. Besonders hat mir eine Kritik gefallen, deren Anfang Wut gegen mich verriet. Im Laufe des Textes wurde der Widerstand der Kritikerin gegen mich immer schwächer. Am Ende hat mir die Dame, wenn ich mich recht erinnere, beinahe eine Liebeserklärung gemacht. Solche Fälle sind ja besonders sympathisch, denn es heißt schon in der Bibel: Der Reuige ist sehr willkommen.
Angenommen, Sie hätten Ihr Buch – als das eines anderen Autors – rezensiert, was hätten Sie daran kritisiert?
Ich hätte erklärt: Ich bin befangen. Joseph Roth hat einmal einen »Selbstverriß« veröffentlicht. Die Sache hatte nur einen Haken. Wenn Sie diesen tapferen Selbstverriß genau lesen, merken Sie: Es ist eine Hymne.
André Gide warnte einmal: »Memoiren sind immer nur halb ehrlich.« Sind Ihre wirklich ehrlich?

Jeder Autobiograph schont sich selbst, auch wenn er sich das Gegenteil vorgenommen hat. Ich habe auch einiges weggelassen. (...) Natürlich gab es Probleme bei erotischen Kapiteln. Daß meine Frau diese Kapitel vor der Veröffentlichung gelesen und akzeptiert hat, ist klar. Ich habe eine große Liebesgeschichte in meinem Leben nur erwähnt, in ein paar Zeilen: die Beziehung zu einer jungen Psychologin. Ich besitze von ihr sehr viele Briefe in polnischer Sprache. Eine ausführliche Schilderung hätte vorausgesetzt, daß ich all diese Briefe noch einmal durcharbeite. Ehrlich gesagt: Ich war dafür zu faul.

Ist der Autobiograph nicht doch einer, der sein Leben erdichtet?

Das Wort »Dichter« ist in bezug auf meine Person zu hoch gegriffen. Aber natürlich bildet das Buch nicht die Wirklichkeit ab, da wäre es ja mindestens zweitausend Seiten lang geworden. Und wie man die Dinge darstellt, nun ja ... ich habe da von Egon Erwin Kisch gelernt, der wurde einmal gebeten, etwas über den spanischen Bürgerkrieg zu schreiben; es sollte Amerikaner beeindrucken, damit sie Geld für die republikanische Armee spenden. Kisch hat gesagt: Wenn ich schreibe, wie die Menschen leiden, wird dies kaum jemanden rühren, aber wenn ich ausmale, wie im Zoo in Madrid die Tiere hungern, das wird die Leser aufregen. Und er hat tatsächlich so etwas geschrieben. Darum ist bei mir auch weniger von den täglichen Leiden der Ghettobewohner zu lesen, doch relativ viel über die Musik dort und über die Liebe. Manchen Leser hat es vielleicht berührt zu erfahren, daß man den Musikern vor dem Konzert zu essen gab, damit sie besser spielen konnten. Hungrig die Posaune blasen, das ist sehr schwer.

Hatten Sie Aufzeichnungen?

Nur ganz wenige.

Haben Sie Ihre Erinnerungen durch Archivstudien gestützt?

Nein. Meine Erinnerungen an das Warschauer Ghetto habe ich allerdings überprüft, indem ich sie mit einer wissenschaftlichen Studie zum Thema verglich.

Was ist mit Ihren Erinnerungen an die Nachkriegszeit – Dieter E. Zimmer von der »Zeit« hat Ihre Version, man habe Sie dort zwar beschäftigt, als Person aber draußen gehalten und unter allen Vorurteilen leiden lassen, öffentlich bezweifelt.

Dazu nur eine Episode, die in meinem Buch nicht steht: Es heißt, ich hätte die »Zeit« schließlich nur deshalb verlassen, weil ich mehr Geld wollte – klar doch, ein Jude will mehr Geld! Auch wenn das nicht öffentlich gesagt wurde. In Wahrheit war es so: Ich fühlte mich schlecht behandelt, weil ich bei mehreren Gehaltserhöhungen übergangen worden war. Ich wurde zur Mitherausgeberin Gräfin Dönhoff geschickt. Sie hat mir ungefähr eine Stunde lang erklärt, wieso sie mein Gehalt nicht erhöhen könne. Ich habe ihr schließlich gesagt, es gehe mir weniger ums Geld, doch ich wolle ungern dort arbeiten, wo ich offensichtlich benachteiligt würde. Ich bäte darum, mein Gehalt wenigstens symbolisch zu erhöhen, und seien es nur zehn oder fünfzig Mark im Monat. Die Gräfin hat auch diesen Vorschlag schroff abgelehnt. Da wußte ich, daß ich die »Zeit« verlassen mußte.

In dem Kapitel über die schwierige Freundschaft zum Tübinger Rhetorikprofessor Walter Jens verschweigen Sie den Hauptgrund des Streits: daß sein Sohn Tilman Jens Ihr Wirken beim polnischen Geheimdienst in den ersten Nachkriegsjahren öffentlich gemacht hat. Walter Jens behauptet, Sie hätten von ihm verlangt, er solle öffentlich mit seinem Sohn brechen – was er dann abgelehnt habe.

Das ist eine empörende Erfindung oder, bestenfalls, ein Mißverständnis. Ich habe ihn vielmehr um einen persönlichen

Brief mit einer deutlichen Distanzierung vom »Elaborat« seines Sohnes gebeten, niemals um eine öffentliche Erklärung. (...) Wie auch immer: Es war meine längste und wichtigste Freundschaft.

Ein anderer Exfreund von Ihnen bestreitet Ihre Darstellung, was eine heikle Begegnung mit Albert Speer und den Historikerstreit der achtziger Jahre betrifft: Joachim Fest, der damalige Feuilletonherausgeber der »Frankfurter Allgemeinen Zeitung«.

Ich habe da nichts erfunden.

Fest hat – in einem Interview des Berliner »Tagesspiegels« – gesagt, Sie hätten die Freundschaft zu ihm, wie zu anderen, »zerstört: durch Rechthaberei, Illoyalität und ... Grobschlächtigkeit«. Er bescheinigt Ihnen eine »Destruktionsmanie«.

Ich bedaure das, aber es regt mich nicht auf. Ich habe Fest ja auch gekränkt. Es gibt wunderbare Ehen, und nach zehn, fünfzehn Jahren gehen sie auseinander. So ist das auch mit meiner Freundschaft zu Fest. Der Hauptgrund des Zerwürfnisses sind die Thesen des Historikers Ernst Nolte, der in der »Frankfurter Allgemeinen Zeitung« die Schuld der Nazis bagatellisiert hat – Fest hat sich, obwohl er es mir versprochen hatte, nie wirklich von Nolte distanziert. Selbst als der von ihm geförderte Nolte später erklärte, der Massenmord an den Juden sei nicht das Werk der Deutschen, sondern der »europäischen Faschismen und Antisemitismen«, und in einem »Spiegel«-Gespräch Juden mit Ungeziefer verglich, hat Fest geschwiegen.

Halten Sie es für möglich, daß Sie sich mit Fest eines Tages doch versöhnen?

Das ist leider unwahrscheinlich.

Fest, der den Fall Nolte sicher anders beurteilt als Sie, hat erklärt, er habe Ihre Memoiren nicht gelesen. Haben Sie denn sein neues Buch über Albert Speer gelesen?

Nein, so viele Seiten über Albert Speer – ich bitte Sie! Das können Sie nicht verlangen.

Haben Sie als junger Mann in Berlin Speer gesehen?

Nein, aber ich habe 1936 im Olympiastadion Speers Lichtdom erlebt.

War es erhebend?

Nicht erhebend, aber effektvoll.

Von den deutschen Nachkriegskanzlern würdigen Sie in Ihrer Autobiographie nur Willy Brandt. Was sagen Sie zum Kanzler Gerhard Schröder?

Anfang der neunziger Jahre habe ich mit Schröder, damals war er noch niedersächsischer Landesvater, einen ganzen Abend zusammengesessen. Er fragte mich, was er für die Kultur tun könne. Ich sagte, in Hannover seien doch Friedrich und August Wilhelm Schlegel geboren. Warum er nicht an der dortigen Universität ein Institut für Kritik einrichte und nach einem dieser Schlegels benenne. Schröder fand den Vorschlag »genial« und wollte ihn realisieren, aber bis heute habe ich nie wieder etwas davon gehört.

Interessiert sich auch das Ausland für Ihre Memoiren?

Die polnische Ausgabe wird jetzt ausgeliefert. Außerdem kommt das Buch auf französisch, englisch, spanisch, niederländisch und italienisch. Weitere Ausgaben werden folgen. Die Franzosen wollten das Kapitel über Wolfgang Koeppen nicht haben, niemand in Frankreich habe je diesen Namen gehört. Nun, das Kapitel bleibt drin. Eine amerikanische Version wird es vorläufig nicht geben. Die Amerikaner wollten nur die Zeit bis 1945 – die deutsche Nachkriegsliteratur interessiert sie nicht. Das erlaube ich natürlich nicht.

»Von Anfang an fiel ich aus dem Rahmen, ich war ein Außenseiter«, heißt es in Ihrem Buch. Und »Daß es so bleiben

würde, konnte ich schwerlich wissen.« Gilt das noch heute?
Bis ich zur »Frankfurter Allgemeinen Zeitung« kam, wollte mich doch keine Redaktion haben. Bei der »Zeit« sollte ich nicht einmal meine Manuskripte selbst abgeben, die haben sie lieber mit dem Taxi abholen lassen. Als ich Anfang Fünfzig war, habe ich zu meiner Frau gesagt: Es ist vorbei, niemand will mich mehr.

Das Gefühl hat man mit fünfzig manchmal.

Ja, und kurz darauf kam ich zur »Frankfurter Allgemeinen Zeitung«.

Und dann wurden Sie mehr und mehr ein Medienstar.

Gut, durch das Fernsehen sind viele auf mich aufmerksam geworden. Meinen Sie das?

Der gewaltige Erfolg Ihres Buchs stützt kaum noch die Außenseiterthese.

Wenn Sie das von mir erwarten, können Sie es bekommen: Ich fühle mich heute nicht mehr an der Peripherie.

Kann es sein, daß die Verehrung, die Sie in Deutschland ernten, auch eine Form der Wiedergutmachung ist? Daß man Sie aus einem schlechten Gewissen heraus rühmt?

Dazu kann ich wenig sagen. Das sehen Sie bestimmt genauer als ich. Ich glaube aber nicht, daß es in meinem Buch eine Stelle gibt, wo ich die Deutschen schone. Ich schildere etwa die Szene im Warschauer Ghetto, wo zwei deutsche Offiziere ins Konzert kommen und nur lauschen. Ich schildere das als Sensation: Deutsche haben sich wie zivilisierte Menschen benommen, unglaublich!

(…)

Haben Sie nie mit dem Gedanken gespielt, nach Israel zu gehen?

Nie! Keine Sekunde, völlig absurd! Ich war in Israel zwei, drei Mal. Ich fühle mich dort ziemlich fremd. Ich kann kein Hebrä-

isch, ich kann die Aufschriften nicht entziffern. Ich kenne dort niemanden. Was soll ich da? Ich bin nicht einmal Mitglied der Jüdischen Gemeinde, gehöre keiner religiösen Vereinigung an. Was hätte ich in Israel denn machen sollen? Selbstverständlich habe ich überlegt, in ein anderes Land als Deutschland zu gehen.
In die Schweiz?
Natürlich wäre es ein Traum für mich gewesen, 1958 statt nach Frankfurt nach Zürich zu ziehen. Dort hätte man mich nach meinem Bankkonto gefragt, aber ich hatte nur fünf Dollar in der Tasche. Wenn ich Literaturkritiker sein wollte, konnte ich nur in ein großes deutschsprachiges Land gehen.
Warum haben Sie damals nicht Berlin gewählt?
Nur aus politischen Gründen. Ich hatte Angst, in West-Berlin zu leben: Wenn nun doch die Russen kommen? Nein.
Sie haben oft in Österreich Urlaub gemacht. In diesem Jahr nicht. Hat das mit Haider zu tun?
Klar, ich werde dort keinen Urlaub mehr verbringen. Außerdem hat mir mein Arzt dringend geraten, Urlaub an der Ostsee zu machen.
Kurz nach der Feier aus Anlaß Ihres achtzigsten Geburtstags erhalten Sie in Bad Homburg den Hölderlin-Preis. Haben Sie gezögert, den Preis anzunehmen?
Nein, warum?
Hölderlin ist nicht gerade Ihr liebster Lyriker. Sie mißtrauen grundsätzlich »großen Sehern« und »Orakelsprüchen«.
Ich bewundere Hölderlin sehr, aber eines werde ich in meiner Rede nicht verschweigen: Das unkritische Verhältnis zu Hölderlin mache ich nicht mit. In Deutschland darf niemand ein Wort gegen ihn sagen. Im Verhältnis zu ihm, ganz anders als zum Beispiel bei Kleist, spielt etwas eine entscheidende Rolle: das Element des Mitleids.

Wären Sie denn gern Hauslehrer bei der Bankiersfamilie Gontard gewesen wie Hölderlin?
Ich hätte wahrscheinlich auch ein Verhältnis mit der Dame des Hauses angefangen. Aber bedenken Sie bitte: Hölderlins »Parzen«-Lied habe ich mit größtem Respekt in der »Frankfurter Anthologie« besprochen. Sein Gedicht »Hälfte des Lebens« ist ein Höhepunkt deutscher Poesie.
Wie lange werden Sie das »Literarische Quartett« noch machen? Es gibt Gerüchte, zum Jahresende sei Schluß.
Wenn es aufhören wird, werde ich Sie rechtzeitig informieren. Ich habe jedenfalls genug Angebote für danach.
Herr Reich-Ranicki, wir danken Ihnen für dieses Gespräch.

»Die abermalige Lektüre würde diesen Lesern eine herbe Enttäuschung bereiten«

»Die literarische Welt«, 14. Oktober 2000
Das Gespräch mit Marcel Reich-Ranicki und
Hans Christoph Buch führte Uwe Wittstock.

Kritiker rezensieren Bücher üblicherweise, sobald sie erschienen sind, also sobald sie in das öffentliche Bewußtsein eintreten. Doch wie, wann und warum treten Bücher aus dem öffentlichen Bewußtsein wieder heraus? Aus welchem Grund betrachtet man bestimmte Bücher schon sehr bald als veraltet oder uninteressant, andere dagegen noch nach Jahrhunderten als frisch und lebendig?

Marcel Reich-Ranicki: Die Vergänglichkeit literarischer Werke hängt keineswegs nur von ihrer Qualität ab, sondern wird auch von anderen Faktoren bestimmt, in Abhängigkeit von der Gattung. Sehr großen Einfluß hat natürlich das Theater, nur darf man nicht vergessen, daß heute wie vor hundert Jahren ein großer Teil des Repertoires (etwa achtzig bis neunzig Prozent) aus Stücken besteht, die keinen literarischen Wert haben und in der Regel nach wenigen Jahren verschwinden. Aber das Theater hält eine gar nicht so geringe Anzahl von klassischen Dramen am Leben. Das gilt für die drei großen Lessing-Dramen (»Minna von Barnhelm«, »Nathan der Weise« und »Emilia Galotti«), für einige Schiller-Stücke (vor allem die frühen: »Räuber«, »Kabale und Liebe« und »Don Carlos«), für die Hauptwerke von Kleist und Büchner. Sie alle werden noch von Zeit zu Zeit gespielt, weil sie dankbare Aufgaben für das Theater bieten. Aber auch ein späterer Dramatiker wie Gerhart

Hauptmann taucht nicht selten im Repertoire auf, wohl vor allem deshalb, weil sich in manchen seiner Stücke, auch in den schwächeren, sehr gute Rollen finden. Anders ist es um die Lyrik bestellt: Wenn ziemlich viele Gedichte von Goethe, Eichendorff oder Heine noch gelesen werden, so deshalb, weil sie in Anthologien und Schullesebüchern offeriert werden. Dann gibt es noch einen Faktor, der in der ausländischen Literatur kaum eine Rolle spielt: Ich meine die Vertonungen von Gedichten, kurz, das deutsche Lied. Die Vertonungen von Schubert, Schumann, Mendelssohn-Bartholdy, Hugo Wolf und anderen haben die Texte keineswegs abgetötet, sie haben ihnen genutzt. Weit größer ist die Vergänglichkeit des Romans. Ein guter, ein hervorragender Roman lebt dreißig, vierzig Jahre – nicht länger. Gewiß gibt es Ausnahmen: Das sind die Meisterwerke, die wenigen genialen Bücher. Aus der ganzen Zeit vor Theodor Fontane wird bestenfalls Goethes »Werther« noch gelesen.

Jenseits der deutschen Literatur gibt es aber noch eine ganze Menge Romane aus dem neunzehnten Jahrhundert, die bis heute sehr wohl viel gelesen werden: die Bücher von Dostojewski, von Tolstoi, Flaubert, Balzac, Dickens, Austen.

Hans Christoph Buch: Es gibt auch viel ältere Romane, die den Leuten sehr wohl noch geläufig sind, wie »Don Quichotte« zum Beispiel oder der »Simplicissimus«.

MRR: Beim »Simplicissimus« bin ich (aus sprachlichen Gründen) nicht ganz sicher. Aber die Germanisten machen sich gern Illusionen. Es geht doch nicht um Studenten, die dies und jenes der Prüfungen wegen lesen müssen. Ansonsten liest niemand heute die Romane von Wieland oder Jean Paul, von Tieck, Gutzkow oder Immermann. Das sind nur noch Museumsstücke, womit noch nichts gegen die Qualitäten der Romane etwa von Jean Paul gesagt werden soll. Auch ein Zeitgenosse Fontanes wie Wilhelm Raabe hat sich schon überlebt.

HCB: Ich stimme Ihnen zu, ein großer Teil der Literatur der Vergangenheit ist heute nur noch Pflichtlektüre für Germanistikstudenten. Doch gerade die Lyrik ließe sich, wenn sie stärker in die Musik, auch die populäre Musik einbezogen würde, leicht unters Leservolk bringen. Die Vertonung spielte ja im Mittelalter schon eine große Rolle. Lyrik, das waren nicht nur Gedichte, sondern vor allem Lieder. Musik sorgt immer dafür, daß Texte sich besser einprägen. Aber nicht nur die Vertonung von Gedichten, auch die Kunst der Deklamation ist im deutschen Sprachraum in Vergessenheit geraten. Mein früh verstorbener Freund Joseph Brodsky zum Beispiel, der aus der UdSSR ausgebürgerte Dichter und spätere Nobelpreisträger, konnte sein gesamtes Werk auswendig und trug seine Gedichte mit einem Pathos vor, wie es der deutschen Lyrik nach Rilke abhanden kam. Brecht und Benn pflegten das Understatement und lasen, aus unterschiedlichen Gründen, Poesie wie Prosa vor. Bei Brodsky hatte das Auswendiglernen aber nicht nur eine ästhetische Dimension – er glaubte an die Existenz der Musen fast im leibhaftigen Sinn –, sondern ganz praktische Gründe: Auf diese Weise verhinderte er die Beschlagnahmung seiner Manuskripte durch den KGB und schmuggelte seine Werke in den Westen, nicht in einem Koffer, sondern im Kopf – das englische »by heart« ist das passende Wort dafür. Ich denke, es ist kein Wunder, daß Romane recht bald wieder aus dem Bewußtsein der breiten Leserschaft verschwinden. Romane sind ja viel mehr ihrer Zeit verhaftet, müssen viel mehr von der Atmosphäre einer bestimmten Epoche enthalten als etwa Dramen, die sozusagen zeitlose Geschichten erzählen. Romane liefern dagegen die »Prosa des Alltags«, wie Hegel es einmal formulierte. Daß solche Bücher dann auch leicht mit der Zeit sterben, die sie beschrieben haben, liegt auf der Hand. Ein Roman wird oft zum Erfolg, weil seine Zeit sich in ihm wiedererkennt. Ist diese Zeit dann vorüber, ist der Reiz des Buches für einen großen Teil der Leserschaft auch schon wieder erloschen. Für nachwachsende Generationen ist das Buch dann nur noch von dokumentarischem Interesse.

MRR: Was Sie eben sagten, Herr Buch, trifft mit Sicherheit zu, nur hätte ich da zwei Ergänzungen. Erstens, kleinere epische Formen, zumal die Novelle, sind doch dauerhafter als Romane. Ich glaube, daß Gottfried Kellers Novellen immer noch etwas gelesen werden und nicht nur in der Schweiz – und einige Novellen von Storm liest man heute nicht nur in Schleswig-Holstein. Zweitens, daß Romane, die den Zeitgeist einfangen und bewußt machen, zusammen mit der dargestellten Epoche absterben, ist richtig, trifft aber in noch höherem Maße auf das Drama zu. Das expressionistische Drama – also Ernst Toller, Georg Kaiser, Walter Hasenclever – hat von 1910 bis etwa 1920 ein enormes Echo gehabt. Schon um 1930 empfand man diese Stücke als hysterisch, niemand wollte sie sehen. Ähnlich war es nach dem Zweiten Weltkrieg. Borcherts »Draußen vor der Tür« war ein großes deutsches Ereignis – und zu Recht. Das Stück hat moralische und gesellschaftliche Fragen der ersten Nachkriegszeit ausgedrückt und damit das deutsche Publikum erschüttert. Zwanzig Jahre später war es beinahe vergessen – und das sollte man weder dem Theater noch dem Publikum vorwerfen.

HCB: Ich war in den Jahren, als Reich-Ranicki gerade in der Bundesrepublik anlangte, also Ende der fünfziger Jahre, Schüler am Beethoven-Gymnasium in Bonn. Dort haben wir bis zum Abitur keineswegs das gelesen, was heute als die große Literatur dieser Jahre gilt. Selbst Kafka galt noch nicht als moderner Klassiker, sondern als umstritten. Sartre und Camus waren ebenfalls heftig umstritten. Man war damals mehr oder weniger der Überzeugung, Gegenwartsliteratur habe in der Schule nichts zu suchen, die las man unter der Bank. Selbst Brecht war noch nicht kanonisiert. Benno von Wiese benotete in meinem ersten Semester als Student eine Seminararbeit sehr schlecht, weil ich nachzuweisen versuchte, daß Brechts Parteinahme für den Kommunismus sehr wohl mit der spezifischen Poesie seines Werks zusammenhängt und daß man beides nicht so säuberlich trennen kann, wie das Benno von Wiese gern gehabt hätte. In dieser Zeit las man in der Schule, aber auch weit darüber hinaus, Autoren, die heute vergessen sind. Werner Bergengruen zum Beispiel, Stefan Andres, Albrecht Goes. Die konservative Literatur der fünfziger Jahre, Reinhold Schneider gehört auch dazu, wird heute zu Unrecht vernachlässigt. Nicht nur die im Ausland lebenden oder nach Deutschland zurückgekehrten Autoren des Exils wurden damals durch den Erfolg der Gruppe 47 an die Wand gedrängt: Auch die Literatur der inneren Emigration und der konservativen Opposition gegen Hitler geriet nach dem Erscheinen der »Blechtrommel« in Vergessenheit. Ein Buch wie Reinhold Schneiders Novelle »Las Casas vor Karl V.« ist aber nach wie vor lesenswert, und es ist interessant, daß hier, ähnlich wie bei Andres und Bergengruen, der spanische Katholizismus als Vergleichs- und Bezugspunkt dient.

MRR: Ja, ja, es stimmt schon, nur habe ich den Verdacht, daß man, von wenigen Ausnahmen abgesehen, die Werke der Autoren der »Inneren Emigration« damals aus verständlichen Gründen stark überschätzt hat. Wenn sich heute jemand über diese Literatur äußert, was ja nur ganz selten passiert, dann in der Regel aufgrund einer mindestens zwanzig oder dreißig Jahre zurückliegenden Lektüre. Ich bin sicher, daß die abermalige Lektüre diesen Lesern eine herbe Enttäuschung bereiten würde. Ich glaube nicht, daß man diese historischen Romane, die eine mehr oder weniger deutlich erkennbare Auseinandersetzung mit dem »Dritten Reich« enthalten, jetzt unbedingt wiederentdecken sollte.

Natürlich ist es ein wichtiger Grund für Leser, zu Büchern zu greifen, weil in diesen Büchern Dinge verhandelt werden, die sie persönlich bewegen. Es ist dies das Prinzip des tua res agitur, ein ganz wichtiger, respektabler und guter Grund, der das Interesse von Lesern an Literatur weckt. Doch gibt es andererseits auch Literatur, die dem Leser nicht seine eigene Welt, sondern ganz andere fremde Welten und Probleme vor Augen stellen will. Eine Literatur, die das Publikum für ferne, fremde oder vergessene Fragen zu interessieren versucht. Wäre es in diesem Sinne nicht doch möglich, oder wünschenswert, ein paar der vergessenen Bücher raus den fünfziger Jahren wieder hervorzuholen und dem Publikum erneut ans Herz zu legen?

MRR: Ich sehe da nur geringe Möglichkeiten. Die Verdienste Bölls sollen nicht geschmälert werden. »Wo warst du, Adam?« sowie »Und sagte kein einziges Wort« sind ganz wichtige Bücher der fünfziger Jahre. Aber es hätte doch wohl keinen Sinn, für diese mittlerweile nun ganz historischen Romane die Trommel zu rühren – es würde nichts ergeben.

HCB: Ich habe die erwähnten Autoren auch damals schon im Deutschunterricht nur als Pflichtpensum, also ohne Vergnügen, gelesen. Wenn ich sagte, manches aus dieser Zeit sei zu Unrecht vergessen, meinte ich nicht, die gesamte Literatur der fünfziger Jahre müsse dringend wieder entdeckt werden. Aber um einzelne Bücher tut es mir schon leid: Ich las als Schüler mit roten Ohren die autobiographischen Romane von Peter Weiss, die heute auch weitgehend vergessen sind. Ich habe alles verschlungen, was Weiss schrieb, ich bin dann sogar nach Stockholm gefahren, um ihn kennenzulernen. Daß er heute nur von wenigen noch gelesen wird, schmerzt mich schon.

Kann man von Lesern verlangen, sich mit Büchern zu beschäftigen, die von Problemen handeln, die sie persönlich nichts oder nur wenig angehen?

MRR: Wenn es sich um wirklich gute Literatur handelt, stellt sich diese Frage nicht. Natürlich sind auch bedeutende Romane zeitgebunden, aber es können sich auch Leser späterer Epochen in ihnen sehr wohl wiedererkennen. Das gilt, um hier nur ein Beispiel zu geben, für einen Roman aus den fünfziger Jahren, den ich für einen der schönsten nach 1945 halte – für Wolfgang Koeppens immer noch unterschätztes Buch »Tauben im Gras«.

Mitunter verschwinden Epochen aber auch schnell von der Bühne: Große Teile der osteuropäischen Literatur, auch der DDR-Literatur, handeln vom Leben im realen Sozialismus. Nun gehört der Ostblock der Vergangenheit an, und wir könnten uns auf den Standpunkt stellen, diese Literatur geht uns nichts mehr an, weil wir in einer anderen Welt leben.

MRR: Viele unserer Rezensenten meinten in den sechziger und siebziger Jahren, es sei angebracht, den Büchern aus der DDR einen besonderen Preisnachlaß einzuräumen, sie wurden nach einem ermäßigten literarkritischen Tarif beurteilt. Was aus der DDR importiert wurde, hat man also meist gerühmt – vorausgesetzt, daß man in diesen Büchern Anzeichen der gewünschten politischen Gesinnung fand oder zu finden glaubte. Ich kann mir diesen Vorwurf nicht machen: Ich habe die Arbeiten der DDR-Autoren nicht nur als Zeitdokumente betrachtet, sondern sie immer auch nach ihrem literarischen Wert befragt. Aber ich fürchte, daß auch ich manche dieser Bücher überschätzt habe. Es ist ja sehr wenig, beinahe nichts geblieben.

Aber ein paar Ausnahmen werden Sie doch wohl gelten lassen? Können Sie nicht wenigstens ein paar heute noch lesenswerte Bücher der Literatur der DDR nennen? Wie sehen Ihre Top Five der DDR-Literatur aus?

HCB: Ganz oben steht für mich die »Unvollendete Geschichte« von Volker Braun. Eine Novelle, die beeindruckend und spannend ist und heute noch mit Gewinn lesbar, wenn man wissen will, wie das Leben in der stasidurchsetzten DDR war. Dann die »Neuen Leiden des jungen W.« von Plenzdorf, ein Buch, das nicht umsonst von Schülern zusammen mit »Werthers Leiden« gelesen wird – auch wenn wir uns jetzt nicht darüber zu streiten brauchen, welches der beiden Bücher letztlich das bessere ist. Weiter: Die frühen Stücke von Heiner Müller, gerade die Aufbaustücke, in denen er den Parteiauftrag ernst nimmt. Diese Stücke sind von einer Bitterkeit, einem Zynismus, einer Vielschichtigkeit, daß man sie sehr wohl noch lesen kann. Viertens natürlich auch Franz Fühmann. Schließlich Christa Wolf, obwohl sich in der Tat einige ihrer Bücher mit den Zeitläuften erledigt haben. So was wie ihren »Geteilten Himmel«, das kann man heutzutage wirklich nicht mehr lesen.

MRR: In der Diktatur hat die Lyrik die größten Chancen. Von Peter Huchel wird einiges bleiben, auch das eine oder andere Gedicht von Bobrowski, ferner manche noch in der DDR entstandenen Gedichte von Sarah Kirsch, Günter Kunert und

Wolf Biermann. Von der Prosa wohl Jurek Beckers »Jakob der Lügner«, aber auch Franz Fühmann, auf den ich übrigens schon 1958, als kein Mensch im Westen diesen Namen kannte, in der »Frankfurter Allgemeinen Zeitung« nachdrücklich hingewiesen habe. An Christa Wolf habe ich nie recht glauben können. Ihr »Nachdenken über Christa T.« hat mich damals, 1969, sehr beeindruckt, ich habe dieses Buch gelobt und gerühmt. Ich fürchte, es ist heute schwer lesbar.
HCB: Es gibt noch viele andere wichtige Romane der DDR-Literatur. Die Romane von Christoph Hein zum Beispiel. Wir dürfen heute nicht das Kind mit dem Bade ausschütten, nur weil es früher bei einigen Rezensenten einen Bonus für Texte gab, die aus der DDR kamen, dürfen wir diese Bücher jetzt nicht gleich alle auf den Müllhaufen der Geschichte werfen. Natürlich gab es eine gewisse Verlogenheit unter den westlichen Kritikern der Literatur der DDR gegenüber, aber unter diesen Büchern gab es ja auch sehr respektable Leistungen – auch wenn es nicht gleich Geniestreiche waren. Ich denke da an Kurzgeschichten wie »Das Ende der Kindheit« von Klaus Schlesinger, eine Geschichte über den Tag des Mauerbaus, die sogar in der DDR erscheinen durfte und keine Konzessionen macht, gleichzeitig aber auch nicht den westlichen Standpunkt vertritt. Ähnliches hat ja auch Uwe Johnson versucht.
Um mit der Gegenwart zu enden: Die junge deutsche Literatur findet zur Zeit sehr viel mehr Anerkennung bei Kritikern und Publikum als die entsprechende junge Literatur der siebziger, achtziger und frühen neunziger Jahre. Es scheint sich während der neunziger Jahre ein regelrechter Umschwung vollzogen zu haben. Woran liegt das?
MRR: Die jetzige Situation hat verschiedene Ursachen.

Zunächst: Die Konkurrenz ist schwächer geworden, in der englischen, französischen oder italienischen Literatur findet sich jetzt nur wenig Nennenswertes. Andererseits sind zu unserer Literatur Autoren aus dem Osten hinzugekommen, die sich dort früher nicht recht artikulieren konnten, und auch solche, die noch sehr jung sind und also erst in den letzten zehn Jahren zu schreiben begonnen haben.

Müssen wir nicht außerdem erwähnen, daß Deutschland während der neunziger Jahre die Wiedervereinigung erlebt hat? Die jüngere Autorengeneration hat also hautnah ein wichtiges, hochinteressantes Stück Geschichte erlebt. Ist es da ein Wunder, daß sie auch wieder mit mehr Freude Geschichten erzählen möchte? Gibt es schon deshalb so etwas wie einen Mentalitätswechsel?

MRR: Ja natürlich!

Und wie würden Sie ihn beschreiben?

MRR: Es ist eine Banalität, wenn man sagt, daß heute niemand die Schriftsteller hindert, alles Sexuelle darzustellen. Auch die Hemmungen der Autoren (übrigens beiderlei Geschlechts) sind in dieser Hinsicht geringer geworden oder sogar ganz verschwunden. Niemand imponiert den Lesern, wenn er das, was sich im Bett abspielt, genauestens beschreibt. Es gibt bei der jungen Generation häufig Überdruß an Sexualität ohne emotionalen Hintergrund. Der Slogan der 68er-Generation: »Wer zweimal mit derselben pennt, gehört schon zum Establishment« ist heute undenkbar. Damit hängt es gewiß zusammen, daß in der Literatur der Gegenwart häufiger von der Liebe die Rede ist und noch häufiger von der Sehnsucht nach Liebe.

HCB: Die Resonanz der jungen deutschen Literatur – vor allem der Erzählerinnen – bei einer neuen Leserschicht läßt aufhorchen. Hier wirkt ein Denkanstoß nach, den Sie, Herr

Wittstock, wenn ich mich recht erinnere, Anfang der neunziger Jahre gaben: eine neue Leserfreundlichkeit, nachdem die Autoren der damals mittleren Generation, vor allem die Nach-Achtundsechziger, sich ins Ghetto der Theorielastigkeit, der Schwerverständlichkeit oder formaler Experimente zurückgezogen hatten, die – bis hin zum »nouveau roman« – schon anderswo ausprobiert worden waren. Als tragfähige und begehbare Brücke hin zum Leser dient heute oft die Kurzgeschichte, die jahrzehntelang vernachlässigt worden war. Interessanterweise knüpfen die jungen Autoren nicht an den von Hemingway oder Kafka verkörperten Typus von Kurzprosa an – einerseits die Parabel mit philosophischem Tiefgang, andererseits die atmosphärisch dichte Story, die mit Aussparungen und knappen Dialogen arbeitet und heute in den Journalismus oder die Werbung abgewandert ist –, sondern an ältere Erzählmodelle: Ambrose Bierce, O. Henry, Carson McCullers, oder in der Gegenwart: Raymond Carver und John Updike. Kein Wunder, denn mit den Stilmitteln von Kafka oder Hemingway ließen sich zeitgenössische Themen wie die erotische Suche einer jungen Frau oder das Coming-out eines Homosexuellen kaum darstellen.

»Das ›Quartett‹ ist eine Wortsendung«

»Format«, 23. Oktober 2000
Das Interview führte Christoph Hirschmann.

Treten Sie mit dem »Literarischen Quartett« gern in Wien auf?
Daß es in Wien aufgezeichnet wird, freut mich sehr. Ich komme gern nach Wien. Das »Quartett« ist ja in Wien nur einmal jährlich. Sehr gern komme ich da hin. Allerdings: immer mit Befürchtungen. Auch diesmal fürchte ich, es könnte was schlecht sein. Ich weiß noch nicht, wo das in Wien stattfindet.
Im Stadtsenatssitzungssaal im Wiener Rathaus.
Aha, sehen Sie, es ist so: Ich habe es am liebsten, wenn das »Quartett«, ganz egal, ob es aus Wien kommt, aus Berlin, München oder Mainz, aus einem Studio gesendet wird. Und möglichst ohne Dekoration. Ein Hintergrund, schwarz oder weiß oder blau, das genügt. Aber in Wien ist man immer bemüht um irgendeinen originellen, wichtigen Saal. Mal fand's in der Albertina statt, mal in einem Café, mal im größten Museum. Jedesmal war es schlecht. Warum? Die Säle, die ausgewählt wurden, waren sehr schön. Das ist überflüssig. Sie lenken ab vom Gespräch. Vor allem die großen, alten, effektvollen Säle – das lenkt nur ab. Zweitens gab es schon mehr als einmal in diesen Wiener Sälen große akustische Schwierigkeiten. Ich erinnere mich, daß bei irgendeinem »Quartett« das Publikum in den ersten zehn oder fünfzehn Minuten wenig bis gar nichts verstanden hat. Das ist in höchstem Maße ärgerlich. Das »Quartett« ist eine Wortsendung und keine Gelegenheit für Regisseure, Bühnenbildner und andere Leute in

Wien, ihre Kunst zu zeigen. Je schlichter, desto besser. Das Wichtigste ist gute Akustik.

»Stadtsenatssitzungssaal« klingt nicht nach wirklich guter Akustik.

Wenn diesmal die Akustik wieder schlecht ist, werde ich in der Live-Sendung mittendrin abbrechen. Ich kann das nicht ertragen. Ich werde erklären, wir wollen es nicht mehr in Wien machen, weil die Wiener uns irgendwelche Säle aus dem achtzehnten oder neunzehnten Jahrhundert präsentieren.

Sie besprechen unter anderem Elfriede Jelineks neuen Roman »Gier«. Auf der Frankfurter Buchmesse liest auch Josef Haslinger aus dem »Vaterspiel«. Ist die österreichische Literatur gegenwärtig wieder kraftvoll präsent?

Ach, diese Frage stellen Sie mir zu früh. Das werde ich in zwei, drei Monaten wissen. Wir machen in dieser Sendung die Jelinek. Aber wahrscheinlich werde ich die Jelinek wenig beurteilen können. Ich sage Ihnen das schon jetzt. Mein Kollege hat das Buch ja hymnisch besprochen. Eine Hymne! Und als ich etwas verwundert war, hat er mir gesagt, ja, aber man müsse eins verstehen: Dieses Buch ist ganz wichtig für Österreich, für innerösterreichische Verhältnisse … Wenn das ein regionales Buch ist – und ich kenne die innerösterreichischen Verhältnisse naturgemäß wenig –, dann werde ich da etwas ratlos sein. Ich kann nur sagen, wie ich dieses Buch in Berlin oder München oder Frankfurt verstehe. Wenn man das aber nur in der Steiermark verstehen kann, weil das für die Steiermark geschrieben wurde … na, na, das wundert mich. Aber vielleicht ist dieser Hinweis, den mir mein Kollege da gegeben hat, ja auch gar nicht richtig. Sie können jedenfalls sicher sein, daß wir uns mit dem Buch von Frau Jelinek große Mühe geben werden.

Wie sieht die Einschaltquote des »Quartetts« nach dem Abgang von Sigrid Löffler aus?
Es war ja bisher erst eine Sendung ohne Frau Löffler, und da hat mehr als das Doppelte zugeschaut als davor. Mehr als das Doppelte.
Welche Veranstaltungen werden Sie während Ihres Wien-Aufenthalts besuchen?
Am Donnerstag habe ich einen Empfang im Presseclub Concordia. Und ich gehe ins Theater in der Josefstadt, um das Stück von Thomas Bernhard zu sehen.
Die Frankfurter Buchmesse soll ab nächstem Jahr zeitlich gestrafft und räumlich konzentriert werden. Ist das ein Vorteil?
Ich habe keine Ahnung, denn die Buchmesse in Frankfurt interessiert mich überhaupt nicht. Da müssen Sie andere fragen. Ich beschäftige mich nicht damit, das ist nicht mein Metier. Das hat mit meiner Branche nichts zu tun. Ich beschäftige mich mit Literatur und nicht mit dem Buchhandel. Das sind zwei verschiedene Dinge. Ich weiß, die hängen oft zusammen. Das weiß ich schon, aber ich beschäftige mich trotzdem nicht mit Problemen der Preisbindung und der Messeorganisation. Das alles ist nicht meine Sache.
Herr Reich-Ranicki, danke für das Gespräch.
Jawohl. Sagen Sie einmal, Lieber, wenn Sie da etwas von dem, was ich rede, schreiben: Bitte entstellen Sie mich nicht! Nicht ein Wort habe ich über den neuen Roman von Frau Jelinek Schlechtes gesagt.

2001

»Ein Kritiker muss übertreiben und überspitzen«

»News«, 8. Februar 2001
Das Interview führte Heinz Sichrovsky.

In einem Ihrer Bücher sagen Sie, Kritiker seien Sadisten und Masochisten in Personalunion. Trifft das auch auf Sie zu?
In Interviews gibt es keine dummen und keine indiskreten Fragen. Dumm und indiskret können immer nur die Antworten sein. Die Frage aber, mit der Sie unser Gespräch eröffnen, bedarf einer ausführlichen Antwort. Hier nur ganz kurz und stark vereinfacht: Der Sadismus war und ist mir vollkommen fremd. Ich bin dessen ganz sicher. Der Begriff »Masochismus« bezog sich ursprünglich nur auf Sexuelles. Auch in dieser Hinsicht kann ich Sie ganz und gar beruhigen. Wenn Sie aber, wie bisweilen üblich, mit »Masochismus« nicht mehr meinen als die oft geradezu zwanghafte Neigung, zu Schmerzen, die einem zugefügt wurden, in Gedanken zurückzukehren, was natürlich zur Folge hat, daß man das Erlittene noch einmal erlebt, dann bin ich vom Masochismus nicht frei.
Beim Bachmann-Preis eine junge Autorin vor aller Augen zu tranchieren: Ist das kein sadomasochistischer Vorgang?
Gewiß ist das möglich. Aber der Vorzug des Klagenfurter Wettbewerbs besteht ja eben darin, daß alle Urteile öffentlich gefällt werden. Was ein Juror sagt, wird von den anderen Ju-

roren sofort kontrolliert, revidiert und oft auch entschieden widerlegt. Das gilt ganz besonders für Extremansichten und auch für eventuelle sadistische Akzente in der Kritik. Allerdings gibt es da eine ernste Gefahr. Ein Kritiker muß, um sich verständlich zu machen, übertreiben und überspitzen. Es passiert aber – ebenso in der mündlichen wie in der schriftlichen Kritik –, daß nicht um der Sache willen scharf, allzu scharf pointiert wird, sondern um des Effektes willen. Das ist schon eine große Versuchung.

Der Umgang mit den Büchern, die Robert Schneider nach »Schlafes Bruder« geschrieben hat, scheint ein treffliches Beispiel für überzogene Niedermache.

Oft bleibt das erste Buch eines Autors viele Jahre lang sein bestes: Goethe hat nie den Erfolg seines »Werthers« eingeholt, Grass nie den der »Blechtrommel«. Meist wird im Erstling ein Urerlebnis des Autors (Liebe, Krieg, Vater-Sohn-Konflikt und so weiter) dargestellt, eventuell mit überraschender Unmittelbarkeit. Schneiders erster Roman, »Schlafes Bruder«, ist sehr beachtlich. Ich habe damals die Begabung dieses Erzählers im »Literarischen Quartett« nachdrücklich gelobt. Nur fürchte ich, daß er nach dem enormen Erfolg des Romans seine Selbstkritik, auf die kein Autor verzichten kann, eingebüßt hat.

In Ihrem Buch findet sich die These, Redekunst habe nichts mit Moral zu tun. Eine geglückte Rede Haiders wäre demnach unabhängig von ihrem Inhalt zu bewundern? Eine fremdenfeindliche Suada könnte ein Kunstwerk sein?

Wenn Haider seinen Erfolg tatsächlich vor allem seinen Reden verdankt, dann ist er ein guter Redner. Hitler war, ob es uns gefällt oder nicht, ein hervorragender Redner. Das ist eine Gabe, die mit der Bedeutung einer Person nicht unmittelbar zu tun hat. Die Geschichte kennt Persönlichkeiten von höchstem Rang, die miserable Redner waren. Und immer gab es auch virtuose Redner, deren intellektuelles Niveau eher kümmerlich war. Oft verwechselt man auch die künstlerischen Fähigkeiten eines Schauspielers mit seiner Intelligenz. Man muß nicht scharfsinnig sein, um den Hamlet oder den Faust glänzend zu spielen.

Sie haben aus Ihrem Jude-Sein existentielle Bedrohung erfahren. Haben Sie sich je gewünscht, kein Jude zu sein?

Man hat mich nie gefragt, ob ich Jude sein will: Das ist ein mir aufgezwungenes Schicksal, ein bitteres. Aber ich habe nie daran gedacht, zum Christentum überzutreten. Ich bin ein vollkommen areligiöser Mensch. Nur ist es nicht leicht, dessen können Sie sicher sein, einer Minderheit anzugehören. Ich hätte es besser, wenn meine Vorfahren sich vor Jahrhunderten vom Judentum abgewandt hätten. Daß ich dieser ungewöhnlichen und ebendeshalb seit Jahrtausenden verfolgten Minderheit angehöre, daran werde ich nahezu täglich erinnert. Meine literarischen Urteile werden häufig, bisweilen sogar automatisch mit meinem Judentum in Zusammenhang gesehen. Manche glauben, ich müßte die Lyrik des Juden Paul Celan besonders lieben. Aber die Lyrik des Nichtjuden Brecht steht mir ungleich näher als die Celans. Ich bewundere aufs höchste Franz Kafka, den Juden. Aber kein Schriftsteller steht mir so nahe wie Thomas Mann, der Nichtjude. Übrigens: Wenn ich das Buch eines zeitgenössischen deutschen Schriftstellers ablehne, geschieht es gelegentlich, daß er mit einem Hinweis auf mein Judentum reagiert – nicht direkt, aber er schreibt, man müsse bei meinen Urteilen über Literatur stets dran denken, was mir im Lauf eines Lebens zugefügt wurde. Es folgen dann Anspielungen auf meine Zeit im Warschauer Ghetto.

Kennen Sie den jüdischen Selbsthaß, der Karl Kraus trieb?

Mitunter fällt es Juden schwer, andere Juden zu ertragen. Nicht selten sehen sie im anderen das Spiegelbild der eigenen Person und werden dadurch besonders gereizt. Aber ich glaube sagen zu dürfen, daß ich alles in allem vom jüdischen Selbsthaß frei bin. Noch habe ich nicht gehört, in meiner Auseinandersetzung mit zeitgenössischen Schriftstellern seien Elemente dieses Selbsthasses enthalten. Ich denke hier (beispielgebend) an meine Arbeiten über Arnold Zweig und Anna Seghers, über Hilde Domin und Hilde Spiel, über Peter Weiss, Erich Fried und Jurek Becker und auch über Saul Bellow, Philip Roth und andere amerikanische Juden.

Ihre Abneigung gilt dem Regietheater.

Man sollte, glaube ich, die Literatur gegen manche Regisseure in Schutz nehmen. Ich habe – es ist noch nicht lange her – in einer »Faust«-Inszenierung den nackten Hintern des Gretchens bewundern können. (…) Ich bin nicht ganz sicher, ob der Stückeschreiber Goethe einer derartigen Hilfe junger Regisseure wirklich bedarf.

Nun sind Sie ausgerechnet mit Hans Neuenfels gut bekannt, und der ist der Radikalste.

Ich bewundere das außerordentliche Talent von Neuenfels. Aber manchmal nehmen seine Einfälle überhand. Der Tod der Aida und des Radames als Auschwitz-Vergasung (so einst in Frankfurt) und das »Meistersinger«-Finale statt auf der Festwiese an der Pegnitz jetzt vor dem Brandenburger Tor (so in Stuttgart) – dafür habe ich keinen Sinn.

Wie sehen Sie als Wagnerianer die Situation in Bayreuth um Wolfgang Wagner, der sich nicht aus dem Haus tragen lassen will?

Wir verdanken ihm viel, aber man muß ihn jetzt an den »Holländer«-Monolog (»Die Frist ist um«) erinnern. Wer ihm nachfolgen soll? Ich habe nicht den hinreichenden Überblick. Schade, daß Everding nicht mehr lebt. Was das Repertoire betrifft: Bitte in Bayreuth keinen Mozart und keinen Meyerbeer, wohl aber sollte man es doch mit dem jungen Wagner versuchen, also mit »Rienzi«, und mit dem »Liebesverbot« und mit den »Feen«.

Ich habe oft den Eindruck, daß Sie gegenüber Wagner, den Sie selbst einen antisemitischen Schurken nennen, weitaus generöser sind als etwa gegenüber Handke.

Verzeihen Sie, aber es hat keinen Sinn, Wagner und Handke zusammen abzuhandeln oder auch nur zu nennen. Ich habe Handke nie sonderlich geschätzt. Der österreichische Autor dieser Generation, den ich schätze und immer aufs neue bewundere, ist Thomas Bernhard.

Wie halten Sie es mit den Bestsellerlisten – jetzt wo Sie da selbst Protagonist geworden sind?

Gegen die Bestsellerlisten ist viel zu sagen. Doch bisweilen tragen sie zum Erfolg guter Bücher bei. Es freut mich immer, wenn Bücher, die wir im »Literarischen Quartett« gelobt haben, auf diesen Listen landen.

Haben Sie Internet?

Noch nicht. Mein Sohn, Professor der Mathematik an der Universität von Edinburgh und zur Zeit Gastprofessor in San Diego, hat mich, als ich schon über siebzig Jahre alt war, überredet, mir einen Computer anzuschaffen. Ich bin glücklich, daß ich seinem Rat gefolgt bin. Mein Buch »Mein Leben« ist von der ersten bis zur letzten Zeile mit dem Computer geschrieben. Ich soll mir, möchte er schon seit längerer Zeit, Internet anschaffen. Recht hat er, ich werde es tun.

Wird das Internet nicht das Buch umbringen?

Ich bin zuständig für die Literatur der Vergangenheit und der Gegenwart. Ich bin nicht zuständig für die Literatur der

Zukunft. Aber ein Artikel von Ruth Klüger hat mich beeindruckt: Sie vergleicht darin die Rolle des Buches mit jener des Pferdes. Früher wurde es als Zugtier verwendet, heute als Reitpferd. Die Rolle des Buches wird möglicherweise erheblich kleiner sein, aber es wird immer bleiben. Gutenberg hat es erfunden, und so ist es bis heute geblieben – die Seite, die Paginierung, alles, nur ein paar Äußerlichkeiten haben sich verändert. Das Theater ist das Parallelbeispiel. Seit einhundert Jahren wird davon geredet, wodurch es überflüssig gemacht wird: durch den Stummfilm, den Tonfilm, den Farbfilm, das Fernsehen. Aber die Theater sind überfüllt.

Wie lange wird es das »Literarische Quartett« geben?

Der Programmdirektor des ZDF hat mehrfach erklärt, das »Literarische Quartett« werde es so lange geben, solange ich es machen möchte.

Und Sie?

Ich kenne die ärgerlichen Fehler, die furchtbaren Untugenden und die schrecklichen Schwächen des »Literarischen Quartetts« besser als andere. Aber ich weiß auch mit Sicherheit: Das »Quartett« hat vielen und oft keineswegs leichten Büchern zu einem starken Echo verholfen.

Sie machen weiter.

So ist es. Oder sagen wir es lieber vorsichtiger: Vorerst mache ich weiter.

Sind Sie glücklich?

Es wäre mir lieber, Sie fragten mich, ob ich ein zufriedener Mensch bin. Dann sagte ich gleich: Ja. Aber ein glücklicher Mensch? Wer das Buch »Mein Leben« kennt, der weiß, warum ich diese Frage nicht bejahen kann.

Fühlen Sie Haß?

Nein. Und noch einmal: Nein. Es verblüfft mich häufig, daß

ich Menschen, die mir großes Unrecht angetan haben, nicht zu hassen imstande bin. Allerlei kann man wohl in meinen Kritiken finden: Temperament, Leidenschaft, Empörung, Wut – aber keinen Haß. Schließlich bin ich, als ich in den fünfziger Jahren Polen verlassen habe, nach Deutschland zurückgekehrt. Ich war und bin immer bereit, zu vergeben und zu verzeihen. Für meine Gegner und Feinde gilt das leider nicht: Sie haben, von sehr seltenen Ausnahmen abgesehen, die zur Versöhnung ausgestreckte Hand stets zurückgewiesen.

Was fühlen Sie, wenn Sie lesen, daß fünfzehnjährige Deutsche Kanaken klatschen gehen?

Angst und noch einmal: Angst.

»Literatur soll Spass machen«

»Der Spiegel«, 18. Juni 2001
Das Interview führte Volker Hage.

Herr Reich-Ranicki, Sie haben für den »Spiegel« Ihren persönlichen literarischen Kanon zusammengestellt, die Summe Ihrer Erfahrungen als Literaturkritiker – für Schüler, Studenten, Lehrer und darüber hinaus für alle, die an der Literatur interessiert sind. Gibt es überhaupt einen Bedarf für eine solche Liste literarischer Pflichtlektüre?
Ein Kanon ist nicht etwa ein Gesetzbuch, sondern eine Liste empfehlenswerter, wichtiger, exemplarischer und, wenn es um die Schule geht, für den Unterricht besonders geeigneter Werke. Die Frage, ob wir einen solchen Katalog benötigen, ist mir unverständlich, denn der Verzicht auf einen Kanon würde den Rückfall in die Barbarei bedeuten. Ein Streit darüber, wie der Kanon aussehen sollte, kann dagegen sehr nützlich sein.
Wie lange kann ein solcher Kanon Gültigkeit haben? Der Geschmack ändert sich doch – von Individuum zu Individuum, von Epoche zu Epoche.
Jeder Kanon ist ein Produkt seiner Epoche und vom persönlichen Geschmack gefärbt. Wie er in zwanzig oder dreißig Jahren aussehen wird, interessiert mich überhaupt nicht. Sicher ist: anders als heute.
Leben wir nicht längst in einer Epoche der totalen Beliebigkeit?
Wenn das zutrifft, dann ist ein Kanon erst recht notwendig. In der Sehnsucht nach einem Kanon verbirgt sich die Angst vieler Zeitgenossen, überinformiert und dennoch unwissend

zu sein, und daraus ergibt sich die Sehnsucht nach einer Ordnung. Gerade wer fürchtet, in der unentwegt wachsenden Bücherflut zu ertrinken, wird für einen Kanon dankbar sein.

Haben Sie sich mit den aktuellen Lehrplänen vertraut gemacht?

Die von den Ministerien der einzelnen Bundesländer verfaßten Rahmenrichtlinien und Lehrpläne für den Deutschunterricht an den Gymnasien haben einen generellen Fehler: Sie sind zu reichhaltig. Es handelt sich um lange, allzu lange Listen. Bisweilen hat man sogar den Eindruck, daß irgend jemand die Namen nacheinander aus einer Literaturgeschichte abgeschrieben hat. Ich bin dafür, daß man dem Lehrer die Möglichkeit der Wahl gibt. Aber bei den jetzigen voluminösen Listen sind alle überfordert – die Lehrer ebenso wie die Schüler. Diese Richtlinien und Lehrpläne zeugen vor allem von einem: von Weltfremdheit.

Nennen Sie ein Beispiel.

Der Bildungsplan für die Gymnasien in Baden-Württemberg ist von erschreckender Vollständigkeit: Aus der Epoche nach 1945 werden ganz einfach – jedenfalls entsteht dieser Eindruck – alle Autoren empfohlen, die in dieser Zeit publiziert haben, einschließlich des mittlerweile zum Glück vergessenen Gerd Gaiser. Nichts gegen Ruth Rehmann oder Reinhold Schneider oder Erich Loest: Aber ich erlaube mir die schüchterne Frage, ob sie wirklich zum Kanon für den Gymnasialunterricht gehören sollten. Das Kultusministerium von Sachsen-Anhalt nennt in seinem »Lektüre- und Medienangebot« für den Deutschunterricht an Gymnasien und Fachgymnasien Irina Liebmann und Jens Sparschuh und den ehrenwerten Erich Loest – und wiederum Gerd Gaiser. Im Lehrplan für die gymnasiale Oberstufe in der Freien und Hansestadt Hamburg finden sich – doch etwas überraschend – die Autorinnen

Karin Struck und Elisabeth Plessen. Auf einer in Rheinland-Pfalz gültigen Lektüreliste sehen wir nicht ohne Verwunderung die Autoren Innerhofer und Woelk, Peter Schneider, Leonie Ossowski und auch die liebe Elke Heidenreich. Bemerkenswert der Lehrplan des Sächsischen Staatsministeriums für Kultus: Da werden auch »Texte der Unterhaltungsliteratur von Konsalik bis Simmel« empfohlen. Auf irgendeinem dieser Verzeichnisse habe ich Ephraim Kishon gefunden.

Unterhaltend braucht demnach der Deutschunterricht nicht zu sein?

Im Gegenteil: Gerade der Deutschunterricht sollte unbedingt unterhaltend sein. Nur kommt es darauf an – und das ist durchaus möglich –, die Schüler nicht mit minderwertiger, sondern mit guter Literatur zu unterhalten.

Was soll denn die Schule bei der Vermittlung von Literatur leisten?

Die Aufgabe des Deutschunterrichts besteht nicht nur darin, den Schülern bestimmte literarische Texte zu vermitteln. Wichtiger ist es, daß die Schüler etwas lernen, was sich durchaus erlernen läßt, nämlich: Wie sollte man ein Gedicht oder eine Novelle lesen und verstehen? Es ist eine Banalität, aber vielleicht sollte man doch darauf hinweisen: Wer gelernt hat, ein Gedicht von Eichendorff zu begreifen oder gar zu lieben, der wird auch mit Gedichten von Mörike oder Rilke zu Rande kommen. Der Schüler soll lernen, was eine Ballade ist und was eine Metapher, was die Begriffe Romantik oder Naturalismus bedeuten. Er soll erfahren, warum ein bestimmtes Gedicht von Goethe oder Heine, das von allen für schön gehalten wird, tatsächlich schön ist. Aber das Allerwichtigste kommt erst jetzt.

Wir sind gespannt.

Dem Schüler soll gezeigt und bewiesen werden, welche Aufgabe Literatur vor allem hat: Sie soll den Menschen Freude, Vergnügen und Spaß bereiten und sogar Glück.

Ist das machbar?

Aber sicher. Freilich hängt es vom pädagogischen Geschick des Lehrers ab und von der richtigen Auswahl der zu behandelnden Werke.

Manches von Kishon oder der Heidenreich ist doch durchaus vergnüglich.

Lassen Sie die Scherze, denn Sie zwingen mich, Sie zu belehren, daß Fontane noch unterhaltsamer ist als die Heidenreich und Joseph Roth besser als Kishon!

Also wie wollen Sie Ihre hehren Ziele erreichen? Mit einem entsprechend ergänzten und aktualisierten Kanon?

Umgekehrt – zunächst mit einem entsprechend gekürzten, mit einem rigoros zusammengestrichenen Lektüreplan. Er muß berücksichtigen, daß dem Lehrer oft für Deutsch nicht mehr als drei Unterrichtsstunden in der Woche zur Verfügung stehen und daß die Schüler für die Lektüre heute erheblich weniger Zeit haben als vor dreißig oder gar fünfzig Jahren. Umfangreiche Werke, längere Romane vor allem, muß man, wie schmerzhaft es auch sein mag, weglassen, »Die Wahlverwandtschaften« oder den »Zauberberg« etwa.

Sind diese Romane nicht gut genug?

Ich kenne keine besseren. Aber sie sind für Schüler zu schwierig und zu anspruchsvoll. Auch auf den »Grünen Heinrich«, den »Joseph«-Roman und erst recht auf den »Mann ohne Eigenschaften« muß man verzichten. Im Vordergrund sollten Gedichte, Dramen und kurze Romane, besser noch: Erzählungen, stehen.

Wie stellen Sie sich die Literatur des Mittelalters in der Schule vor?

Zwei – nicht zu lange – Auszüge aus dem »Nibelungenlied« müssen sein. Das Allerwichtigste aus dem deutschen Mittelalter ist, glaube ich, die Lyrik Walthers von der Vogelweide, von ihm sollte man mindestens fünf Gedichte behandeln. Aus der Epoche des Minnesangs empfehle ich überdies einige wunderbare (und nicht zeitraubende!) Kleinigkeiten. Auf Wolfram von Eschenbach muß man in der Schule verzichten, leider auch auf Gottfried von Straßburg. Danach Luther: unbedingt zwei, drei Auszüge aus der Bibelübersetzung, beispielsweise »Amnons Schandtat an Absaloms Schwester« aus dem zweiten Buch Samuel.

Warum gerade diese Geschichte?

Weil sie beweist, wie modern das Alte Testament bisweilen ist, hier gibt es Stellen, die von Strindberg oder Hemingway hätten stammen können.

Was wollen Sie mit der Barockdichtung machen?

Wir müssen uns auf drei geniale Autoren beschränken – auf Hofmann von Hofmannswaldau und Gryphius und als Übergang zur Sturm-und-Drang-Zeit Johann Christian Günther. Mit der Literatur des achtzehnten Jahrhunderts sollte man in der Schule besonders streng verfahren, also keine Lyrik von Lessing oder Klopstock, keine Prosa von Wieland oder Herder. Das muß man den Studenten der Germanistik überlassen.

Warum wollen Sie den Schülern einen genialen Dichter wie Klopstock vorenthalten?

Weil wir Zeit und Platz brauchen für noch Wichtigeres und Bedeutenderes – für Goethe und Schiller, für Kleist, Hölderlin und die Romantiker.

Von Lessing bleibt nichts im Kanon?

O doch: »Nathan der Weise« und »Minna von Barnhelm«

und mindestens ein Auszug aus der »Hamburgischen Dramaturgie« – am besten das letzte Stück.

Und der gewaltige Goethe – was sollte davon in den Unterricht gelangen?

Da muß man rigoros und konsequent sein. Man muß Zeit haben vor allem für »Faust I« und für die Lyrik aus den verschiedenen Zeitabschnitten, insgesamt nicht weniger als zwanzig bis dreißig Gedichte. Ferner sollte man auch den »Werther« gründlich behandeln und Auszüge aus »Dichtung und Wahrheit«. Ob man die heutigen Schüler für den »Tasso« oder ein so herrliches Stück wie die »Iphigenie« begeistern kann, weiß ich nicht. Nebenbei: Es ist das erste deutsche Rundfunk-Hörspiel.

Goethe und der Rundfunk – vielleicht bringen Sie hier was durcheinander?

Durchaus nicht. Hier haben wir es mit einem Werk zu tun, in dem es nur auf das Akustische ankommt.

Und ist das alles von Goethe?

Genügt Ihnen das nicht? Da hilft nun nichts: Wenn man das Zentrale bei Goethe ordentlich »durchnehmen« will, muß man auf »Egmont« und »Götz von Berlichingen« ebenso verzichten wie auf »Stella« und »Clavigo«, von »Hermann und Dorothea« ganz zu schweigen.

Glauben Sie, daß Schillers Dramen, die Sie wohl nicht ignorieren wollen, junge Menschen noch interessieren?

Mit Sicherheit. Nur muß man seine Stücke aus heutiger Sicht erklären. Bei den »Räubern« bietet sich die Parallele zu den Vorgängen um 1968 wie von selber an. Ich habe einmal mit einer Abiturientenklasse über den »Tell« geredet. Sie fanden das Stück, das sie gerade gelesen hatten, sehr langweilig. Aber der Vergleich der Ermordung Geßlers mit dem Attentat auf Rudi Dutschke hat sie, ich übertreibe nicht, beinahe fasziniert.

Soll man also den »Tell« und die »Räuber« in der Schule behandeln?

Das kann man tun, aber ich würde doch eher den »Don Carlos« empfehlen und den »Wallenstein« und als drittes Stück entweder »Kabale und Liebe« oder »Maria Stuart«.

Ist damit Schiller für Sie abgehakt?

Keineswegs. Drei, vier Balladen, vor allem »Die Kraniche des Ibycus« und den »Ring des Polykrates«, sollte man unbedingt berücksichtigen, ferner zumindest Auszüge aus der Schrift »Die Schaubühne als eine moralische Anstalt betrachtet« und aus der Arbeit »Über naive und sentimentalische Dichtung«.

Sie wollten doch rigoros kürzen – haben Sie keine Angst vor Überfrachtung?

Ebendeshalb verzichte ich auf das gesamte Werk von Jean Paul. Hingegen müssen ganz stark repräsentiert sein: Kleist, Hölderlin und Büchner. Von Hölderlin mindestens ein halbes Dutzend Gedichte und wenigstens ein Brief aus dem »Hyperion«. Von Kleist ziemlich viel: »Michael Kohlhaas«, »Die Marquise von O.« und zwei, drei der kleineren Erzählungen und natürlich und unbedingt der »Prinz von Homburg«. Von Büchner beinahe alles, also »Dantons Tod«, »Woyzeck« und die Erzählung »Lenz«.

Doch wohl etwas viel Theater?

Es ist nicht meine Schuld, daß die meisten der großen deutschen Schriftsteller, also Lessing, Schiller, Kleist oder Büchner, vor allem Dramen und keine Romane geschrieben haben.

Bei der Lyrik wollen Sie sich ganz auf Goethe und Hölderlin konzentrieren?

In der Tat verzichte ich auf die Gedichte von Uhland, Achim von Arnim, Chamisso, Conrad Ferdinand Meyer, Herwegh und Freiligrath, um eben Platz zu haben für jeweils einige Gedichte von Novalis, Brentano, Eichendorff, Platen, Mörike, von der Droste und, das wird manche verwundern, von Raimund, zumindest das »Hobellied« aus dem Theaterstück »Der Verschwender«.

Wie aber soll man mit der Prosa und mit dem Drama des neunzehnten Jahrhunderts umgehen?

Bis heute merkt man unserem Kanon die Lektürelisten aus der ersten Hälfte des zwanzigsten Jahrhunderts an. Damals war die Literatur des neunzehnten Jahrhunderts noch sehr gegenwärtig und wurde daher viel zu stark im Deutschunterricht und auch im Theaterrepertoire berücksichtigt. Jetzt ist es Zeit, vieles, was längst verstaubt ist, zu streichen, also Gotthelf und Stifter, Grabbe, Grillparzer und Hebbel, Immermann, Conrad Ferdinand Meyer und Raabe.

Das ist ja nicht zu glauben: Sie wollen den Schülern solche Glanzstücke wie »Das Amulett« von Meyer und »Die schwarze Spinne« von Gotthelf vorenthalten?

Jede Diskussion über den Kanon leidet darunter, daß die Gesprächspartner sich gern auf Werke berufen, die sie vor Jahrzehnten in ihrer Schulzeit gelesen haben. Sie wollen nicht bedenken, daß im Laufe der Zeit sich vieles überlebt hat. Ohnehin kommen hier stets auch regionale Interessen zum Zuge: Die Schweizer werden auf Gotthelf und Meyer nicht verzichten, die Österreicher nicht auf Stifter und Grillparzer – und dagegen ist natürlich nichts einzuwenden. Lesen Sie noch einmal Ihre Lieblingsbücher, Sie werden verblüfft erkennen, daß nicht nur Sie gealtert sind.

Was bleibt dann?

Noch eine Menge. Vor allem Chamissos »Peter Schlemihl«, an dessen Beispiel den Schülern das Wesen des Phantastischen und zugleich des Romantischen bewußt gemacht werden kann. Überdies: sehr viel von der Lyrik und Prosa Heines, ferner »Die Judenbuche« der Droste, einige Kalendergeschichten von Johann Peter Hebel, mindestens zwei Erzählungen aus den »Serapions-Brüdern« von E. T. A. Hoffmann und je zwei von Gottfried Keller und von Theodor Storm.

Ist denn Storm wirklich so ein bedeutender Erzähler?

Darüber kann man streiten, aber ich bin für Storm im Kanon, weil sich am Beispiel seiner Prosa sehr schön und anschaulich erklären läßt, was die moderne Novelle von einer Erzählung unterscheidet – vor allem der Konflikt im Mittelpunkt, von dem aus das Ganze straff organisiert ist. Überdies: Anders als die Erzählung ist die Novelle keineswegs eine Gattung in der Nachbarschaft des Romans, sondern des Dramas, übrigens schon bei Kleist. Wichtiger als Storm ist allerdings Fontane. Da brauchen wir unbedingt verhältnismäßig viel, also mindestens zwei Romane, nämlich »Effie Briest« und entweder »Frau Jenny Treibel« oder »Der Stechlin«, ein Buch, das ich besonders liebe, das aber für die Jugend wohl etwas weniger geeignet ist. Überdies: wenn möglich noch die Erzählung »Schach von Wuthenow«.

Sie haben die Liste des neunzehnten Jahrhunderts deutlich reduziert, aber das wird Ihnen mit dem zwanzigsten Jahrhundert nicht gelingen.

Sie vergessen, daß wir hier nur ein Minimalprogramm entwerfen. Und wenn man sich auf kleinere epische Formen konzentriert, dann kann man so gut wie alle wirklich wichtigen Schriftsteller im Unterricht behandeln. Mit anderen Worten: Meist kommt es nicht auf einzelne Bücher an, sondern auf die Autoren.

Was wollen Sie also von Thomas und Heinrich Mann aufnehmen?

Von Thomas Mann drei oder vier Erzählungen – am besten »Tonio Kröger«, »Tristan«, »Der Tod in Venedig« und »Mario und der Zauberer« – und von allen Romanen bloß die »Buddenbrooks«. Von Heinrich Mann ist alles schon verstaubt und überlebt, vielleicht mit einer Ausnahme: »Professor Unrat«. Ich empfehle den Roman auch deshalb, weil man seine Behandlung mit dem Marlene-Dietrich-Film »Der blaue Engel« schön verbinden kann. Von den Kafka-Romanen nur »Der Prozeß«, aber auf jeden Fall einige Geschichten, so »In der Strafkolonie«, »Der Hungerkünstler«, »Die Verwandlung«, »Ein Bericht für eine Akademie«. Ganz wichtig: Schnitzlers »Leutnant Gustl« – exemplarisch für den inneren Monolog, den er lange vor Joyce fabelhaft angewandt hat. Von Musil vor allem »Die Verwirrungen des Zöglings Törleß« und von den Erzählungen wohl »Tonka«; bei Hesse, der einst so populär war, sollte man sich mit »Unterm Rad« begnügen, von Brecht empfehle ich unbedingt zwei, drei der »Kalendergeschichten«, von Joseph Roth den »Radetzkymarsch« und zwei Geschichten, vielleicht »Die Legende vom heiligen Trinker« und »Stationschef Fallmerayer«, von Döblin »Die Ermordung einer Butterblume« und da, wo der Berliner Dialekt nicht zu große Schwierigkeiten bereitet, »Berlin Alexanderplatz«. Zwei, drei kurze Geschichten von Robert Walser sollten nicht fehlen und schließlich »Das siebte Kreuz« der Anna Seghers und auch noch ihre Erzählung »Der Ausflug der toten Mädchen«.

Glauben Sie, daß es sinnvoll ist, in den Unterricht Verfilmungen literarischer Werke einzubeziehen?

Ja, ich bin davon überzeugt – und man kann ruhig auch solche Filme einbeziehen, die nicht gerade Meisterwerke der Filmkunst sind. Und umgekehrt: Bücher, die nicht zu den Höhepunkten der deutschen Literatur gehören, können gelegentlich behandelt werden, wenn es eine gute Verfilmung gibt. Ein Beispiel: Ob »Homo faber« in den Kanon gehört, ist keineswegs sicher, aber der Film ist nicht schlecht und nützlich.

Findet sonst noch etwas von Max Frisch Gnade vor Ihren Augen?

Einige kleine Prosastücke aus seinem »Tagebuch« und eventuell »Montauk«.

Wird eine fünfzehnjährige Schülerin »Montauk« verstehen? Muß man dazu nicht mindestens fünfzig sein?

In »Montauk« geht es vor allem um die Liebe. Darin sind viele Mädchen und Jungen im Schulalter nach wie vor stark interessiert, auch wenn sie darüber nicht gern sprechen.

Erotische Motive in der Literatur spielen in Ihrer Kritik stets eine besonders große Rolle. Sollte etwa die Schule in dieser Hinsicht ähnlich verfahren?

Ja, ich widme der Liebe in der Literatur viel Platz. Das geht auf einen einfachen Umstand zurück: Die Liebe ist das zentrale Thema der deutschen Literatur – von Walther von der Vogelweide bis zu Ingeborg Bachmann und Sarah Kirsch. Zu den größten Erotikern der europäischen Literatur gehören zwei deutsche Autoren: Goethe und Heine. Gut beraten ist der Lehrer, der immer wieder auf Erotisches eingeht. Und ich hätte Sympathie für einen Deutschlehrer, der plötzlich, jeden Kanon ignorierend, seine Schüler beispielsweise Nabokovs »Lolita« lesen läßt oder Tschechows Erzählung »Die Dame mit dem Hündchen«.

Und was ist mit den typischen deutschen Nachkriegsautoren, mit denen Sie sich als Kritiker zeitlebens beschäftigt haben – bleibt davon für Ihren Kanon nichts übrig?

Ja, hier muß man sehr vorsichtig sein – und da bleibt in der Tat nur wenig. Ich habe viel über große deutsche Schriftsteller der Vergangenheit geschrieben, aber zugleich so gut wie nie die deutsche Literatur der Gegenwart vernachlässigt oder gar ignoriert. Darunter waren nicht wenige gute oder zumindest brauchbare Bücher, die zu Recht viel diskutiert und zehn oder vielleicht sogar zwanzig Jahre lang sogar gelesen wurden. Aber sie haben sich überlebt. Vom literaturhistorischen Standpunkt gesehen, waren es Eintagsfliegen, nützliche Eintagsfliegen – Alfred Kerr hat einen Band seiner gesammelten Kritiken so genannt: »Eintagsfliegen«. Aber es wäre falsch und auch schädlich, wollten wir diese Werke in den Kanon aufnehmen.

Welche Romane und Erzählungen waren denn keine Eintagsfliegen?

Von Wolfgang Koeppen »Tauben im Gras«, von Böll »Doktor Murkes gesammeltes Schweigen« und zwei kleine Geschichten, etwa: »Der Mann mit den Messern« und »Wanderer kommst du nach Spa ...«, von Arno Schmidt »Seelandschaft mit Pocahontas« und »Die Umsiedler«, von Grass »Katz und Maus« und ausgewählte Kapitel aus der »Blechtrommel«, von Uwe Johnson einige Abschnitte aus den »Mutmaßungen über Jakob«, von Thomas Bernhard »Wittgensteins Neffe« und »Holzfällen«.

Wie ist es mit Dürrenmatt bestellt?

Da ist vieles inzwischen verblaßt und verstaubt. Ich glaube, es genügt eine einzige Novelle: »Die Panne«.

Und die Prosa von Martin Walser, Peter Handke, Siegfried Lenz, Christa Wolf, Jurek Becker, Botho Strauß, Hans Erich Nossack?

Das sind natürlich allesamt ehrenwerte Autoren, aber sie gehören doch nicht in einen Kanon für Schulen. Hier zwei Beispiele. Ich habe Christa Wolfs Roman »Nachdenken über Christa T.« nachdrücklich gelobt – und Martin Walsers Novelle »Ein fliehendes Pferd« ebenfalls. In beiden Fällen bedauere ich meine nahezu enthusiastischen Urteile keineswegs. Aber seit dem Roman der Wolf sind dreiunddreißig Jahre vergangen, seit Walsers Novelle immerhin dreiundzwanzig Jahre. Versuchen Sie, diese Bücher heute zu lesen – und Sie werden sehr verwundert sein.

Im Falle von Jurek Beckers Lager-Roman »Jakob der Lügner« sind wir anderer Meinung. Gibt es nicht Bücher, die vielleicht nicht gleich in den Kanon gehören, sich aber hervorragend als Schulstoff eignen?

Woran denken Sie?

Etwa an Plenzdorfs »Die neuen Leiden des jungen W.« oder Schlinks Roman »Der Vorleser«.

Ich habe nichts dagegen, daß man Plenzdorfs Erzählung im Unterricht behandelt, aber in den Kanon gehört sie nun doch nicht. Und Schlinks »Vorleser«? Ein gut lesbares, verdienstvolles Buch, dessen sprachliches Niveau nicht sehr hoch ist. Jurek Becker? Nein, seine inzwischen schon vergessenen Romane haben im Kanon nichts zu suchen. Aber »Jakob der Lügner«? Jawohl, recht haben Sie, ich gebe nach und nehme das Buch in meinen Kanon auf.

Was machen Sie mit den Dramatikern des Jahrhunderts?

Das Drama veraltet besonders schnell. Werfen Sie einen Blick auf das Repertoire der deutschen Theater zwischen den beiden Weltkriegen – was man damals gespielt hat, ist, von wenigen Ausnahmen abgesehen, längst vergessen. Für den Kanon kommen wohl nur acht oder neun Dramatiker in Frage: Hauptmann (»Die Ratten«), Schnitzler (»Reigen«, »Professor Bernhardi«), Hofmannsthal (»Der Schwierige«), Wedekind (»Frühlings Erwachen«), Sternheim (»Der Snob«), Horváth (»Kasimir und Karoline«), Brecht (»Galilei«, »Mutter Courage«), Peter Weiss (»Marat«).

Und das ist alles? Keine Stücke von Frisch, Dürrenmatt, Walser, Handke?

Allenfalls Frischs »Biedermann und die Brandstifter«. Von Dürrenmatt haben sich alle Stücke, sogar »Der Besuch der alten Dame«, überlebt, ob die Stücke von Walser und Handke je gelebt haben, dessen bin ich nicht sicher.

Sind Sie im Bereich der Lyrik ebenso streng?

In der Lyrik haben die Anthologisten viel Unheil angerichtet. Ich liebe Anthologien, ich habe viele herausgegeben, und es hat mir immer Freude bereitet. Aber viele Anthologisten sind Faulpelze: Sie verlassen sich gern auf ihre Vorgänger. So werden manche Gedichte einhundert, ja zweihundert Jahre lang mitgeschleppt. Das gilt für Klopstock und Herder, deren literarhistorische Bedeutung niemand anzweifelt, für Lessing, der ein Genie, aber kein großer Lyriker war, für Uhland, den man überschätzt hat, für Fontane, dessen Gedichte oft nur Plaudereien in Versen sind.

Nun wollen wir aber hören, wen Sie von der Lyrik des zwanzigsten Jahrhunderts gelten lassen.

Auch hier ist vieles mitgeschleppt worden, worauf man verzichten kann, um Platz zu machen für sechs bedeutende Poeten: für Hofmannsthal, George, Rilke, Trakl, Benn und selbstverständlich für Brecht, den Jahrhundertlyriker.

Ist das alles?

Es sollten sich im Kanon noch einzelne Gedichte von der Lasker-Schüler finden, von Morgenstern und Georg Heym, von Kästner, Huchel, Eich, Celan, Ingeborg Bachmann, Jandl, Enzensberger, Sarah Kirsch, Rühmkorf und auch Biermann und Robert Gernhardt.

Ingesamt ist die Zahl der Frauen in Ihrem Kanon recht klein.

Das stimmt schon, aber ich kann es nicht ändern. Anders als

zum Beispiel in England, Frankreich oder Polen gibt es nur wenige deutsche Autorinnen von beachtlicher Qualität. Ich bin nicht bereit, einen ermäßigten Tarif wegen Geschlechtszugehörigkeit anzuwenden.

Und die Nobelpreisträgerin Nelly Sachs?

Ihre Lyrik wurde immer überschätzt und hat sich inzwischen überlebt.

Warum haben Sie die nichtfiktionale Prosa, außer derjenigen von Lessing, Goethe, Schiller und Heine, nicht aufgenommen?

Weil sie sich in der Schule verhältnismäßig schwer vermitteln läßt. Doch sollte man Essayistisches von Friedrich Schlegel, Nietzsche und Thomas Mann aufnehmen, vielleicht auch noch von Karl Kraus und Feuilletons von Kurt Tucholsky.

Insgesamt, so scheint uns, leidet auch Ihre Liste unter dem Problem der Überfrachtung. Wann sollen die Schüler das alles lesen?

Also, was wollen Sie? Daß ich dieses Programm noch mehr reduziere? Das kann ich nicht. Das sollen andere machen. Es wird ohnehin manchen geben, der mich erdrosseln wird: kein Stifter, kein Jean Paul!

Auch ohne Jean Paul wirkt Ihre Liste opulent.

Ich habe doch schon auf so vieles verzichtet! Zum Beispiel auf die ausländische Literatur. Ich bin in Berlin auf die Schule gegangen, da haben wir im Englischunterricht »Hamlet« gelesen und Dickens und Joseph Conrad, im Französischunterricht Molière und Maupassant und andere. Heute sei das unmöglich, sagt man mir. Andererseits: Abiturienten, die keine Ahnung haben, was sich hinter den Namen Shakespeare, Balzac, Dostojewski verbirgt – wäre das nicht absurd?

Könnten Sie zehn oder zwölf Bücher nennen, die ein Abiturient unbedingt kennen sollte?

Sehr ungern, aber meinetwegen: »Werther«, »Effi Briest«, »Buddenbrooks«, »Der Prozeß«, »Faust I«, je ein Band mit ausgewählten Dramen von Schiller und Kleist, je ein Band mit ausgewählten Gedichten von Goethe, Heine und Brecht. Und wenn Sie mir noch zwei Titel genehmigen sollten, schlage ich einen Band mit den Werken von Büchner vor und einen Auswahlband mit der Lyrik der deutschen Romantiker.

Daß die Kultusministerkonferenz Ihren Kanon zumindest in den Hauptzügen akzeptiert – halten Sie das für möglich?

Nein, wo denken Sie denn hin? Das ist ja eine ganz weltfremde Frage.

Und die Germanisten?

Ob in Deutschland, in Österreich oder in der Schweiz – es wird sich kein einziger Germanist finden, der einen solchen Kanon-Vorschlag für ansatzweise akzeptabel hält. Jeder wird empört darauf hinweisen, daß dieser oder jener Autor fehlt. Ich aber meine, daß mein Kanon-Vorschlag immer noch viel zu umfangreich ist. Jeder Kenner der deutschen Literatur (und es gibt Hunderte von hervorragenden Kennern) ist ganz und gar sicher, daß er einen besseren Kanon machen kann als ich. Und das gilt ebenfalls für alle, die sich für Kenner, für Experten unserer Literatur halten. Ihre Zahl beträgt schätzungsweise zwei bis drei Millionen.

Also alles für die Katz?

Nein. Aber nicht ich sollte mich über den eventuellen Nutzen meiner Arbeit äußern, sondern doch wohl andere.

Wie kommt es, daß Sie die Kanon-Idee, die Sie ja seit Jahren immer neu diskutiert haben, nicht losläßt?

Das hat zunächst mit einer Warschauer Gymnasialschülerin zu tun, die mir vor vielen Jahren aufgefallen ist. Sie stand an einer Haltestelle und las ein Buch. Dann kam die Straßenbahn, sie ging zur Bahn, ohne die Lektüre zu unterbrechen, und auch auf den Stufen des Waggons, in den sie stieg, las sie weiter. Ich folgte ihr und setzte mich neben sie. Ich wagte es nicht, sie anzusprechen. Doch es gelang mir, den Titel des Buches zu lesen. Es war Leo Tolstois »Anna Karenina«. Wie man sieht, habe ich diese Schülerin bis heute nicht vergessen.

Aber sie gehört doch mit Sicherheit einer Minderheit an.

Ja, wahrscheinlich einer verschwindend kleinen Minderheit. Nur habe ich als Kritiker dafür zu sorgen, daß diese Minderheit nicht noch kleiner, daß sie vielleicht sogar arg größer wird. Das habe ich von meinen Lehrmeistern gelernt, von den Brüdern Schlegel, von Heine und Fontane, von Kerr und Polgar: Sie alle waren der Ansicht, daß Kritik vor allem vermitteln müsse, und zwar zwischen der Literatur und dem Publikum. Diesem Zweck dient der Kanon. Und ich bin sicher, daß viele Leser, junge und alte, Schüler und Lehrer und sogar Rentner, für einen solchen Kanon dankbar sein werden. Denn ein fragwürdiger Kanon ist immer noch besser als überhaupt kein Kanon.

Warum eigentlich?

Ohne Kanon gibt es nur Willkür, Beliebigkeit und Chaos und, natürlich, Ratlosigkeit. Ich habe einmal geschrieben: Ohne Liebe zur Literatur gibt es keine Kritik. Ich darf das hier ergänzen: Einem Deutschlehrer, der die Literatur nicht liebt, wird es nicht glücken, das Interesse an der Literatur zu wekken und eben die Liebe zur Literatur. Es wird ihm nicht gelingen, seine Schüler zu überzeugen, daß Literatur – ich wiederhole es – Spaß machen kann, darf und soll.

Herr Reich-Ranicki, wir danken Ihnen für dieses Gespräch.

Das »literarische Quartett« – »unerhört oberflächlich«

»Frankfurter Allgemeine Zeitung«, 17. August 2001
Das Interview führten Michael Hanfeld und
Tilman Spreckelsen.

Welche Bedeutung hat für Sie das Wort »Einschaltquote«?
Einschaltquote ist ein Begriff, mit dem ich – und dafür bin ich außerordentlich dankbar! – im Zweiten Deutschen Fernsehen nie gelangweilt wurde. Ich habe immer wieder vom Intendanten Stolte gehört, daß im Fall des »Literarischen Quartetts« die Einschaltquote belanglos sei. Natürlich war die Einschaltquote für mich so ganz belanglos nicht, weil ich ja interessiert daran war, daß unser Quartett Einfluß ausübt. Wir wollten immer Einfluß auf die Leser, auf den Buchmarkt ausüben – nicht auf die Autoren, die sind unbelehrbar. Und wenn sie nicht belehrbar sind, dann lohnt es sich nicht, sie zu belehren.
Nach dreizehn Jahren, siebenundsiebzig Sendungen und vierhundert besprochenen Büchern wird am 14. Dezember das »Literarische Quartett« zu Ende gehen. Die Einschaltquote ist also nicht der Grund?
Die hat nichts damit zu tun. Die Einschaltquote variierte von anderthalb Millionen bis zur halben Million runter. Nein: Das Quartett geht zu Ende, weil ich es wünsche. Man hat mir ja angeboten, ich soll es weitermachen, man kommt mir entgegen: statt fünf Büchern jedesmal nur vier, also statt dreißig jedes Jahr vierundzwanzig, dann müßte ich nicht soviel schlechte Literatur lesen. Ich hab das nun über dreizehn Jahre gemacht, es reicht! Ich möchte auch mal was andres machen.

Als das Quartett anfing, wurde ihm ein baldiges Ende vorausgesagt. Joachim Kaiser sprach von einem »totgeborenen Kind«. Wieso gibt es das Quartett heute noch?

Das ist eine unangenehme Frage, weil ich wenig Lust habe, mich selber zu loben. Aber, um es ganz kurz zu sagen: Das Quartett hat sich als eine so beständige Sendung bewährt, weil es eigentlich nie so richtig langweilig war. Das ist nicht nur mein Verdienst, es war auch ein Verdienst von Hellmuth Karasek, der allerlei im Fernsehen und sonstwo zu sagen hat, aber in der Regel nicht langweilt. Deshalb habe ich Karasek vor bald vierzehn Jahren für das »Literarische Quartett« vorgeschlagen, und ich glaube, das war ein richtiger Schachzug. Man kann der Sendung viel vorwerfen. Der Hauptvorwurf ist, das Quartett sei oberflächlich. Darauf kann ich nur sagen: Es ist nicht oberflächlich, es ist sehr oberflächlich, unerhört oberflächlich. Aber ich frage in aller Bescheidenheit: Fünf Bücher werden besprochen, das dauert fünfundsiebzig Minuten. Das heißt: jedes Buch fünfzehn Minuten. Wenn Sie fünfzehn Minuten durch vier teilen, sind es ungefähr dreieinhalb Minuten. Ich bitte Sie: Was kann innerhalb von dreieinhalb Minuten über ein Buch gesagt werden, wenn man den Autor vorstellen muß, wenn man das Thema darlegen und die literarischen Mittel charakterisieren soll, wenn man die Fehler, die die Mitstreiter machen, korrigieren muß?

Dem »Literarischen Quartett« wurde unter anderem der Sieg der Kritiker über die Literatur durch das Fernsehen vorgehalten. Trifft Sie der Vorwurf?

Der Vorwurf wird immer dann erhoben, wenn die Kritiker ein bißchen Einfluß haben. Alfred Kerr war, so hieß es, der Sieg des Kritikers über das Theater, über das Drama, über die Schauspieler, über die Regisseure. Gegen die romantischen

Kritiker ist ein ähnlicher Vorwurf erhoben worden. Über Fontane hat man das auch gesagt. Wissen Sie, das ist langweilig! Die guten Kritiker versuchen doch immer wieder, bestimmten Büchern zu einem möglichst großen Echo zu verhelfen. Niemals haben die Autoren, die wir so gelobt haben und denen wir zu riesigen Erfolgen verholfen haben – Cees Nooteboom, Javier Marías, Ruth Klüger und viele andere –, gesagt, dies sei der Sieg der Kritik über die Literatur, immer nur die Autoren, die bei uns nicht so günstig weggekommen sind. Das aber ist die Mehrheit.

(...)

Welchen Einfluß Sie haben, konnte man gerade am Beispiel von Alfred Kerr sehen. Als Sie sein Buch »Wo liegt Berlin?« gelobt haben, soll der Absatz sogleich 30 000 Exemplare betragen haben. Siegfried Unseld hat einst gefordert, daß man im Fernsehen ein »Gegenforum« bilden müsse, um den Autoren zu ihrem Recht zu verhelfen.

Ich verstehe Unselds Einwand und Vorschlag durchaus. Er hat recht! Er hat natürlich darunter gelitten, daß das von uns gelobte Buch von Alfred Kerr nicht im Suhrkamp Verlag erschienen ist. Ein anderes Buch: Ruth Klüger, »Weiter leben«, Erlebnisse eines jungen Mädchens in Auschwitz! Giert etwa das deutsche Volk danach, solche Bücher zu lesen? Von dem Buch waren ein paar tausend Stück verkauft, gelobt überall, aber mehr Erfolg war nicht da. Dann haben wir es besprochen, bald waren hunderttausend Stück weg – natürlich hat Unseld gelitten. Warum? Das Buch der Klüger wurde vorher vom Suhrkamp Verlag abgelehnt. Was Unseld wollte, war: Da gibt es so eine mächtige Institution, das »Literarische Quartett«, welche die Unverschämtheit hat, gelegentlich Bücher des Suhrkamp Verlags nicht zu loben. Man müßte ein Konkurrenzunternehmen machen, ein »poetisches Quintett« vielleicht, damit nicht diese eine Gruppe einen solchen Einfluß ausübt. Das ist verständlich, und ich hatte nie was dagegen. Nur kann man doch von mir nicht verlangen, daß ich auch noch die Konkurrenz organisiere!

Ihre Sendung wurde als »Muppet-Show« oder als »Kasperle-Theater« bezeichnet. Hat Sie das getroffen?

Ich bin daran gewöhnt. Man hat mir viele Jahre lang vorgeworfen, ich sei als Kritiker ein Schulmeister. Als ich mit der Sendung anfing, hat man mir vorgeworfen, ich sei ein Entertainer. Beides ist gar nicht so falsch. Diese Mischung – Schulmeister und Entertainer – habe ich als Kritiker ein halbes Jahrhundert lang angestrebt. Ich habe immer eine belehrende und zugleich unterhaltsame Kritik angestrebt, und diejenigen, die meine Vorbilder waren – Friedrich Schlegel, Heinrich Heine, Theodor Fontane, Alfred Kerr –, haben gerade das gewollt.

Auch Frau Löffler hat man vorgeworfen, daß sie eine Schulmeisterin sei. Hatte der Streit mit ihr etwas mit dem jetzigen Ende des »Literarischen Quartetts« zu tun?

Ja. Wenn es zum Streit mit ihr nicht gekommen wäre, hätten wir die Sendung zum Dezember des Jahres 2000 abgeschlossen. Durch diesen Streit ist das Ganze um ein Jahr verlängert worden.

Sie bürden sich jetzt eine neue Last im Fernsehen auf, vielleicht sogar eine noch größere: Sie werden eine neue Sendung im ZDF bekommen, die den Titel »Marcel Reich-Ranicki solo« trägt und monatlich ausgestrahlt wird.

Mit dem Untertitel: »Polemische Anmerkungen«. Ein Kollege von mir hat gesagt, das Wort »polemisch« sei in meinem Fall vollkommen überflüssig, das versteht sich von selbst.

Das heißt, in dieser Sendung wird es um Sie gehen …

Nicht um mich! Ich werde die Sendung machen, aber es wird doch nicht um mich gehen, um Gottes willen! Sie meinen, ich werde in der Sendung meine Bücher offerieren und besprechen? Nein, nein. Es ist eine Sendung, die Anmerkungen bieten soll zu unserem Kulturleben. Im Vordergrund wird die Literatur stehen und in ganz hohem Maße das literarische Leben. Aber gelegentlich werden auch andere Sachen berücksichtigt werden: Theater, Oper, Musik, vielleicht Film, das hängt vom Aktuellen ab. Worüber ich im einzelnen reden werde, kann ich Ihnen nicht sagen. Heute würde ich über Barenboim, Richard Wagner und Israel etwas sagen. Morgen ist das nicht mehr aktuell, und im Januar bestimmt nicht.

Haben Sie für diese Sendung ein Vorbild? Vielleicht Alfred Kerr? Oder Friedrich Luft?

Vorbild ist übertrieben. Aber Alfred Kerr hat im Berliner Rundfunk jeden Sonntag nachmittags gesprochen – feuilletonistische Vorträge über Fragen der Welt, gar nicht über Fragen des Theaters, soweit ich mich erinnere. Ich habe es noch als Kind gehört, ich war zwölf Jahre alt, dann mußte Kerr aus Deutschland verschwinden. Luft hat am Vormittag, glaube ich, oder mittags gesprochen, und zwar nur über Theater, über neue Inszenierungen in Berlin. Luft hat einen bestimmten Stil gehabt, der sich sehr unterschied von dem Kerrs, er sprach sehr schnell, sehr temperamentvoll. Nur hat mich der Intendant Stolte auf eines aufmerksam gemacht: »Kerr und Luft, alles schön und gut – das war Hörfunk! Und Sie wollen im Fernsehen so was machen. Na, ob das gutgeht?« Aber er sagte mir auch: »Als wir mit dem Quartett begannen, waren wir alle etwas skeptisch. Und es ist ein Glanzstück unseres Programms geworden. Jetzt sind wir wieder ein wenig skeptisch. Und wir werden sehen, was daraus wird.«

Das Soloprogramm ist die größte Herausforderung für einen Entertainer. Wie hoch schätzen Sie Ihr Risiko ein?
Was habe ich in meinem Alter zu verlieren? Natürlich ist es mit Risiko verbunden. Alles, was ich in meinem Leben als Kritiker getan habe, war mit Risiko verbunden. Das ist einer meiner Hauptvorwürfe gegen unsere heutige Kritik, und darüber wird in der Sendereihe die Rede sein: Daß die meisten Kritiker nichts riskieren wollen, nicht einmal, dem Siegfried Unseld unangenehm aufzufallen.
Uns erwartet also in Ihrer Sendung eine Kritik der Kritik?
Das ist etwas übertrieben. Es erwartet uns, will ich hoffen, eine kleine Auseinandersetzung mit der Kritik. Aber das muß keineswegs negativ sein. Vielleicht werde ich auch auf Kritiken oder Erscheinungen im Rahmen des literarischen Lebens, die ich positiv bewerte, aufmerksam machen. Ich glaube, es sollte in der deutschsprachigen Welt jemanden geben, der sich um die Kritik, um ihre guten und schlechten Seiten, bemüht.
Heerscharen von Medientheoretikern haben sich am »Literarischen Quartett« abgearbeitet. Haben Sie Fernsehgeschichte geschrieben?
Ich hatte nicht im geringsten die Absicht, Fernsehgeschichte zu schreiben – das müssen andere beurteilen. Ich wollte etwas ganz anderes, das, was ich als Kritiker immer wollte: nämlich auf die Literatur und das literarische Leben Einfluß ausüben. Und im Fernsehen hat man die Möglichkeit, Leute zu erreichen, die sonst nie eine Literaturkritik lesen.

»Streiten habe ich in meiner Jugend gelernt«

»Die literarische Welt«, 1. September 2001
Das Interview führte Ulrich Weinzierl.

Herr Reich-Ranicki, sogar Sie machen manchmal Urlaub?
Ja, aber sehr ungern und nur der Not gehorchend, nicht dem eignen Triebe. Ich erliege den Ratschlägen meiner Ärzte und dem dringenden Wunsch meiner Frau. Im gewissen Sinne beneide ich meinen Cousin, den beinah bedeutendsten Maler Englands, Frank Auerbach. Er ist siebzig Jahre alt und war noch nie in seinem Leben auf Urlaub.
Warum ausgerechnet in Österreich – genauer gesagt: in Altaussee im steirischen Salzkammergut?
Der See ist schön, was schon andere vor mir gemerkt haben. Der Weg rings um den See ist ein herrlicher, ebener Weg, nur ist er leider in den letzten Jahren – dies jedenfalls mein Eindruck – länger geworden. Daß ich aber seit vielen Jahren den Urlaub immer wieder in Österreich verbringe, hat mit dem »Literarischen Quartett« zu tun, das vierzehnmal in Salzburg stattfand.
Treffen Sie in Altaussee Bekannte?
Immer. Ich habe hier ja unvergeßliche Stunden mit Elisabeth Trissenaar und Hans Neuenfels verbracht, höchst anregende Gespräche mit Barbara Frischmuth, Klaus Maria Brandauer und Helmuth Lohner geführt.
Und mit anderen Schriftstellern?
In den Ferien unterhalte ich mich eigentlich lieber mit Musikern, Schauspielern oder Architekten als mit Schriftstellern.
Wieso?

Die Menschen sind doch am interessantesten, wenn sie über ihren Beruf sprechen, zumal wenn Beruf und Leidenschaft zusammenfallen. Besonders schätze ich den Architekten Hans Hollein. Was Schriftsteller in dieser Hinsicht zu sagen haben, ist mir schon hinreichend bekannt.

Sieht man Ihnen beim Essen zu, glaubt man, Sie würden am liebsten auch die Frittatensuppe rezensieren. Ist das ein Irrtum?

Ja. Noch nie hat mich das Essen so interessiert, daß ich das Bedürfnis hätte, darüber zu schreiben.

Sie sagen fast jeder Kellnerin, sie habe wunderschöne Augen. Wie ernst meinen Sie das?

Was Sie behaupten, ist falsch, weil maßlos übertrieben. Wenn ich es aber sage, meine ich es sehr ernst. Wenn ich lüge, so eher dann, wenn ich Autoren treffe und sie taktlos genug sind, zu fragen, wie es Adorno getan hat: »Hatten Sie schon Gelegenheit, mein neuestes Buch zur Kenntnis zu nehmen?«

Ist es für Sie merkwürdig, vom Altausseer Jakob-Wassermann-Weg oder vom Friedrich-Torberg-Weg kommend durch den Dr.-Bruno-Brehm-Weg zu gehen, der nach einem Autor benannt ist, der dem »Führer« viele Jahre Treue bewiesen hat?

Etwas unangenehm, aber Österreich würde sich verleugnen, wollte es nur Wassermanns und Torbergs gedenken.

Würden Sie in Kärnten Urlaub machen?

Angesichts des Landesherrn äußerst ungern.

Was fühlen Sie, wenn Sie den Namen Jörg Haider hören?

Angst.

Sie gelten als ungeduldiger, ruheloser Mensch. Immer scheinen Sie unter Hochspannung zu stehen. Können Sie auch einmal nichts tun, beim Nichtstun ausruhen, oder macht Sie das nervös?

Kurz gesagt: Das alles fällt mir schwer.

Keine Zigaretten, selten ein Glas Rotwein, tägliche Spaziergänge und ein Speiseplan, den jeder Arzt dringend empfehlen würde. Was veranlaßt Sie zu dieser Selbstdisziplin?

Furcht vor dem Tod.

Sie sind ein notorischer Besucher der Salzburger Festspiele. Hat Ihnen etwas in der Ära Mortier besonders gefallen?

Unvergeßlich ist mir das Finale der »Fidelio«-Inszenierung von Herbert Wernicke. Als überraschend vor dem Schlußchor der Vorhang geschlossen wurde und – als er wieder aufging – der riesige Chor auf einer Treppe in Alltagskleidung zu sehen war. Damit wollte der Regisseur wohl sagen: Die melodramatische und bisweilen etwas alberne Geschichte um Leonore und Florestan ist zu Ende. Was jetzt kommt, gilt für hier und heute. Die Idee ist großartig, angeblich entstanden aus einem Zufall: Für die Hauptprobe sollen die Kostüme des Chors noch nicht fertig gewesen sein.

Und mißfallen?

Wir wollen nicht lange in der Vergangenheit suchen. Mißfallen haben mir zwei Aufführungen dieser Saison: »Die Hochzeit des Figaro« in der Inszenierung von Marthaler und »Ariadne auf Naxos« unter dem Regisseur Jossi Wieler.

Weshalb?

Die Oper ist ein Bühnenwerk, entstanden aus dem Geist der Musik. Wenn man nun etwa die Meistersinger als lächerliche Käuze verhöhnt, dann muß man auf Wagners Musik verzichten oder sie ändern. Natürlich muß im »Figaro« der Cherubin nicht unbedingt ein zarter Knabe sein, es kann auch – wie jetzt in Salzburg – ein frecher Bengel, ein Lauselümmel sein. Ich frage mich nur, ob es dann nicht sinnvoller wäre, die Kanzone »Voi, che sapete« wegzulassen. Ich weiß, daß der Regisseur Marthaler auch Musiker ist, aber ich kann mich des

Verdachts nicht erwehren, daß er auf Mozarts Musik gerne verzichten würde. Das läßt sich ja machen, er könnte doch das Lustspiel von Beaumarchais aufführen.

Und warum hat Ihnen »Ariadne« mißfallen?

In den alten Mythos ist in der Version Hofmannsthals selbstverständlich sehr viel aus dem Geist des frühen zwanzigsten Jahrhunderts eingeflossen. Daß aber Ariadne und Zerbinetta Patientinnen einer psychiatrischen Anstalt sind, will mir nicht einleuchten.

Seit vielen Monaten beschäftigen Sie sich mit einem Essay über Robert Musil. Warum so spät, warum so intensiv?

Ich mußte immer einen Widerstand überwinden, wenn ich mich mit Autoren beschäftigt habe, die von ihren Bewunderern mit einer besonderen Aura umgeben wurden. Ich denke an Stefan George und Arno Schmidt – und eben an Musil. Ich hatte und habe jedoch den Eindruck, daß ich es mir, Musil aussparend, zu leicht machen würde. Und je länger man sich mit Musil befaßt, desto schwieriger sind die Fragen, auf die man eingehen muß.

Sie waren bis 1988 Literaturchef der »Frankfurter Allgemeinen Zeitung«. 1988 haben Sie das »Literarische Quartett« gegründet, und im zweiundachtzigsten Lebensjahr werden Sie Anfang 2002 eine neue, monatliche TV-Sendung im ZDF beginnen. Woher nehmen Sie die Kraft dazu? Ist Altern für Sie kein Problem?

Das Altern ist für mich ein ganz großes Problem. Aber wir haben für ein solches Thema hier nicht Platz genug. Und woher ich die Kraft nehme? Noch habe ich sie. Woher sie kommt, weiß ich nicht.

Der Untertitel Ihrer neuen Sendung soll »Polemische Anmerkungen« sein. Versteht sich das bei Ihnen nicht von selbst?

Eigentlich schon. Aber die Sendung ist ähnlich wie das »Literarische Quartett« für ein großes Publikum bestimmt. Da scheint mir doch der Hinweis, daß es sich um Polemisches handelt, nicht so überflüssig.

Wo haben Sie Streitkultur gelernt? In der Familie? In der Schule?

Weder noch. Gelernt habe ich sie in meiner Jugend, jene Autoren lesend, die ich noch heute bewundere. Vor allem Kurt Tucholsky und andere Mitarbeiter der »Weltbühne«. Außerdem natürlich von Schriftstellern der Vergangenheit: von Lessing, Heine, Fontane.

Beim »Literarischen Quartett« hatten Sie die Kennmelodie ausgesucht, die Anfangstakte des Allegro molto aus Beethovens C-Dur-Quartett Opus 59. Werden Sie auch bei »Marcel Reich-Ranicki Solo« eine musikalische »Signation« bekommen?

Ja, aber es wird diesmal nicht Beethoven sein, sondern Robert Schumann. Und ein ständiges Schlußwort wird es auch geben. Diesmal nicht von Brecht, sondern von Goethe.

Wollen Sie das nicht präzisieren?

Damit möchte ich, wenn schon nicht mit meinen Gedanken, das Publikum überraschen.

Müßten Sie in Ihrem Leben entweder auf Musik oder auf Literatur verzichten, was würden Sie wählen?

In dieser Situation war ich schon. Im Warschauer Ghetto. Und ich habe mich klar entschieden – für die Musik. Ich habe alle Konzerte, die es im Ghetto gab, besucht. Ich habe immer wieder Schallplatten, die zu finden mühselig war, gehört. Aber ich habe keine Romane und keine Dramen gelesen.

Sie werden hier sehr oft auf der Straße – meist von deutschen Feriengästen – angesprochen, um Autogramme gebeten. Was empfinden Sie bei diesem hohen Maß an Interesse, Neugier, aber auch Zuneigung?

Freude und Genugtuung, da in der Öffentlichkeit schon häufig von meinem Tod die Rede war. Martin Walser hat sich schon vor vielen Jahren meinen Tod vorgestellt, und zwar mitten am Tag auf dem Jungfernstieg in Hamburg. Peter Handke hat im Gespräch mit André Müller nachdrücklich meinen Tod gewünscht. Beide reagierten sie damit auf eine ungünstige Kritik. Gegen Harald Schmidt freilich habe ich nie auch nur ein einziges Wort geschrieben. Und doch hat er unlängst im »Spiegel« erklärt, er hätte es »gut gefunden, wenn das ›Literarische Quartett‹ erst mit dem unerwarteten Ableben eines Mitglieds während der Sendung beendet worden wäre«. Natürlich war das auf mich, den Ältesten im Quartett, gemünzt. Vielleicht hat er es ja nicht ganz ernst gemeint, meinen Tod »just for fun« gewünscht. Wie auch immer, ich will offen reden: Als ich diese Worte Schmidts las, sah ich ihn in einer Uniform, in einer schwarzen.

Welche drei Ihrer vielen Bücher, außer der Autobiographie »Mein Leben«, sind für Sie die wichtigsten – Bücher, von denen Sie hofften, daß Sie in Zukunft nicht ganz vergessen werden?

»Die Anwälte der Literatur« über Kritiker von Lessing bis heute. »Nachprüfung« über deutsche Schriftsteller von Theodor Fontane bis zum Zweiten Weltkrieg. Und ein kleines Buch, das seit Jahrzehnten immer wieder Leser findet: »Über Ruhestörer«. Mit dem Untertitel »Juden in der deutschen Literatur«.

Liebhaber der Musik

»Klassik heute«, Oktober 2001
Das Interview führte Barbara Haas.

Sie lieben Verdi und Puccini, verehren Mozart und Bach. Ich vermute, daß Sie diese Komponisten in Ihrem Elternhaus kennengelernt haben.

Meine musikalische Prägung ging zunächst aus von der Musik, die es zu Hause bei den Eltern gab. Da war das Grammophon mit Schallplatten, da war ein Rundfunkapparat – ich glaube noch mit Kopfhörern –, und da war meine ältere Schwester. Um mit dem Ende zu beginnen: meine ältere Schwester spielte Klavier, und zwar vor allem Bach und Chopin. Im Radio hörte ich, was gerade kam, aber die Platten kann ich genau bestimmen – die hat mein Vater gekauft; sein Geschmack wurde vom ausgehenden neunzehnten Jahrhundert geprägt; und die Platten, das waren vorwiegend Opernaufnahmen – italienische von Rossini über Verdi bis Puccini und Mascagni, aber auch französische, gelegentlich russische Opern.

Später ist mein musikalischer Geschmack von der Schule geprägt worden, vom Musikunterricht im Berliner Gymnasium, der sehr gut war, auf hohem Niveau. Wir hatten gute Lehrer, und ich habe diesen Lehrern nicht wenig zu verdanken. Außerdem hat meine Schwester – die eben zu Hause Klavier spielte – mich als damals Dreizehnjährigen in die »Meistersinger« mitgenommen, und da begann mein Interesse für Wagner.

Für Wagner, den Antisemiten?

»Wagner und der Antisemitismus« – das ist ein Thema, das wir in diesem Interview nicht abhandeln können. Dafür ist viel Zeit nötig, und darüber gibt es ja viele gute Untersuchungen. Eines aber ist sicher: Wagner war alles andere als ein edler Mensch. Es gab indes viele edle Menschen auf dieser Erde, aber keiner von ihnen hat den »Tristan« geschrieben oder die »Meistersinger«. Ich finde im »Tristan« – selbst bei größtem Bemühen – keine Spuren von Antisemitismus.

Ich habe aus Ihrer Autobiographie »Mein Leben« den Eindruck gewonnen, daß Musik für Sie lebensnotwendig ist und war.

Ja, das ist mit Sicherheit richtig. Musik bedeutet mir mehr als alle Malerei auf dieser Erde. Aber es ist ein deutsches Vorurteil, das sich in dem Wort niederschlägt »Wo man singt, da lass' dich ruhig nieder, böse Menschen haben keine Lieder«. Das ist der blanke Unsinn! Musik hat mit dem Charakter eines Menschen oder einer Mentalität nichts zu tun. Mit anderen Worten – auch Verbrecher waren ganz gute Musiker, und oft waren hochanständige und wichtige Menschen total unmusikalisch. Das eine hat mit dem anderen nichts zu tun.

Sie schreiben in Ihrer Autobiographie, daß in der Zeit im Warschauer Ghetto – was Ihre persönliche Beziehung zur Musik und zur Literatur betrifft – »die deutsche Musik die deutsche Literatur verdrängt« hatte.

Natürlich war die Musik für mich und meine Frau damals im Warschauer Ghetto, wenn wir ein Konzert hörten mit Beethoven oder Schubert oder Mozart, eine Möglichkeit, eine Stunde oder zwei in einer anderen Welt zu verbringen. Das ist sicher. Ich hatte in dieser Zeit keine Geduld, Romane zu lesen. Für Romane, auch für Geschichten, muß man Geduld haben. Ich las also sehr wenig. Wenn, dann Lyrik; deutsche oder auch polnische Lyrik. Und die Musik wirkte auf mich – unter diesen Lebensumständen – stärker als alle Literatur.

Als musikalische Umrahmung in der Fernsehreihe »Das Literarische Quartett« entschieden Sie sich für einen kurzen Ausschnitt aus dem letzten Satz von Beethovens Streichquartett, op. 59 Nr. 3 – eine Musik also, die im Ghetto damals sehr oft gespielt wurde. Werden Sie damit nicht immer wieder an diese bedrückenden Jahre erinnert, oder hilft es, wenn Sie diese Musik hören, daß Sie immer mehr Abstand zu diesem schrecklichen Trauma bekommen?
Nein, von Abstand kann überhaupt nicht die Rede sein. Ich habe gar keinen Abstand dazu, und er wird mit den Jahren, je älter ich werde, eher kleiner als größer. Das ist das eine. Und das andere: Ob mich diese Musik an das Ghetto erinnert? Nein, nichts braucht mich an das Ghetto zu erinnern.
Im Warschauer Ghetto schrieben Sie als Musikkritiker unter dem Pseudonym Wiktor Hart. Warum damals nicht unter Ihrem Namen Marcel Reich?
Diese Frage habe ich mir nie gestellt. Es war vielleicht nicht richtig und zu weitgehend, daß ich überhaupt Musikkritiken geschrieben habe, denn ich hatte gar nicht die musikalischen Voraussetzungen, die unbedingt nötig gewesen wären. Nur – die Zeitung konnte damals niemanden finden. Da hab' ich es getan. Ich glaube, ich habe mich geniert, unter meinem Namen zu schreiben. Richtiger schien es mir unter einem Pseudonym. Es mußten auch nicht all die Musiker wissen, daß einer, der gerade einundzwanzig Jahre alt war, dieser Musikkritiker ist. Vielleicht glaubten die, das sei ein älterer Herr, der da rezensiert.
In Ihren Musikkritiken in der Bundesrepublik hat Sie außerordentlich das Problem der Operninszenierung interessiert. Wann stellten Sie sich zum ersten Mal die Frage nach dem Sinn oder Unsinn von Operninszenierungen?

Ich war, glaube ich, vierzehn Jahre alt, vielleicht fünfzehn. Und es gab an der Städtischen Oper Berlin – das ist die heutige Deutsche Oper – eine »Traviata«-Inszenierung. Man könnte leicht feststellen, wer die Inszenierung gemacht hat und wer dirigiert hat – ich weiß es nicht mehr. Aber ich weiß genau, was für Gedanken die Inszenierung bei mir ausgelöst hat und warum sie mir arg mißfallen hat: es wurde »Traviata« in hochmodernen Möbeln gespielt; und zwar in Stahlmöbeln, die damals um 1930–1934 das allermodernste waren. Ich fand das einen ganz großen Unsinn, weil in der »Traviata« Fragen behandelt werden, die durchaus ziemlich zeitgebunden sind, denn Liebe und Liebesbeziehung sehen in unserem Jahrhundert anders aus als in der Epoche, in der die »Traviata« spielt. Eines ist aber sicher: es ist die Sprache und die Musik des neunzehnten Jahrhunderts, und wenn man das in Stahlmöbeln unterbringt, ist das ein Mißverständnis. Ich glaube, daß die Bühne in der Oper immer abgeleitet sein muß, sein sollte, aus der Partitur.

Wie sehen Sie Ihren Zugang zur Musik?

Mein Zugang zur Musik muß ganz klargestellt werden. Ich bin kein Musiker. Ich bin ein absoluter Amateur und Dilettant. In beiden Worten steckt ja das Wort »Liebe«. Also ein Liebhaber der Musik. Und meine Kenntnisse der Musikgeschichte sind nicht gründlich und gewiß auch lückenhaft. Ich habe einen ganz anderen Zugang zur Musik als zur Literatur.

Wen verehren Sie an Komponisten des zwanzigsten Jahrhunderts bzw. welche ihrer Werke haben Sie besonders beeindruckt?

An Opern kann ich Ihnen drei nennen: die »Elektra«, die »Salome« und den »Wozzeck«, was nicht bedeutet, daß mir der »Rosenkavalier« gleichgültig ist oder »Ariadne auf Naxos«. Auch nicht die »Lulu« – sie ist mir nicht gleichgültig, aber bedeutet mir nicht so viel wie der »Wozzeck«. Also kurz – ich habe Richard Strauss und Alban Berg genannt. Auch manches von Schostakowitsch natürlich – zu dem Wichtigen des Jahrhunderts würde ich manches von Schostakowitsch zählen.

Ein Roman kann autobiographische Züge haben. Ich nenne zum Beispiel »Malina« von Ingeborg Bachmann. Verhält es sich bei der Musik, bei den Komponisten Ihrer Meinung nach ebenso?

Ein Roman kann nicht autobiographische Züge haben, sondern hat meist, freilich mehr oder weniger verborgen, autobiographische Züge. Es gibt überhaupt keinen einzigen bedeutenden Roman der Weltliteratur, der nicht autobiographische Züge hätte. Man hat Cervantes auf dem Totenbett gefragt, wer das Vorbild seines »Don Quijote« sei. Er antwortete: »Ich«. Und Flauberts Ausspruch ist ja genauso bekannt: »Madame Bovary, c'est moi«. Es ist natürlich nicht immer das Autobiographische im Roman so direkt erkennbar, und man muß da vorsichtig sein, aber ein bedeutender Roman ohne autobiographische Züge ist mir nicht bekannt.

Das Autobiographische in der Musik, das Selbsterlebte in der Musik ist viel schwerer zu beurteilen als in der Literatur, da der Inhalt der Musik nicht greifbar ist. Man kann aber beispielsweise das Autobiographische bei Schostakowitsch erkennen. Vieles bei Schostakowitsch steht in unmittelbarem Zusammenhang mit seinen persönlichen Erlebnissen. Ich bin sicher, daß es sich ähnlich bei Schumann und Chopin verhält.

Ein Roman hat immer eine Handlung, eine Oper hat auch eine Handlung, aber bei der Oper ist doch meines Erachtens die Musik im Vordergrund, wobei die Handlung mit ihrem Libretto steht und fällt.

Viele Opern der Welt – berühmte Opern – erscheinen uns heute töricht und unernst und beinahe oft geschmacklos –

die Libretti –, und man stellt sich die Frage: muß man so ein schreckliches Libretto wie das vom »Rigoletto« oder vom »Troubadour«, muß man das Kitschlibretto der »Madame Butterfly« ernst nehmen. Ich glaube ja. Es hilft uns gar nichts. Man muß es ernstnehmen aus dem einfachen Grund, weil es seinerzeit von Verdi oder von Puccini ernst genommen wurde. Puccinis Musik zu »Madame Butterfly« wäre nicht entstanden, wenn nicht dieses kitschige, sentimentale Libretto da wäre. Und Verdi hat schon das ihm gelieferte Libretto von »Rigoletto« oder eben vom »Troubadour« oder von der »Aida« – er hat das ja alles furchtbar ernst genommen. Er hat ja das komponiert, was der Librettist ihm auf seinen Wunsch hin geliefert hat. Er hat das vielleicht abgeändert, manchmal, etwas mehr oder weniger, bearbeitet. Das ist klar. Aber da die Komponisten diese Vorlagen, die literarische, ernst nahmen, müssen wir sie auch, glaube ich, ernst nehmen.

Sie schreiben in Ihrer Autobiographie: »Ich begriff, daß sich in der Literatur etwas finden und erkennen ließe, dessen Bedeutung nicht zu überschätzen sei. Man könne sich selber finden, seine eigenen Gefühle und Gedanken, Hoffnungen und Hemmungen.« Hatten Sie diesen Eindruck auch bei Ihren musikalischen Erlebnissen?

Ebendeshalb stehen mir Beethoven, Schumann viel näher als Bach. Das, wovon Sie sprechen, habe ich bei Schumann und Chopin gefunden – und ich könnte ebenso sagen, bei Wagner, Bruckner und Mahler. Hingegen bei Bach und Händel viel seltener, womit aber über die Bedeutung dieser beiden Komponisten noch nichts gesagt ist. Vielleicht war Bach der größte Komponist der Welt. Aber ich nehme für mich das Recht in Anspruch, zu sagen, daß mir Mozart, Beethoven und Schubert viel näherstehen.

2002

»Literatur ist vor allem ein Spiel«

»Berliner Morgenpost«, 27. Mai 2002
Das Interview führte Uwe Wittstock.

Was berechtigt Sie, den Kanon der deutschen Literatur zu formulieren?
Ich habe diesen Kanon gemacht, weil ich den Auftrag der Verlage dazu erhalten habe. Das ist eine Auftragsarbeit, aber eine, die mir, ich gebe es zu, viel Freude bereitet hat. Natürlich ist der Kanon, dessen ersten Teil ich jetzt vorgestellt habe, das Ergebnis einer lebenslangen Beschäftigung mit der deutschen Literatur. Für den Entwurf des Romanteils habe ich aber nur knapp zwei Stunden gebraucht. Ich habe später über einzelne Titel länger nachgedacht und den einen oder anderen ausgetauscht. Doch ich war selbst verblüfft, daß ich aus dem Stand über alle wesentlichen deutschen Romane verfüge.
Schadet ein Kanon nicht mehr, als er hilft?
Nein, ich bin überzeugt, daß ein Kanon hilft und überhaupt nicht schadet. Der Kanon ist nicht als Anweisung oder Dekret gedacht, sondern lediglich als Vorschlag und Empfehlung. Niemandem wird nahegelegt, sich nach dem Kanon zu richten, allen wird die Möglichkeit gegeben, von ihm zu profitieren. Ich hoffe sehr, daß Lehrer und Studenten von ihm Gebrauch machen. Aber es ist nicht ein Kanon für Fachleute, sondern für Leser. Diejenigen, denen ein Kanon überflüssig

oder gar schädlich vorkommt, werden das Selbstverständliche tun: Sie werden ihn ignorieren.

Die Romane sind nicht die stärkste Disziplin der deutschen Literatur. Warum zuerst der Romankanon?

Zunächst einmal: Das Originellste, was die deutsche Literatur zu bieten hat, ist nach meiner Überzeugung die Lyrik. Die Reihenfolge der fünf Gruppen meines Kanons, erst Romane, dann Dramen, Essays, Gedichte und schließlich Erzählungen, ist nicht zufällig, hat aber auch nichts mit der Bedeutung der Gattungen zu tun. Wir wollten noch in diesem Herbst beginnen, und der Romankanon ließ sich am schnellsten machen. Deshalb haben wir mit ihm begonnen.

Warum haben Sie keine Romane der Romantik aufgenommen? Von Friedrich Schlegel zum Beispiel, den Sie sonst so oft zitieren?

Schlegels »Lucinde« ist, darüber waren sich alle denkenden Menschen gleich einig, ein völlig mißlungenes Buch. Es gibt Autoren und Werke, die im Germanistikstudium unbedingt berücksichtigt werden sollten, die aber in einem Kanon für Leser nicht nötig sind. Gar kein Zweifel, daß Wieland, Ludwig Tieck und erst recht Jean Paul hochbeachtliche Romane geschrieben haben. Die Beschäftigung mit ihnen aber sollte man doch eher den Germanisten überlassen.

Sie sagen häufig, Romane sollten auch spannend sein. Warum haben Sie dann den »Grünen Heinrich« aufgenommen statt gleich Stifters »Nachsommer«?

Ich glaube, daß unter den zwanzig Romanen meines Kanons sehr spannende sind. Zugegeben, dies ist nicht der hervorstechende Zug des »Grünen Heinrich«. Aber das Buch ist lebendiger und interessanter als Stifters »Nachsommer«.

Die auffälligste Leerstelle Ihres Kanons betrifft Robert Musil.

Warum empfehlen Sie seinen »Törleß«, nicht aber seinen ungleich berühmteren Roman »Mann ohne Eigenschaften«?
Recht haben Sie, der »Mann ohne Eigenschaften« ist sehr berühmt, aber – davon habe ich mich im vergangenen Jahr überzeugt – nahezu unbekannt.
Dem könnten Sie abhelfen, indem Sie ihn in den Kanon aufnehmen?
Es ist nicht mein Wunsch, dem abzuhelfen. Ich glaube, daß es ein gänzlich mißratener Roman ist, der im Kanon nichts zu suchen hat.
Sind Sie tatsächlich der Meinung, nur ein einziger Roman einer deutschen Autorin sei lesenswert – Anna Seghers' »Siebtes Kreuz«?
Ja.
Ist das Ihr Ernst?
Von Annette von Droste-Hülshoff, einer großen Dichterin, gibt es keine Romane. Von Else Lasker-Schüler auch nicht. Ich schätze sehr Ricarda Huch, aber ihre Romane sind verblaßt. Christa Wolf ist in meinen Augen eine weit überbewertete Autorin, deren wichtigstes Buch, »Nachdenken über Christa T.«, einst von mir nachdrücklich gelobt, sich ganz und gar überlebt hat.
Ein Kanon im Suhrkamp-Verlag ohne die Suhrkamp-Starautoren Handke, Walser und Johnson?
Ich habe nicht Bücher von Verlagsautoren für den Kanon ausgewählt, sondern von Schriftstellern. Glücklicherweise haben mir die Verlage unbegrenzte Vollmacht erteilt. Ein konkretes Beispiel: Selbstverständlich wird in diesem Kanon Martin Walser repräsentiert sein, in dem Band mit den Essays und wahrscheinlich auch in dem Band mit den Geschichten. Aber einen Roman von Walser mit der für den Kanon nötigen Qualität sehe ich nicht.

Haben Sie die Literatur der DDR glatt vergessen?
Ich habe überhaupt nichts vergessen. Man hat verschiedene Romane genannt, die von mir nicht berücksichtigt wurden, aber unter allen diesen Romanen gibt es keinen einzigen, den ich übersehen hätte.
Auch nicht Jurek Beckers »Jakob der Lügner«?
Es trifft zu, daß ich keinen einzigen in der DDR geschriebenen Roman kenne, der sich für den Kanon geeignet hätte. Aber deshalb habe ich die Literatur der DDR keineswegs übersehen: Vergessen Sie nicht, daß beispielsweise Peter Huchel, Franz Fühmann, Sarah Kirsch, Wolf Biermann oder Heiner Müller keine Romane geschrieben haben. Bin ich schuld daran, daß die in der DDR entstandenen Romane von Anna Seghers allesamt sehr schwach sind? Beckers »Jakob der Lügner« ist ein Roman, über den ich mir sehr wohl Gedanken gemacht habe. Ein schönes Buch, wenn man dies bei seinem ernsten Thema sagen darf. Aber den literarischen Wert, den etwa die ausgewählten Romane von Koeppen, Max Frisch, Grass oder Thomas Bernhard haben, hat dieser Roman nun doch nicht.
Warum keine neueren Romane?
Es gibt eine Anzahl von Romanen, die in den letzten vierzig Jahren erschienen sind, die uns vor den Hintergrund ihrer Zeit sehr beeindruckt haben. Nur sind diese Romane meist rasch verblaßt. Der Kanon gibt meine persönliche und darüber hinaus eine heutige Sicht wieder. Es ist sehr gut möglich, daß eine spätere Generation auf andere Titel zurückgreift. In einem Dramenkanon aus dem Jahre 1890 wäre mit Sicherheit kein Stück von Georg Büchner zu finden, heute ist ein Dramenkanon ohne Büchner unvorstellbar. Thomas Mann hat einmal gesagt, die Literatur sei »ein Spiel tiefsten Ernstes«.

Diese Formulierung gefällt mir sehr. Ich bin tatsächlich überzeugt, daß die Literatur vor allem ein Spiel ist – und jeder Kanon ebenfalls ein Spiel.

Werden Ihnen Ihre Erfolge der letzten Zeit nicht unheimlich?

Sie haben recht, ich kann mich nicht beschweren und nicht beklagen. Wenn Sie aber befürchten, daß ich mich unentwegt in meinen Erfolgen sonne und mich dem absoluten Größenwahn nähere, dann kann ich Sie beruhigen. Es wird kontinuierlich dafür gesorgt, daß ich mit den Füßen auf der Erde bleibe. Die sich darum menschenfreundlich kümmern, sind meine leider sehr zahlreichen Feinde, zu denen vor allem jene Autoren gehören, die mir im Grunde nur vorwerfen, daß ich ihre Bücher noch nie besprochen habe. Sie hören nicht auf, mich zu beschimpfen, zu verspotten und anzuklagen. Es geht mir dennoch ganz gut. Sie kennen ja das schöne Wort von Heine, der Haß seiner Feinde dürfe als Bürgschaft gelten, daß er sein Amt nicht ganz schlecht verwalte.

Eine bedauerliche Entscheidung

»Die Welt«, 6. Juni 2002
Das Interview führte Uwe Wittstock.

Was sagen Sie zur Entscheidung, daß der Suhrkamp Verlag Martin Walsers neuen Roman »Tod eines Kritikers« publiziert?
Ich finde diese Entscheidung sehr bedauerlich. Empörend finde ich sie nicht. Ja, ich habe für diese Entscheidung in Grenzen Verständnis. Hier geht es um die Treue des Verlags zum Autor, dessen erstes Buch 1957 bei Suhrkamp erschien. Natürlich muß der neue Roman gedruckt werden. Mir wäre es lieber, wenn er nicht in dem Verlag Benjamins, Adornos und Celans erschiene. Da paßt er nicht hin. Aber der Verlag hat entschieden. Ich protestiere nicht.
Ist Walser ein Antisemit?
Günter Grass hat im Fernsehen erklärt, er kenne den Roman nicht, aber Walsers Lebenswerk. Ein antisemitisches Buch dieses Autors sei unvorstellbar. Diesen Standpunkt von Grass verstehe ich gut. Auch ich war der Ansicht, Walser könne nie ein solches Buch schreiben. Doch schon in seiner Paulskirchenrede von 1998 gab es dunkle Anspielungen und unklare Formulierungen. Damals habe ich Walser gegen den Vorwurf, Antisemit zu sein, entschieden verteidigt. Er hat aber seitdem nicht klarer gesagt, was er damals eigentlich meinte. In seinem Roman »Ein springender Brunnen« finden sich gegen Ende unschöne Akzente, die antisemitisch verstanden werden könnten. Könnten – sage ich vorsichtig. Aber daß Walser dann so etwas wie »Tod eines Kritikers« schreibt, damit habe ich nicht gerechnet.

Wäre es nicht klüger gewesen, über das Buch erst nach Erscheinen zu debattieren?
Mit der öffentlichen Zurückweisung des Buches durch die »Frankfurter Allgemeine Zeitung« war der Skandal da. Was helfen da jetzt nachgereichte Überlegungen? Ich bin dafür, daß das Buch so schnell wie möglich in die Läden kommt. Jeder soll wissen, daß Walser ein solches – aus meiner Sicht – beschämendes Buch geschrieben hat.
Wäre das nicht Walsers großer Erfolg?
Sie meinen, ein großer wirtschaftlicher Erfolg? Das interessiert mich nicht. Walser hat schon im Februar in der »Bunten« angekündigt, sein nächstes Buch werde zu einem Skandal führen. Er wollte den Skandal haben, nun hat er ihn. Aber ob sich Walser von ihm erholen wird? Ich wünsche es ihm. Ganz sicher bin ich mir nicht.

»Ich habe kein Wort zu korrigieren«

»Die Welt«, 12. August 2002
Das Interview führte Uwe Wittstock.

Herr Reich-Ranicki, in polnischen Archiven sind jetzt Dokumente aufgetaucht, die nahelegen, daß Ihre Rolle in Polen weit wichtiger war, als Sie sie in Ihrer Autobiographie dargestellt haben. Was sagen Sie zu diesen Dokumenten?
Ich kenne diese über einhundert Seiten umfassende Akte nicht. Ich kann mich aber des Eindrucks nicht erwehren, daß hier jemand eifrig bemüht war, diejenigen Angaben herauszufischen, die vielleicht gegen mich sprechen könnten. Dennoch beweisen die jetzt aufgetauchten und von der »Welt« zitierten Dokumente keineswegs, daß meine Rolle in Polen in der letzten Kriegszeit und gleich danach (also bis 1949) größer war, als ich sie in meinem 1999 erschienenen Buch »Mein Leben« dargestellt habe. Ich habe in meiner Darstellung kein Wort zu korrigieren.
In Ihrer Autobiographie schildern Sie sich als lustlosen Agentenführer. Die jetzt vorliegenden Beurteilungen lassen vermuten, daß Sie hervorragend waren.
Ein Agent ist – laut Duden-Fremdwörterbuch – ein »im staatlichen Geheimauftrag tätiger Spion«. Ich hatte während meiner Tätigkeit in London überhaupt keinen Agenten, konnte also kein Agentenführer sein. Wohl aber haben mich über die polnische politische Emigration zehn bis fünfzehn Mitarbeiter informiert. Meist waren es arbeitslose oder pensionierte polnische Journalisten. Diese Informanten wurden in der Warschauer Zentrale wichtigtuerisch »Agenten« genannt.

In den Akten heißt es, Sie hätten Ihre Arbeit in London »mit Leidenschaft betrieben«.
Das Leben in London war für mich natürlich viel interessanter und auch bequemer als in Warschau. Wenn ich auf diesem Posten bleiben wollte, konnte ich der Warschauer Zentrale doch nicht die Wahrheit sagen, daß ich nämlich meine Arbeit für den Geheimdienst für belanglos und überflüssig halte und daß ich sie daher ungern mache.
Warum sind Sie Mitarbeiter des polnischen Geheimdienstes (MBP) geworden?
Wir, meine Frau und ich, hatten uns, kaum befreit (es war 1944, also noch während des Kriegs gegen Hitler) zur polnischen Armee gemeldet und wurden dort der Propaganda-Abteilung zugeteilt, die Flugblätter und ähnliche Materialien in deutscher Sprache bearbeiten sollte. Da aber diese Abteilung schließlich doch nicht gegründet wurde, wir aber schon mobilisiert waren, hat man uns zur militärischen Postzensur kommandiert. Warum gerade zur Zensur? Weil wir Fremdsprachen beherrschten – und das hatte in der damaligen polnischen Armee Seltenheitswert. In der Postzensur unterstanden wir automatisch dem Sicherheitswesen.
Es heißt in den Dokumenten, Sie hätten über »große gesellschaftliche Kontakte in Parteikreisen« verfügt.
Leider trifft das nicht zu, wir kannten kein einziges Mitglied des Zentralkomitees, keinen Minister. Es wurde damals von den Halbanalphabeten, die in der Personalabteilung arbeiteten, in den Akten viel Unsinn notiert. Deshalb empfiehlt es sich dringend, derartige Akten nicht immer für bare Münze zu nehmen.
Wie kamen Sie an den Decknamen »Albin«?
Wer vom Nachrichtendienst ins Ausland geschickt wurde,

mußte einen Decknamen haben. Ich habe von dem meinigen nie Gebrauch gemacht.

Waren Sie in Kattowitz, um dort das Bezirksamt des MBP aufzubauen?

Nein, keineswegs. Ich hatte in Kattowitz lediglich die militärische Postzensur zu organisieren, was ich rasch gemacht habe – innerhalb von einigen Tagen, höchstens einer Woche. Die Angabe, ich sei in Kattowitz mehrere Wochen gewesen, ist falsch. Warum? Vielleicht hat sich eine Sekretärin verschrieben.

Weshalb haben Sie im MBP so schnell Karriere machen können?

Was Sie »Karriere« nennen, beschränkt sich auf den Umstand, daß der (übrigens erst im Entstehen begriffene) Auslands-Nachrichtendienst mir den Posten in London anbot. Warum wohl? Weil ich Englisch, Französisch und Deutsch konnte, weil ich über eine gewisse Allgemeinbildung verfügte, weil ich schon im Ausland (zehn Jahre in Berlin) gelebt hatte. Bevor ich nach London ging, mußte ich einige Monate im Außenministerium praktizieren und mich im Nachrichtendienst mit der Situation der Polen in Großbritannien und Deutschland beschäftigen. Es stimmt, daß ich für die Übergangszeit, in der es vor allem darum ging, mich für die Londoner Tätigkeit vorzubereiten, den Posten eines stellvertretenden Abteilungsleiters erhielt, nur gab es diese Abteilung praktisch überhaupt noch nicht. Es war alles improvisiert und ziemlich chaotisch.

Sie wurden in einem Handbuch des MBP zu den wichtigsten eintausendeinhundert Mitarbeitern des Ministeriums gezählt.

Eintausendeinhundert? Da bin ich aber enttäuscht. Jedenfalls können Sie der überraschend großen Ziffer entnehmen, daß ich eben keineswegs eine sonderlich wichtige Figur war.

Welche Verbindungen hatten Sie, als Sie in London als Konsul arbeiteten, zu den nach Großbritannien exilierten Polen? Wollte der MBP die Exilanten ausforschen und zur Rückkehr nach Polen bewegen?

Überhaupt keine. Ich habe mich niemals mit der Rückführung von Polen in ihre Heimat beschäftigt, und es war niemals meine Aufgabe, irgend jemanden zur Rückkehr nach Polen zu überreden.

Unter Ihrer Leitung wurde eine Kartei mit Informationen über zweitausend Exilpolen geführt. Was für eine Kartei war das? Welchem Zweck diente sie?

In dieser Kartei wurden die in polnischen Zeitungen in England erwähnten Namen erfaßt. Es war eine so harmlose wie überflüssige Kartei, die nie benutzt wurde.

Haben Sie nach Ihrer 1949 bzw. 1950 erfolgten Entlassung aus dem polnischen Außenministerium und dem Sicherheitsministerium irgendwelche Kontakte mit diesen Ministerien oder irgendwelchen Geheimdiensten in Polen gehabt?

Niemals, nicht die geringsten. Dieser Abschnitt meines Lebens war damals, also vor bald dreiundfünfzig Jahren, endgültig abgeschlossen. Es folgte für mich eine schwere Zeit: Erst war ich zwei Wochen im Gefängnis, in einer Einzelzelle. Später war ich als Literaturkritiker tätig, aber viele Leute hatten Angst vor Kontakten zu mir, denn ich war, da aus der Partei ausgeschlossen, ein verfemter Mensch – und dann wurde noch gegen mich ein Publikationsverbot erlassen. Als ich 1958 Polen in Richtung Bundesrepublik verlassen konnte, war ich glücklich. Das alles habe ich in meinem Buch »Mein Leben« ausführlich beschrieben.

2003

Der Dichtung eine Gasse

»Buchjournal«, Frühjahr 2003
Das Interview führte Irene Nießen.

Herr Reich-Ranicki, Ihre »Frankfurter Anthologie« stellen Sie unter das Motto »Der Dichtung eine Gasse«. Braucht Lyrik heutzutage ein geschütztes Reservat, um (über)leben zu können?
Ich glaube nicht, daß man von einem »Reservat« sprechen sollte. Aber Tatsache ist, daß Lyrik immer schon des Schutzes und der Förderung bedürftig war. Natürlich ist das auch heute der Fall. Ebendeshalb gebe ich seit vielen Jahren die »Frankfurter Anthologie« heraus (zunächst in der »Frankfurter Allgemeinen Zeitung« und dann in Buchausgaben), die den Lesern zeigt, wie sich Gedichte verstehen lassen.
Als Sie die »Frankfurter Anthologie« starteten, hatten Sie vom ersten Moment an ein Langzeitprojekt im Sinn?
Insgeheim habe ich wirklich ein Langzeitprojekt im Sinn gehabt. Aber ich war gut beraten, damals, als ich die »Frankfurter Anthologie« gegründet habe – es war 1974 –, nicht darüber zu reden. Denn man war in der »Frankfurter Allgemeinen Zeitung« von vornherein skeptisch und hat an eine solche Rubrik, ausschließlich der Poesie gewidmet, nicht recht glauben wollen. Ein Herausgeber vermutete sogar, sie werde nach drei oder vier Beiträgen lautlos eingehen. Nun, es ist anders gekommen. Im Herbst wird die »Anthologie« ein kleines Jubiläum feiern

können: Die Zahl der in ihr enthaltenen Gedichte und Interpretationen wird dann eintausendfünfhundert erreicht haben.

Welches sind die Auswahlkriterien, nach denen ein Gedicht Aufnahme findet?

Die Gedichte werden entweder von mir ausgewählt oder von den Mitarbeitern der »Anthologie« vorgeschlagen. Was wir für gut und interessant halten, kann in die Anthologie aufgenommen werden – vorausgesetzt freilich, daß es den Umfang von zweiundvierzig Versen nicht übersteigt und sich in einer im Buchhandel erhältlichen Ausgabe findet. Andere Kriterien gibt es nicht. Allerdings kommen nur deutschsprachige Autoren in Frage. Der am häufigsten interpretierte Dichter ist – wie nicht anders zu erwarten – Goethe, gefolgt von Brecht, Heine und Rilke.

Worauf führen Sie das dauerhafte Interesse an Lyrik zurück?

Vielleicht hat dieses Interesse damit zu tun, daß gerade die Lyrik den persönlichsten, den intimsten Bedürfnissen des Individuums entgegenkommt.

Zeichnet sich eine breite Renaissance der Lyrik ab?

Ich sehe keine Anzeichen für eine derartige Renaissance, leider, leider. Nach wie vor hält sich die Auflage guter, auch hervorragender Lyrikbände in bescheidenen Grenzen – und das ist nicht so verwunderlich. Gerade große Lyriker sind sehr schwierig – wie beispielsweise Paul Celan.

Muß ein Lyriker per se einen anderen Blick auf die Welt haben als ein Autor, der Prosa schreibt? Oder anders gefragt: Was kann Lyrik, was Prosa nicht kann?

Einen anderen Blick? Nein, nicht unbedingt, wohl aber andere Ausdrucksmöglichkeiten. Nicht Gedanken oder Gefühle unterscheiden die Lyrik von der Prosa, sondern vor allem die Form und die Sprache.

Welches Gedicht sollte jeder kennen?

Hier könnte ich viele Gedichte nennen, aber ich entscheide mich für das kürzeste, das es in der deutschen Literatur gibt. Es stammt von Erich Kästner und lautet:

Es gibt nichts Gutes
außer: Man tut es.

Und dann noch ein Gedicht von Goethe, das ich seit meiner Jugend besonders liebe – das Lied von Klärchen aus dem Drama »Egmont«. Es beginnt mit den Worten »Freudvoll und leidvoll, gedankenvoll sein«.

Widerstand ohne Hoffnung

»Nordwest-Zeitung«, 2. Mai 2003
Das Interview führte Olaf Reichert.

Herr Reich-Ranicki, wie beurteilen Sie in der Rückschau den Aufstand der Juden im Warschauer Ghetto im Frühjahr 1943?
Ich fürchte, daß der Aufstand bisweilen falsch beurteilt wird. Das war eine heroische Widerstandsleistung. Keiner der wenigen Juden, die zu diesem Zeitpunkt im Ghetto verblieben waren – das waren insgesamt etwa sechzigtausend, zuvor waren über dreihunderttausend deportiert worden –, glaubte daran, daß man erfolgreich gegen die siegreiche Weltmacht »Drittes Reich« kämpfen könnte. Es sollte den Deutschen und der Welt gezeigt werden, daß die Juden gewillt sind, eher im Ghetto zu sterben, als kampflos in die Gaskammer zu gehen.
Welche Schwierigkeiten hatte der jüdische Untergrund im Vorfeld?
Die Hauptschwierigkeit des aktiven Widerstands bestand darin, daß keine Waffen da waren. Es gab nur eine Möglichkeit, Waffen zu beschaffen. Sie mußten von polnischen Untergrundorganisationen gekauft werden. Billig waren die nicht. Ich war insofern an der Beschaffung von Waffen beteiligt, als ich auf die Idee gekommen war, die Kasse der Verwaltung des Ghettos, Judenrat genannt, zu überfallen und das Geld, das von dort allwöchentlich den deutschen Behörden abgeliefert werden mußte, zu rauben. Die Aktion gelang, und von dem Geld, das wir genommen haben, haben meine Frau und ich eine Prämie erhalten, damit wir fliehen können. Das weitaus meiste Geld jedoch wurde für den Ankauf von Waffen verwendet.

Der bewaffnete Aufstand begann am 19. April 1943. Hatte es zuvor bereits Widerstand gegeben?

Ja. Am 22. Juli 1942 hatte es die erste sogenannte »Aussiedlungsaktion«, praktisch die Deportation ins Vernichtungslager Treblinka, gegeben. Am 18. Januar 1943 begann die zweite Deportationswelle. Doch anders als im Juli geschah nun etwas, womit die SS nicht gerechnet hatte: Es gab im Ghetto bewaffneten Widerstand. Deutsche wurden von Kugeln getroffen und getötet. Und nach wenigen Tagen wurde die Aktion abgebrochen, weil die Deutschen auf einen solchen Kampf nicht vorbereitet waren. Doch es war klar, was folgen würde: Nun würden sich die SS-Leute gründlich vorbereiten, um den Kampf gegen das Ghetto erneut zu beginnen. Das geschah im April.

Was geschah nach dem Ende des Aufstands mit den jüdischen Kämpfern?

So gut wie alle, die am Aufstand teilgenommen hatten, wurden entweder an Ort und Stelle erschossen oder nach Treblinka abtransportiert. Ganz wenige konnten sich retten.

Welche Bedeutung hat diese symbolische Tat für die Gegenwart?

Sie zeigt, wozu man fähig ist. Die Juden waren dazu erzogen worden, die Zehn Gebote sehr ernst zu nehmen, auch das Gebot »Du sollst nicht töten«. Man kann hinterher sagen, es sei bedauerlich, daß der bewaffnete Aufstand nicht viel früher erfolgt ist. Aber erst nach der ersten großen Deportation vom Juli 1942 begann die Vorbereitung des Aufstands, wurden Waffen besorgt und geheime Bunker angelegt.

Ist der Aufstand der Juden im Warschauer Ghetto ein einzigartiges Ereignis?

Ich kann nicht sagen, ob er ein einzigartiges Ereignis auf dem Erdball war. Ich kann nur sagen, es war das erste Ereignis dieser Art in der Geschichte der Juden. Spätere Aufstände in Wilna oder in Treblinka waren mit Sicherheit nur möglich, weil der Aufstand im Warschauer Ghetto Signalwirkung hatte.

Hat der Aufstand nicht auch besondere Bedeutung für den Staat Israel gehabt, der sich sehr selbstbewußt und stets verteidigungsbereit gibt?

Vielleicht sollte man das etwas anders formulieren. Dieses Verhalten hat seinen Ursprung in dem großen Bedauern, daß sich so viele Juden ohne Widerstand haben abtransportieren lassen.

Nach dem Motto: Das darf nie wieder passieren?

Ja, das war das entscheidende Wort. Daß dabei auch der Aufstand im Warschauer Ghetto Vorbildcharakter hatte, ja, das unterliegt wohl keinem Zweifel.

Hätten sich Ihre Kameraden im Ghetto mehr Unterstützung von seiten der christlich-polnischen Bevölkerung gewünscht?

Ja, die Juden haben sich mehr Hilfe von der sogenannten »arischen« Seite der Stadt Warschau erhofft. Natürlich! Sie hofften, mehr Waffen zu bekommen und vor allem nicht so furchtbar hohe Preise bezahlen zu müssen. Aber sie mußten sich mit der Situation abfinden, so wie sie war. Es war eine hoffnungslose Auflehnung gegen die Deutschen. Das ist denen, die sich widersetzt haben, von Anfang an völlig klargewesen. Sie machten sich keine Illusionen.

»Lebenslängliche Urteile gibt es in der Literatur nicht«

Gregor Gysi und Marcel Reich-Ranicki im Gespräch
im Deutschen Theater Berlin am 7. September 2003
in der Reihe »Gregor Gysi trifft Zeitgenossen«

Guten Morgen, Herr Reich-Ranicki. Ich habe mir elf Fragen überlegt und bin wild entschlossen, zumindest fünf zu stellen. Ihre Familie zog von Polen nach Berlin, nachdem Ihr Vater, ganz entgegen dem damaligen Ruf von Juden, mit seiner Firma Pleite gegangen war. Sie beschreiben in Ihrer Autobiographie »Mein Leben«, wie Sie ab 1934 innerhalb Ihrer Schulklasse zunehmend isoliert wurden. Wie verkraftet man das als Kind?
Zunächst will man dazugehören. Ich bin überzeugt, daß kein Mensch auf dieser Erde glücklich ist, einer Minderheit anzugehören. Es gibt Homosexuelle, die sagen: »Ich bin glücklich, daß ich homosexuell bin.« Genauso gibt es Juden, die behaupten, stolz darauf zu sein, daß sie Juden sind. Ich glaube kein Wort, sie gehören diesen Minderheiten an und müssen sich damit abfinden. Ich war in Berlin zunächst auf dem Werner-von-Siemens-Gymnasium. In dieser Schule waren etwa die Hälfte der Schüler Juden. Sie ist geschlossen worden, weil die Eltern emigrierten oder sich das Schulgeld nicht mehr leisten konnten. Im Fichte-Gymnasium, wo ich dann Abitur gemacht habe, waren wir in der Klasse drei oder vier Juden, nicht wie vorher fünfzehn. Alle Nichtjuden waren in der Hitlerjugend, sie nahmen an Festivitäten und Sportaktionen teil. Von alldem waren die Juden ausgeschlossen. Aber ansonsten wurden sie in meiner Klasse anständig behandelt. Es war auch schwer, die Schüler in meiner Klasse von der Minderwertigkeit der

Juden zu überzeugen: Der beste Einhundertmeterläufer war ein Jude und der beste Deutschschüler auch.

1938 wurden Sie nicht zum Studium zugelassen. Sie haben dann eine Lehre begonnen, sind nach Polen ausgewiesen worden und schließlich im Warschauer Ghetto gelandet. Was mich wundert: Sie haben ein solches Unmaß an Ungerechtigkeit erfahren und haben das nie auf deutsche Literatur oder Sprache übertragen. Oder doch?

Nein! Verzeihen Sie mir diese Abbreviatur, aber ich habe niemals Goethe mit Hitler verwechselt! Wenn ich im kommunistischen Polen mit einem Ausländer auf der Straße deutsch sprach und angebrüllt wurde, ich solle doch nicht die Sprache Hitlers sprechen, pflegte ich zu antworten: »Mit Verlaub, es ist die Sprache von Karl Marx und Friedrich Engels.« Und die Leute wurden still.

Sie haben erlebt, daß die verbrecherische Ideologie der Nazis so umfassend Wirkung zeigte, daß ein großer Teil der Bevölkerung nichts dagegen unternommen hat, sondern sogar glaubte, das sei richtig. Entwickelt man nicht für immer die Angst, daß Menschen zu instrumentalisieren und zu mißbrauchen sind?

Nein, die Verben »instrumentalisieren« oder »mißbrauchen« fielen mir in meiner Schulzeit nicht ein. Ich habe aber mitangesehen, und das hat mich sehr beeindruckt, wie Menschen durch wachsenden Wohlstand bestochen wurden. Der Vater eines Mitschülers, eigentlich ein ganz kleiner Beamter, war plötzlich Major der Wehrmacht. Die anderen hatten plötzlich Autos und fuhren in die Ferien nach Italien oder in die Schweiz. Dennoch bleibt mir eines schwer begreiflich: Täglich wurde im Rundfunk antisemitische Propaganda verbreitet, täglich wurde den Schülern in der Schule erklärt, daß Juden schreckliche Menschen seien. Trotzdem wurden die jüdischen Mitschüler in meiner Klasse tadellos behandelt. Warum? Haben meine Mitschüler an die Propaganda, daß die Juden das Unglück der Menschheit seien, nicht geglaubt? Doch, wahrscheinlich schon. Nur den jüdischen Mitschüler, mit dem sie schon seit fünf Jahren in einer Klasse waren, der ihnen bei mathematischen Aufgaben geholfen hat, haben sie mit dem Begriff »Weltjudentum« nicht identifizieren können. In unserer Klasse haben wir etwas Unerhörtes geschafft, etwas Einmaliges in der Geschichte des deutschen Schulwesens. Eine Woche vor der Abiturprüfung in Mathematik hatten wir alle Aufgaben, die gestellt wurden. Sie wurden vom besten Mathematikschüler gelöst, makellos. Wir trafen uns auf dem Hohenzollernplatz, um die Aufgaben auszutauschen und zu vereinbaren, wer für welche Note schreiben würde, damit jeder auf seinem Niveau die Aufgaben löste und kein Mißtrauen entstünde. Das Problem war: Wir drei jüdischen Schüler durften uns nicht auf die Bänke setzen, auf denen ein Teil unserer Mitschüler saß, denn die waren für Juden nicht erlaubt. Wir standen also daneben. Ich finde beides bezeichnend: daß wir die Aufgaben selbstverständlich bekommen haben und sie selbstverständlich so gelöst haben, wie es unter uns vereinbart war, und daß wir uns nicht auf die Bänke setzen konnten, auf denen die anderen saßen.

Sie sind zusammen mit Ihrer Frau in letzter Sekunde aus dem Warschauer Ghetto geflohen und bei einer polnischen Familie untergekommen. Ihr polnischer Retter, der dem Alkohol vielleicht etwas viel zusprach, hat eines Tages zu Ihnen gesagt …

»Adolf Hitler, Europas mächtigster Mann, hat beschlossen: Die zwei Menschen sollen sterben. Und ich, kleiner Drucker aus Warschau, habe beschlossen: Sie sollen leben. Mal sehen, wer gewinnen wird.« Toll, nicht?

Toll! Und er hat gewonnen. 1944 sind Sie durch den Einmarsch der sowjetischen Truppen befreit worden, sind Mitglied der kommunistischen Partei Polens geworden und haben im Außenministerium und für den Aufklärungsdienst des Geheimdienstes gearbeitet. Es ist später versucht worden, Ihnen daraus einen Vorwurf zu machen. Das Erstaunliche ist doch eher, daß Sie diesen Weg nicht weitergegangen sind.

Meine Frau und ich haben unser Leben der sowjetischen Armee zu verdanken. Wäre sie drei Tage später gekommen – vielleicht wären wir schon tot gewesen. Es ging um jeden Tag, um jede Stunde. Außerdem habe ich in meiner Jugend sehr viel linke Literatur gelesen, Autoren wie Kurt Tucholsky und Egon Erwin Kisch, Kritiker wie Alfred Polgar und Alfred Kerr und natürlich Brecht. Ich habe keine einzige Aufführung von Max Reinhardt im Theater gesehen, denn als Hitler an die Macht kam und Reinhardt fliehen mußte, war ich erst zwölf Jahre alt. Aber ich habe von 1934 bis 1938 viele Inszenierungen erlebt, die mich genau sehen ließen, was Reinhardt gemacht hatte, denn am Deutschen Theater herrschte sein bester Schüler und Gehilfe, Heinz Hilpert. Wie ja überhaupt die Theaterkultur im Dritten Reich weitgehend die Kultur der Weimarer Republik war, natürlich ohne die Juden. Außerdem stand ich unter dem Einfluß einer Zeitschrift, die ihre große Karriere zwanzig Jahre später gemacht hat, als es sie nicht mehr gab, nämlich der »Weltbühne«. Heute glaubt man, die »Weltbühne« sei das zentrale Organ der Weimarer Republik gewesen. Unsinn, sie war ein Intellektuellenblatt mit einer minimalen Auflage von zehn- bis zwölftausend. Während andere Karl May lasen, las ich in der »Weltbühne« Aufsätze von Tucholsky, Kisch und Polgar.

Aber Karl May haben Sie nachgeholt?

Ja, aber mein Vergnügen war sehr begrenzt. Mich hat gestört, daß die Hauptfigur immer ein Deutscher ist, der überall hinkommt, um Ordnung zu schaffen und mit Kollaborateuren befreundet ist. Der deutsche Übermensch, der Ordnung schafft, das ist das zentrale Motiv von Karl May.

Im Januar 1946 haben Sie das erste Mal Berlin nach dem Krieg gesehen. Wie kommt man zurück in eine solche Stadt?

Ich bin abends um acht Uhr in einem Auto reingekommen, es war ganz dunkel. Es sah so aus, als sei ganz Berlin zerstört. Furchtbar! In meinem inneren Monolog war von Freude und Genugtuung keine Spur. Im Gegenteil, ich dachte: »O Gott, steht das Haus am Gendarmenmarkt noch? Steht das Deutsche Theater noch?« Das Gefühl, daß es den Deutschen recht geschehen ist, daß man ihnen Berlin zerschlagen hat, gab es in mir nicht. Hier hatte ich die ersten Opernaufführungen meines Lebens gesehen, die ersten Theateraufführungen, das erste große Literaturerlebnis.

Also kein Siegergefühl?

Überhaupt nicht, am wenigsten in Berlin. Ich bin mehrere Monate dort geblieben und dann nach Warschau zurückgekehrt, weil man nicht erlauben wollte, daß meine Frau mitkommt.

Sie sind dann als Konsul der Republik Polen nach London gegangen und haben 1949 um Ihre Entlassung aus dem Dienst gebeten. Was für ein Bruch hatte sich da vollzogen?

Ein ganz wichtiger: Tito, die Prozesse in den neuen osteuropäischen Volksdemokratien, in Budapest, Sofia und Prag. Es stellte sich plötzlich heraus, daß alle führenden kommunistischen Politiker Agenten waren, womöglich Agenten der Gestapo gewesen waren, und daß in manchen Prozessen in Klammern nach den Parteipseudonymen die wahren Namen der Betroffenen folgten – und das waren jüdische Namen. Das hat mich erschüttert. Aber ich kam nicht auf die Idee, ich gestehe es ungern, im Westen zu bleiben. Ich bat um meine Entlassung und kehrte nach Warschau zurück. Das war sicher ein Fehler.

Sie sind dann aus der Kommunistischen Partei ausgeschlossen und für einige Wochen inhaftiert worden. Wie lautete die Beschuldigung?

Das hätte ich auch gern gewußt, den echten Grund weiß ich bis heute nicht. Wir waren in London mit einer sehr liebenswürdigen, geistreichen und anständigen Frau befreundet, die der erste Sekretär der polnischen Botschaft in London war. Mit ihr waren wir im Sommer 1949 auf einen Urlaub in Zakopane in der Tatra, der höchsten polnischen Bergregion an der Grenze zur Slowakei, verabredet. Man hat sie verhaftet, weil sie als Emigrantin im Krieg in der Schweiz gewesen war und man in Polen alle Leute, die in der Schweiz gewesen waren, beschuldigt hat, etwas mit einer politisch unliebsamen Person zu tun gehabt zu haben. Sie saß vier oder fünf Jahre im Gefängnis. Als sie entlassen wurde, hat man ihr mitgeteilt, es sei ein Mißverständnis, ein Irrtum, eine Kleinigkeit gewesen. Da meine Frau und ich mit ihr befreundet waren, mag das der Grund für meine Verhaftung gewesen sein. Man hat einen Schauprozeß gegen mich erwogen und schließlich die Sache fallengelassen: Es lohnte sich nicht, kleiner Fisch. Raus aus der Partei und Schluß.

Was passiert in einem, wenn man ein paar Wochen im Gefängnis sitzt und nicht weiß, weshalb und wie lange?

Ich wollte in meiner Zelle lesen. Das war ein großes Problem, denn es gab nur eine kleine Glühbirne. Ich habe um eine größere Glühbirne gekämpft und mir von meiner Frau ein Buch schicken lassen. Ich habe mich gefragt: Welches Buch lasse ich mir schicken? Sie werden doch bei allem politisch Fragwürdigen mißtrauisch. Dann habe ich gehört, daß es einen guten Roman von einer deutschen Kommunistin gibt, dessen Titel vielleicht nicht das Mißtrauen meiner Bewacher wecken würde. Es war »Das siebte Kreuz« von Anna Seghers. Sie werden es mir nicht glauben, aber der gesamte Aufenthalt im Gefängnis ist durch die Lektüre dieses Romans erleichtert worden.

Das ist ja auch ein toller Roman.

Ja! Der Umstand, daß ich in meiner Zelle mit der schwachen Glühbirne diesen Roman las, hat mich unentwegt denken lassen: Herrgott, das wäre doch die eigentliche Tätigkeit: mich mit Literatur und Romanen zu beschäftigen und nicht mit Politik. Als ich aus dem Gefängnis kam, fragte man mich, was ich beruflich tun wolle. Das war in der kommunistischen Partei damals so üblich. Ich habe gesagt: »Gibt es in Warschau einen Verlag, der sich mit deutscher Literatur beschäftigt?« Sie haben lange überlegt, einen solchen Wunsch hatte noch keiner geäußert. Ich bin dann einem Verlag zugewiesen worden, der genau das machte. Dort habe ich vor allem DDR-Autoren lektoriert, Willi Bredel, Bodo Uhse und so weiter. Dann bin ich aus dem Verlag raus und habe angefangen, Kritiken zu schreiben.

Sie hatten immer wieder Publikationsverbot und durften ab einem bestimmten Punkt gar nichts mehr veröffentlichen. Was war der Grund?

Ich war offiziell wegen ideologischer Fremdheit aus der Partei hinausgeschmissen worden, was auch nicht falsch war. Gleichzeitig war ich einem Verlag zugeteilt, in dem ich deutsche Literatur betreute. Dadurch war ich an der ideologischen Front tätig. Und ich habe in der »Nowa Kultura«, der wichtigsten

Wochenzeitung, Artikel geschrieben. Das Publikationsverbot war ein kafkaeskes Erlebnis. Niemand hatte mir gesagt, daß es ein Publikationsverbot gibt. Aber jede Zeitung und jede Zeitschrift in Polen, der ich einen Artikel lieferte, sagte mir: »Nein, über deutsche Literatur brauchen wir gerade nichts. Ihr Artikel ist sehr interessant, aber zu ausführlich«. Es dauerte Wochen, bis ich kapiert habe, daß sie eine Weisung bekommen hatten – nicht vom Zentralkomitee, sondern von der Zensurbehörde.

Es gab in Polen offiziell eine Zensurbehörde?

Ja, sie stand sogar im Telefonbuch, da konnte jeder anrufen. Die Straße, in der sie sich befand, hieß Mäusestraße, merkwürdig. Ich habe als Lektor einige Male damit zu tun gehabt. Als die Zensur ein Buch von Egon Erwin Kisch, »Paradies Amerika«, gebremst hat, wurde ich vorgeladen. Das sei doch ein altes Buch, das in einer anderen politischen Situation geschrieben worden sei. »Selbstverständlich«, habe ich gesagt, »ich habe zu diesem Buch ja auch ein Nachwort bei einem Parteigenossen bestellt.« Ich nannten den Namen, den kannte man gut, er war Redakteur bei der Parteizeitung. »Ach so«, sagte die Zensurbehörde, »dann ist ja alles in Ordnung.«

1958 sind Sie nach Frankfurt am Main gereist und nicht mehr nach Polen zurückgekehrt.

Aber ich habe um Erlaubnis gebeten! Ich habe einen Brief an die polnischen Behörden geschickt, daß ich meinen auf drei Monate berechneten Aufenthalt in der Bundesrepublik nicht unwesentlich ausdehnen möchte.

Haben Sie eine Antwort bekommen?

Nein, ich warte immer noch darauf.

Ist es Ihnen jemals in den Sinn gekommen, in die DDR zu gehen?

Nein, dazu war ich über die DDR zu gut informiert. Ich wußte, daß eine ganze Anzahl von Schriftstellern die DDR verlassen hatte. Und ich hatte als Lektor gesehen, wie die dortige Zensur arbeitete.

Wenn Sie nun schon in ein deutschsprachiges Land gehen wollten und wenn Sie in keinem kommunistischen Land mehr leben wollten, schon gar nicht Ende der vierziger Jahre, zu Hochzeiten Stalins, wieso sind Sie dann in die Bundesrepublik Deutschland gegangen und nicht in die Schweiz beispielsweise?

Ich wäre sehr gern in die Schweiz gegangen, es gab nur eine kleine Schwierigkeit. Ich hatte, als ich wegfuhr, von den polnischen Behörden fünf Dollar für drei Wochen bekommen. Mit diesem Kapital hätte ich keine Existenz in Zürich aufbauen können. In der Bundesrepublik sah das ganz anders aus. Ich meldete mich bei der Polizei und sagte: »Ich habe in diesem Land gelebt und wurde Ende 1938 deportiert.« Und schon hatte ich eine Aufenthaltserlaubnis und konnte die Staatsangehörigkeit beantragen.

Sie kamen aus einem kommunistischen nicht einfach in ein nichtkommunistisches Land, sondern in ein zutiefst antikommunistisches Land. War das kompliziert?

Eigentlich nicht. Ich hatte in Warschau ab und zu den »Spiegel« lesen können und hatte mit Schriftstellern zu tun gehabt, die aus der DDR und später auch aus der BRD zu Besuch kamen. Ich wußte ungefähr, was sich in dem Land abspielte. Außerdem kamen sofort meine Frau, die vor mir nach Paris gefahren war, und mein Sohn hinterher, den ich bei meiner Schwester in London deponiert hatte. Ich mußte darüber nachdenken, wie ich Geld verdiene, um Handtücher und Bettwäsche zu kaufen.

Wurde es später für Sie ein Problem, daß beispielsweise Frankreich und Italien mit dem Kommunismus anders umgingen als die BRD?

Ja, weil ich damit in meiner Arbeit als Kritiker häufig konfrontiert wurde. Als ich zum ersten Mal in der Frankfurter Allgemeinen Zeitung war, hat mich Friedrich Sieburg, der damalige Literaturchef, gefragt: »Worüber möchten Sie schreiben?« Ich habe gesagt: »Ich habe den Eindruck, daß die Literatur, die in der Zone entsteht« – ich habe nicht DDR gesagt, um ihn nicht zu provozieren – »in Ihrer Zeitung nicht behandelt wird.« Er schwieg, er war verwirrt. Ich hätte genausogut sagen können: »Mir fällt auf, daß albanische Ballettkunst in Ihrer Zeitung unterbelichtet ist.« »Darüber möchten Sie schreiben?« »Ja, es ist gerade ein neuer Roman von Arnold Zweig erschienen.« Ich habe absichtlich Arnold Zweig genannt, weil ich wußte, daß Sieburg ihn aus der Weimarer Republik kannte. »Ja«, sagte er, »der Zweig, der ist ein literarischer Gegenstand.« Was heißen sollte: Die anderen nicht. Ich bekam dann das Buch zur Besprechung. Ich mußte der Sekretärin »Aufbau-Verlag« diktieren. Sie fragte: »Auf Bau?« »Nein, Aufbau-Verlag, in einem Wort.« Hatte sie noch nie gehört. Dann passierte etwas, womit ich nicht gerechnet hatte: Meine Kritik wurde ungekürzt auf der ersten Seite der Messebeilage der »Frankfurter Allgemeinen Zeitung« gedruckt. Ein Kollege von mir hat daraufhin gesagt: »Sie sind schon auf der ersten Seite – ein bißchen lang die Kritik.« Er hat schon geahnt, daß da ein Konkurrent kommt.

Sie haben also den anderen Umgang der BRD mit dem Kommunismus an der Art der Literaturbesprechung gemerkt.

Ich will Ihnen noch ein Beispiel geben. Ich hatte dem Feuilletonchef der »Welt« vorgeschlagen, eine Porträtserie über Schriftsteller wie Peter Huchel, Willi Bredel, Bodo Uhse und Hans Mayer zu machen. »Ja«, sagte er, »das ist interessant. Jeden Sonnabend auf der Literaturseite eine Spalte von oben nach unten, rechts außen.« Das Problem war, wie die Serie heißen sollte. Die Redaktion wollte sie »Literatur aus der Zone« nennen. Da war ich dagegen, ich wollte sie »Literatur aus der DDR« nennen. »Nein, ausgeschlossen!« Springer-Konzern, 1959. Jemand hat dann die Lösung gefunden, vielleicht ich selbst. »Nennen wir die Serie ›Deutsche Schriftsteller jenseits der Elbe‹.« Heute klingt das komisch, damals war das nicht so heiter.

Wie war es möglich, daß Sie innerhalb von so kurzer Zeit Anerkennung als Literaturkritiker finden konnten? Wenn heute ein polnischer Jude in Ihrem damaligen Alter mit fünf Dollar in der Tasche nach Deutschland käme, glaube ich nicht, daß er eine reale Chance hätte, in der »Zeit«, der »Frankfurter Allgemeinen Zeitung« und der »Welt« so schnell Karriere zu machen.

Ich hatte mir angesehen, was in den Zeitungen der BRD über Literatur geschrieben wurde. Das meiste mißfiel mir, es war viel zu kompliziert, viel zu sehr für die Kollegen oder eine intellektuelle Elite geschrieben. Damals sagte ich meiner Frau: »Ich werde ein Experiment machen. Ich werde ganz klar und deutlich schreiben. Ich werde damit in der Hierarchie der Literaturkritik ganz unten oder ganz oben landen, dazwischen nicht.« Jahre später habe ich gemerkt, woher mein Stil kam. Ich stand unter dem Einfluß von Tucholsky, Kerr, Polgar, Jacobsohn, von der Kritik und dem Journalismus der Weimarer Republik. Es gibt eine Journalistenanekdote, die mir wahnsinnig gefällt. Sie handelt von Siegfried Jacobsohn, dem Herausgeber der »Weltbühne«, dem eines Tages der junge Tucholsky ein Manuskript bringt. Jacobsohn liest es und ruft ihn ins Zimmer: »Herr Tucholsky, ich habe gelesen, was Sie da geschrieben haben. Eigentlich verstehe ich nicht, was Sie sagen wollen.« Da sagt Tucholsky: »Ich wollte sagen, daß ...«

»Halt«, sagt Jacobsohn, »das, was jetzt kommt, schreiben Sie auf.« Ich habe das, was ich sagen wollte, klar geschrieben und außerdem das geschrieben, was ich wirklich glaubte. Das hat mir viel Kummer gebracht. Ich habe keine Gefälligkeitskritiken geschrieben, nicht mal für Heinrich Böll, der mir am Anfang die Bescheinigung ausgestellt hat, daß er für meinen Lebensunterhalt in der BRD aufkommen könnte, falls es nötig würde. Die Bescheinigung habe ich bis heute.

Haben Sie je Gebrauch davon gemacht?

Nie, ich habe ja gleich angefangen zu schreiben.

Sie haben sich damals relativ selten politisch geäußert. Dabei war es die Zeit, als frühere Nazifunktionäre in der Bundesrepublik und ihren Institutionen eine große Rolle spielten: Hans Globke im Bundeskanzleramt, Hans Speidel in der Bundeswehr und Reinhard Gehlen im Bundesnachrichtendienst. Damit umzugehen, dürfte Ihnen eigentlich nicht leichtgefallen sein. Haben Sie sich dafür nicht zuständig gefühlt?

Als ich Polen verließ, habe ich beschlossen, nie wieder einer Partei beizutreten, welcher auch immer. Außerdem wollte ich mich in der BRD mit Literatur beschäftigen und nicht in das politische Leben eingreifen. Wenn mich heute eine Presseagentur anruft und fragt: »Was halten Sie von den politischen Interventionen von Gregor Gysi?«, sage ich: »Ist nicht meine Kompetenz. Wenn Herr Gysi einen Roman schreibt, kann ich mich gerne dazu äußern.«

Ich kann Ihnen versichern, solange auch nur die Andeutung der Gefahr besteht, daß Sie ihn lesen könnten, werde ich das bleiben lassen.

Ich habe mich in die Politik nur eingemischt, wenn die Politik sich um die Literatur gekümmert hat. Als beispielsweise der erste Außenminister der Bundesrepublik, Heinrich von

Brentano, über Brecht sagte, er sei ein neuer Horst Wessel, habe ich über von Brentano geschrieben, mit aller Deutlichkeit. Und natürlich habe ich mich um die politischen Tendenzen der neuen deutschen Literatur gekümmert. Man kann über Romane von Heinrich Böll, Wolfgang Koeppen, Martin Walser oder Siegfried Lenz ja nicht schreiben und das Politische ignorieren.

Sie haben mal gesagt, daß Sie bei der »Frankfurter Allgemeinen Zeitung« die schönste Zeit Ihres Lebens hatten.

Ich kann auch genau erklären, warum. Zwischen der »Frankfurter Allgemeinen Zeitung« und mir wurde die Vereinbarung getroffen, daß ich die Leitung des Ressorts Literatur und literarisches Leben übernehme und daß in der »Frankfurter Allgemeinen Zeitung« alle Schriftsteller, ungeachtet ihrer politischen Anschauung und ihrer Zugehörigkeit zu politischen Organisationen oder Parteien, gedruckt werden können, solange sie zur deutschen Literatur gehören. Jetzt kam der wichtigste Punkt: Wer zur deutschen Literatur der Gegenwart gehört, bestimmte ich. Der Herausgeber Joachim Fest hat das akzeptiert. Kein einziger Artikel, kein einziges Gedicht, keine einzige Geschichte, die ich wollte, blieb in den fünfzehn Jahren, in denen ich dieses Ressort geleitet habe, ungedruckt. Das hat gelegentlich zu Mißstimmungen geführt. Eines Tages druckte ich ein Gedicht des linken Rabauken Peter-Paul Zahl, der im Gefängnis saß, weil er einen Polizisten mit einem Revolverschuß schwer verwundet hatte. Kommentiert hat es Erich Fried. Ein Kommunist hat damals gesagt: »Mit Verlaub, noch linker geht es nicht: Erich Fried über Peter-Paul Zahl.« Mit Erich Fried habe ich später in einem anderen Zusammenhang Unannehmlichkeiten gehabt. Anläßlich der Schleyer-Ermordung hat er ein Gedicht geschrieben: »Die

Muse habe ihm gesagt, ihr habt einen Fehler gemacht. Ihr hättet nicht Schleyer ermorden sollen, sondern Karl Friedrich Fromme.« Fromme war Redakteur der »Frankfurter Allgemeinen Zeitung«. Seine Ansichten waren auch nicht die meinigen, aber ich war dagegen, ihn zu ermorden, schon aus eigenem Interesse. Ich habe daraufhin Fest offiziell mitgeteilt: »Wegen dieses Gedichts wird die Zusammenarbeit zwischen der ›Frankfurter Allgemeinen Zeitung‹ und Erich Fried einstweilen unterbrochen.« Ein anderer Herausgeber sagte: »Ist ja gut, aber warum nur einstweilen?« Ich antwortete: »Lebenslängliche Urteile gibt es in der Literatur nicht.« Nach ungefähr einem Jahr habe ich Fried angerufen: »Hast du ein neues Gedicht? Schick mir mal was!« Er schickte und ich druckte. Kein Hahn hat danach gekräht.

1988 haben Sie »Das Literarische Quartett« gegründet. Wer ist auf die Idee gekommen, Literaturkritik ins Fernsehen zu bringen?

Zwei Herren vom ZDF kamen zu mir und haben gesagt: »Wir möchten irgend etwas über Literatur im Fernsehen machen. Haben Sie eine Idee?« Ich wollte das nicht machen, also habe ich Bedingungen gestellt, tödliche Bedingungen. Ich habe gesagt: »Gut, eine Sendung über Literatur, aber sie muß 75 Minuten dauern.« »75 Minuten, gut.« Dann habe ich gesagt: »Ich möchte, daß über Bücher diskutiert und offen gesagt wird, was etwas taugt und was nicht. Und ich möchte Gesprächsleiter und auch Diskutant sein.« »Ja, einverstanden.« Jetzt kommt das Weihwasser, mit dem der Teufel vertrieben werden sollte: »Vier Leute, keine Filmeinblendungen, keine Lieder, keine Stripteaseauftritte, nichts. Nur vier Gesichter und Worte, Worte, Worte.« Da wurden sie schwach: »Das geht nicht, Fernsehen ist ein visuelles Medium.« Da habe ich gesagt: »Falsch, Fernsehen ist kein visuelles, sondern ein auditives Medium. Man muß vor allem richtig reden.«

Viele haben von Ihnen erwartet, daß Sie ihre Bücher besprechen und viele, deren Bücher Sie besprochen haben, hatten Angst davor, wie Sie sie besprechen. Wie hält man das durch?

Es gibt einen Trost im Leben eines Kritikers. Ein Kritiker schreibt eine ungünstige Kritik, partiell ungünstig, halb ungünstig, ganz ungünstig. Der Autor leidet furchtbar, hält den Kritiker für einen Verbrecher, Betrüger, Nichtskönner. Aber es gibt eine Situation, in der der Autor noch mehr leidet: Sein Buch erscheint, die Kritik schweigt. Diese Stille gellt in den Ohren des Autors. In Momenten, in denen wir Kritiker an unserem Beruf zweifeln, ist das Leiden am Schweigen der Kritik ein Trost.

Ihren Streit mit Sigrid Löffler, mit der Sie über lange Zeit gemeinsam »Das Literarische Quartett« bestritten, haben viele mitbekommen. Hat Ihnen das im nachhinein ein bißchen leid getan, oder mußte es irgendwann so kommen?

Ich hatte »Gefährliche Geliebte«, einen Roman des bedeutenden japanischen Autors Haruki Murakami, vorgeschlagen, einen erotischen Roman. Frau Löffler hatte nur das erste Kapitelchen gelesen, fand drei oder vier ordinäre Formulierungen und hat gesagt: »So eine Literatur will ich nicht haben.« Das ist dasselbe, wie wenn im achtzehnten Jahrhundert ein Theaterstück erscheint, einer es durchblättert, »Leck mich im Arsch« findet und das Stück wegwirft. Aber es war der »Götz von Berlichingen« von Goethe. Diese ordinären Formulierungen, an denen sich Frau Löffler so störte, sind nur im ersten Kapitel des Romans zu finden, weil da der Held fünfzehn oder sechzehn Jahre alt ist. Danach ist es ein sehr zarter, poetischer und schöner Roman. Und Murakami ist, soweit ich weiß, der aussichtsreichste japanische Nobelpreiskandidat. Frau Löffler hat mit aller Kraft gegen diesen Roman argumentiert, weil ihr diese drei oder vier Formulierungen mißfielen.

Sie sind sehr persönlich geworden.

Ja, ich bin persönlich geworden. Ich habe gesagt: »Bei allen erotischen Romanen sind Sie immer dagegen.« Herrgott, ich wußte nicht, daß das so furchtbar beleidigend ist! Es gibt doch Menschen, die erotische Romane lieben, und andere, die daran kein Interesse haben. Ist das eine solche Beleidigung der Würde einer Frau? Ich war bereit, und das habe ich ihr schriftlich gegeben, sie öffentlich im Fernsehen um Entschuldigung zu bitten. Aber nein, sie wollte einen hochdramatischen Abgang wie Jeanne d'Arc.

Günter Grass hat mal gesagt, daß Sie sehr urteilsförmig sprechen. Sie sagen nicht: »Ich finde diesen Autor nicht besonders begabt«, sondern: »Dieser Autor ist unbegabt.«

Die einen schreiben: »Dieser Autor ist ein wichtiger Autor mit großen Fähigkeiten. Allein, es besteht das Recht, an seiner Begabung ein wenig zu zweifeln« und so weiter. Das dauert fünf Minuten. Ich sage: »Er ist leider nicht begabt. Schluß.« Kritik muß klar sein. Und Klarheit wird von den Betroffenen oft als grausam empfunden. Die Frage ist doch, auf wen der Kritiker mehr Rücksicht nehmen sollte – auf die Autoren, über die er schreibt, oder auf die Leser seiner Kritik? Ich glaube, auf die Leser. Ich gebe Ihnen einen guten Ratschlag: Werden Sie nicht Kritiker, das ist nicht so einfach wie Politiker.

Das stimmt, wobei ich eine Phase im Bundestag hinter mich gebracht habe, in der ich den Eindruck hatte, daß es schon genügt, einfach da zu sein, um sich unbeliebt zu machen. Ich mußte gar nichts getan oder gesagt haben.

Das ist mir nicht fremd.

Als »Die Blechtrommel« von Günter Grass erschien, haben Sie den Roman kritisiert. Jetzt haben Sie ihn in Ihren Kanon der deutschen Literatur aufgenommen. Wie kommt so etwas zustande?

In zwei Wochen erscheint ein Buch, das ich Ihnen von Herzen empfehlen kann. Es heißt »Unser Grass« und ist von mir. Darin können Sie die Kritik über »Die Blechtrommel« von 1960 nachlesen und meine Revision dieser Kritik, die ich zwei oder drei Jahre später geschrieben habe. Da steht: »Eigentlich ist alles, was ich über ›Die Blechtrommel‹ geschrieben habe, richtig. Nur habe ich einen großen Fehler gemacht. Das Positive, das auch über ›Die Blechtrommel‹ zu sagen ist, kommt bei mir nur ganz klein vor. Das hätte viel breiter dargestellt werden sollen.« Wahrscheinlich war meine erste Kritik eine Reaktion auf den Enthusiasmus der gesamten deutschen Presse über das Buch, so daß ich dachte: Vorsicht, Vorsicht.

Fontane hat mal gesagt, daß er bei allem, was er über Literatur und Theater geschrieben hat, auch das Umgekehrte hätte schreiben können. Das ist gar nicht so blöde, denn natürlich kann man auch die andere Seite eines literarischen Werks in den Vordergrund schieben. Ich habe sehr positiv und enthusiastisch über die Gedichte von Günter Grass geschrieben. Sind sie alle ideal und makellos? Nein, aber ich hielt es nicht für nötig, auf die eventuellen Schwächen einzugehen. Wenn ich mich entschließe, einen Gedichtband zu unterstützen, dann mit Volldampf voraus zugunsten des Autors.

Als Dialektiker ist man mehr für »einerseits/andererseits«.

Sie nennen es Dialektik, ich nenne es Feigheit. Lieber ein bißchen Mut zur eigenen Ansicht.

Kritiker ist doch eigentlich der am besten geeignete Beruf, um sich korrumpieren zu lassen. Sie haben den Ruf, daß Sie nicht

korrumpierbar sind. Wie hält man das durch?
Sehr schwer. Ich habe in der »Zeit« den ersten Roman von Reinhard Baumgart, einem wichtigen Kritiker, verrissen. Daraufhin hat er ein Buch von mir im »Spiegel« verrissen und einen schrecklichen Satz über mich geschrieben, einen Satz, mit dem er mir ein unerhörtes Unrecht angetan hat. Er hat gesagt, daß ich ein Unbestechlicher sei! Alle haben ihm geglaubt, und ich habe nie mehr ein Angebot bekommen.
Schreibt man als Kritiker eigentlich über seine Freunde?
Das ist ein ernstes Problem. Ich bin seit vierzig Jahren mit Siegfried Lenz befreundet. Ich habe mehrfach über ihn geschrieben, Geburtstagsartikel, Laudationes, aber nie Kritiken über seine Bücher. Er hat sich damit abgefunden. Ob er glücklich darüber ist, weiß ich nicht, vielleicht sollte er es sein. Manche Freunde und Bekannte verübeln mir, daß ich noch nie über ihre Bücher geschrieben habe. Ich empfehle ihnen immer zu überlegen, was geschehen wäre, wenn ich geschrieben hätte.
Ich hätte Ihnen gerne noch zwei Fragen zu zerbrochenen Freundschaften gestellt, die in Ihrem Leben wichtig gewesen sind, zu Walter Jens und Joachim Fest. Aufgrund der fortgeschrittenen Zeit spare ich mir das und verweise lieber auf Ihre Autobiographie »Mein Leben«, in der man das gut nachlesen kann. Herr Reich-Ranicki, Sie haben sich, wie viele andere auch, oft die Frage gestellt: »Warum habe gerade ich überlebt?« Das ist eigentlich die blödeste Frage, die man sich stellen kann, denn die eigentliche Frage lautet: »Warum durften die anderen nicht überleben?« Daß dieser kleine polnische Drucker gegen Adolf Hitler gewonnen hat, ist ein starker Moment des letzten Jahrhunderts. Dafür sollten wir ihm danken und Ihnen für dieses hochinteressante Gespräch.

»Ich lasse mich nicht beirren«

»Stern«, 9. Oktober 2003
Das Interview führten Stephan Draf
und Michael Stössinger.

Herr Reich-Ranicki, auf der Frankfurter Buchmesse stellen Sie den zweiten Teil Ihres Literaturkanons vor – hundertachtzig deutsche Erzählungen. Dabei mußten Sie sich schon im vergangenen Jahr für Ihren Romankanon als »Kulturkommissar« verspotten lassen. Sind Sie nicht belehrbar?
Ich bedauere es, daß Sie sich auf Äußerungen von Schwachsinnigen berufen. Ich bin belehrbar, aber ich lasse mich nicht beirren. Mein Kanon ist natürlich kein Gesetzbuch und keine Anordnung, vielmehr ein Hinweis, ein Vorschlag, eine Empfehlung.
Sind Erzählungen leichter unters Volk zu bringen als Romane? Immerhin sind sie kürzer.
Nicht doch: Erzählungen, zumal Kurzgeschichten sind schwieriger zu lesen, man muß sich viel mehr konzentrieren. Bei einem Roman können Sie auch mal zwanzig Zeilen verschlafen, der Autor sagt Ihnen in der Regel mehrmals, worum es ihm geht. Wenn Ihnen das bei einer Kurzgeschichte passiert, verstehen Sie vielleicht die ganze Erzählung nicht mehr.
Ohne Kanon, haben Sie gesagt, fallen wir zurück in die Barbarei. Warum hat uns dann die schönste deutsche Literatur nicht vor Auschwitz bewahrt?
Hitler wurde von der Mehrheit des deutschen Volkes gewählt, bewundert und geliebt. Aber die Mehrheit des Volkes liest keine Literatur, jedenfalls keine, die sich ernst nehmen

ließe. So konnte die herrliche Literatur der Weimarer Republik mit Thomas Mann an der Spitze politisch nichts bewirken. Es gehört übrigens zu den Sünden der Literaturkritik, daß sie sich damals um die Trivialliteratur, beispielsweise die Romane der Hedwig Courths-Mahler, überhaupt nicht gekümmert hat. Man hätte zeigen müssen, wie das Zeug gemacht ist. Die Medizin kann auf die Stuhlgang-Analyse auch nicht verzichten.

Die Kritik muß auch Trivialliteratur besprechen?

Als ich Kritiker der »Zeit« war, 1960 bis 1973, habe ich mit dem Blatt vereinbart: Einmal jährlich rezensiere ich ein Buch der Trivialliteratur. Und das habe ich auch getan: ein Buch von Luise Rinser, von Hans Habe, von Willi Heinrich und dergleichen. Ich habe versucht zu erklären und nachzuweisen, wie diese Bücher gemacht sind. Es hat ja keinen Sinn zu sagen: Das ist Kitsch.

Ihr Kanon fällt in eine Zeit, in der die Deutschen erkennen, was sie alles nicht wissen. Wollten Sie vom Boom der Wissenssendungen und Quiz-Shows profitieren?

Der Gedanke, daß ich von einem Boom profitieren wollte, ist absurd. Immer schon war ich an den Lehrplänen für den Deutschunterricht in den verschiedenen Ländern interessiert. Alle Lehrpläne sind viel zu üppig. Dem Lehrer soll die Auswahl überlassen werden, das ist schon richtig. Nur hat es keinen Sinn, gleich hundert und noch mehr Titel zu nennen. Bisweilen wurden in den Ministerien ganze Namenslisten aus Lexika abgeschrieben, nicht selten übrigens Autoren, die in der Nazizeit besonders beliebt waren.

Wo würden Sie streichen?

Für die Schiller-Dramen muß man genug Zeit haben. Aber man kann und muß wohl auf »Die Jungfrau von Orleans«

verzichten und auf »Die Braut von Messina«, auch auf den »Fiesco«. Hingegen sollte man den »Don Carlos« und den »Wallenstein« behandeln, auch »Kabale und Liebe«, eventuell den »Wilhelm Tell«, den man aber unbedingt als Drama über den politischen Mord deuten sollte. Von Goethe vor allem »Faust I«, von Kleist »Der Prinz von Homburg« und mindestens zwei bis drei Erzählungen.

Welche Lyriker sollten behandelt werden?

Goethe, Heine und Brecht.

Alles andere ist verstaubt?

Ganz prinzipiell: Es gibt in jeder Epoche Autoren, die Wichtiges, Bedeutendes geleistet haben und die wir schätzen und bewundern sollen. Aber fünfzig oder hundert Jahre nach ihrem Tod sind sie meistens passé. Da gab es nach dem Zweiten Weltkrieg das Theaterstück »Draußen vor der Tür« von Wolfgang Borchert, ein wichtiges, ein bedeutendes, ein überaus erfolgreiches Stück. Es wurde zu Recht an unzähligen deutschen Bühnen gespielt, es wurden überall Schulaufsätze über das Stück geschrieben. Alles war richtig, war nötig – nur, es war ein Stück dieser Zeit. Es hat gewirkt, zwanzig, beinahe dreißig Jahre, und dann war es, um es ganz kraß und simpel zu sagen, überlebt.

In Ihrem Dramenkanon, den Sie sich als nächstes vornehmen, wird das Stück nicht auftauchen?

Nein. Ich biete jetzt wie immer Angriffsfläche für all meine Feinde, die werden sich gleich darauf stürzen. Man kann sagen, ein guter Roman wirkt noch höchstens fünfzig Jahre nach dem Tod des Autors, aber nicht länger. Mit Ausnahme der genialen Romane. Das sind aber wenige.

Bei den Erzählungen ist Theodor Storm prominent vertreten. Dessen Klassiker wie »Der Schimmelreiter« hatten zwar in den fünfziger und sechziger Jahren Riesenauflagen – sind aber heute kaum noch präsent. Und schon die Kritik zu Storms Zeiten schrieb von »provinzieller Husumerei«.

Es fragt sich, ob das Provinzielle schlecht ist. Und der Storm steht ja auch für eine Zeit, zwischen 1850 und 1880, als die deutschen Schriftsteller ihrer Umwelt im Roman nicht mehr gewachsen waren. Und ich will Ihnen noch was sagen: Die Erzählung »Die Söhne des Senators« ist im Kanon, weil sie zeigt, wo Thomas Mann für seine »Buddenbrooks« gelernt hat.

Sie schließen auch Märchen mit ein. Die liest man als Kind und dann nie wieder. Das soll nicht verstaubt sein?

Es ist sehr gut möglich, daß heute einer ein Märchen von Wilhelm Hauff wie den »Kalif Storch« liest und merkt: Das ist ja eine Geschichte mit doppeltem Boden. Ein Gleichnis. Das habe ich als Kind nicht verstanden.

Sie fordern, daß Literatur unterhalten soll.

Viele greifen mich deswegen an: »Er will ja doch nur Unterhaltungsliteratur haben!« Ich bin schon müde, darauf zu antworten.

Was verstehen Sie denn darunter – simple Figuren, einfache Handlungen?

Das stimmt alles nicht. Ich habe nie Unterhaltungsliteratur gewünscht. Ich habe von der Unterhaltsamkeit der Literatur gesprochen. Unterhaltungsliteratur ist eine Literatur, die nur unterhalten will, dabei macht der Autor allerlei unwürdige Zugeständnisse. Unterhaltsam kann aber auch die größte Literatur der Welt sein: Der unterhaltsamste deutsche Roman, den ich kenne, sind die »Buddenbrooks«.

Die schwer überschaubare Geschichte einer Lübecker Kaufmannsfamilie, ausgebreitet auf fast achthundert Seiten – für viele Leser ist das harte Arbeit.

Die meisten Leute lesen lieber achthundert als zweihundert Seiten! Und bei diesem Buch werden sie reich belohnt: Denn in den »Buddenbrooks« findet der Leser, wonach er bewußt oder unbewußt lechzt, was er braucht, was er will, wonach er sich sehnt: nämlich sich selber. Dazu: ein ungeheurer Reichtum an Figuren und mehr: Die meisten sind sehr humorvoll dargestellt, sie werden verspottet, aber milde verspottet. Das ist von einem menschenfreundlichen Autor geschrieben, der für alle Figuren eine Schwäche hat. Wolfgang Koeppen hat mal gesagt: Der gute Schriftsteller muß sogar mit dem Henker Mitleid haben. Unterhaltsam sind Romane, in denen die Leute sich selber, ihre Welt, ihren Freundeskreis entdecken und in denen das alles nicht abstrakt gezeigt wird, sondern mit konkreten Figuren und Motiven.

Aber in der deutschen Literatur findet man das doch eher selten.

Sie haben recht: Das Ausweichen in die Abstraktion ist eine der Krankheiten des deutschen Romans. Aber es geht auch anders: Ich habe mit meiner Frau nach unserer Flucht aus dem Warschauer Ghetto 1943 bei einem einfachen polnischen Setzer in einem Vorort von Warschau überlebt. Damals gab es öfter keinen Strom, dann saß man bei Karbid-Lampen. Und ich wurde gebeten, Geschichten zu erzählen. Da habe ich »Kabale und Liebe«, diese wunderschöne Geschichte einer unmöglichen Liebe, erzählt. Ich habe den Namen Schiller überhaupt nicht erwähnt. Der Setzer hat zugehört und gesagt: »Weißt du, es ist unglaublich – was du erzählt hast, ist für mich so wichtig. Dieser Sekretär Wurm, dieser Intrigant, ich habe ihn gekannt, er war einer meiner Chefs, genauso einer wie der Wurm war mein Chef in der Druckerei – so ein Schweinehund.«

Wie ist es denn in der Gegenwart um die schönen Geschichten bestellt?
Von hundert Büchern, die erscheinen, sind achtundneunzig schlecht. Das neunundneunzigste ist schwach. Und beim hundertsten sind wir unsicher.
Nur bei »Harry Potter« scheinen sich die Leser sicher zu sein.
Halt, halt! Dazu kann ich nichts sagen. Ich habe nicht eine Zeile gelesen. Aber ich finde, es ist besser, die Leute lesen so einen »Harry Potter« als überhaupt nichts. Da können sie sich jedenfalls üben in der Kunst, Buchstaben zu lesen, und werden dann vielleicht – nicht gleich – zu, sagen wir, Joseph Roth kommen.
Ähnlich wie der polnische Setzer erkennen Sie sich in einer Erzählung von Thomas Mann wieder, die sich auch im Kanon findet: »Tonio Kröger«.
Ja, das ist eine sehr persönliche Sache.
Kröger sagt, es würde ihn »glücklich machen, unter Menschen einen Freund zu besitzen. Aber bislang habe ich nur unter Dämonen, Kobolden, tiefen Unholden und erkenntnisstummen Gespenstern, das heißt unter Literaten Freunde gehabt«. Fühlen Sie sich da erkannt?
Im ganzen »Tonio Kröger«. In dem Gefühl vor allem, ein Außenseiter zu sein. Dazu hatte ich nun in meinem Leben, in meiner Jugend, viel Anlaß.
Kröger sagt am Ende: »Ich stehe zwischen zwei Welten, bin in keiner daheim.«
Ja.
Die Literatur gibt Ihnen keine Heimat?
Ich habe oft Heine zitiert: Die Juden hätten aus der Heiligen Schrift ein tragbares Vaterland gemacht. Und ich habe gesagt: Mein tragbares Vaterland ist die deutsche Literatur. Aber es

ist doch nur ein Ersatzvaterland. Und glücklicher sind jene, die sagen können: Mein Vaterland ist die Mark Brandenburg.

Die Hingabe zur Literatur erzeugt ein merkwürdiges Bild von Ihnen. Der Schriftsteller Mario Vargas Llosa schrieb: »Wenn er spricht, wird er großherzig, wenn seine Gedanken um Menschen kreisen, werden sie kalt, bisweilen eisig.«

Er kennt mich doch gar nicht. Daß ich über Menschen eisig schreibe … die Leute haben gesagt, die Schilderung in meiner Autobiographie, wie ich meine künftige Frau kennengelernt habe, sei ein großer Liebesroman.

Fühlen Sie sich verkannt?

Alles in allem: Nein.

In Ihrer Autobiographie hätte man dennoch gern mal gelesen, wie Sie sich ein fünfgängiges Abendessen schmecken lassen.

Sie berühren da eine Sache, die schon oft zu Streit mit meinen Bekannten führte. Mich interessiert das Essen nicht. Ein Freund von mir, der Schriftsteller Wolfgang Hildesheimer, konnte mit dem Auto vier Stunden fahren von der Schweiz zu irgendeinem Ort in Italien, weil es da einen bestimmten Fisch gibt. Ich würde nicht fünf Minuten irgendwohin fahren, weil es da einen bestimmten Fisch gibt. Ich muß diesem Terror nicht unterliegen. Ich habe wohl über den Hunger im Ghetto geschrieben, aber ein dolles Steak – das ist nicht meine Sache.

Was ist denn Ihre Sache? Was möchten Sie beweisen?

Daß gute Literatur die Vielseitigkeit der Welt zeigt. Ich möchte den Lesern erklären, warum bestimmte Bücher gut und schön sind. Ich weiß, daß viele Millionen Menschen sagen, das Leben wird reicher und schöner durch Fußball. Ich habe ja nichts dagegen – aber Literatur kann das auch. Und mit dem »Beweisen« ist es so eine Sache: Mein Sohn erzählt gern die Geschichte von jenem Mathematiker, den man in

Goethes »Iphigenie« geführt hat und der nachher sagte: »Na ja, das ist nicht schlecht, aber was beweist das?«

Ihr Sohn Andrew ist Professor für Mathematik in Edinburgh. Interessiert er sich für Literatur?

Ja. Aber seine Leidenschaft ist schwierige Mathematik: Topologie. Ich habe nie genau verstanden, was er macht. Als ich jünger war, bat ich ihn, mir zu erklären, was Topologie ist. Da hat er gesagt: »Wieviel Zeit hast du? Bis du es begreifst, dauert es etwa drei Monate.«

Versteht er Ihre Begeisterung?

Na ja. Ich habe mal über eine Schiller-Ausgabe geschrieben: Diese fünf Bände nehmen auf dem Regal dreizehn Zentimeter Platz ein. Mein Sohn war gerade fünfzehn Jahre alt, las das und sagte: »Das einzige, was ihr konkret und zuverlässig über Literatur sagen könnt: dreizehn Zentimeter auf dem Bücherregal.«

Was haben Sie ihm denn zu lesen gegeben, als er klein war?

Also, ganz wichtig: Erich Kästner. Ich halte »Emil und die Detektive« für ein bahnbrechendes, literarisch und historisch wichtiges Buch. Damit hat die moderne Literatur für Kinder begonnen.

Mehr gab's nicht?

Natürlich. Ich habe mal mit ihm ein großes Erlebnis gehabt: Als wir Polen verließen, da war er neun Jahre alt. Ich habe ihm nicht gesagt, daß wir nicht zurückgehen, weil ich Angst hatte, daß er sich verplappert und ich verhaftet werde. Er hat mir das – wir waren in London – sehr übelgenommen. Da habe ich ihn gefragt: Was wäre denn passiert, wenn ich es dir gesagt hätte? Er: Da hätte ich »Quo vadis« von Sienkiewicz mitgenommen, den Roman, den ich gerade lese.

Also hat er doch eine literarische Ader?

Auf jeden Fall war ich gerührt. Am selben Tag habe ich ihm das Buch gekauft.

Hat es Sie geschmerzt, daß er dann doch in eine andere Richtung lief?

Nein, ich war glücklich. Um Gottes willen, das wäre ja das Schlimmste, wenn er Kritiker geworden wäre oder Journalist. Er bekam mal einen Preis, vor zwanzig Jahren, London Society for Mathematics, eine große Sache. Als ich das Joachim Fest erzählte, fragte er mich: »Waren Sie in der Jury?«

Der Historiker Fest erzählt, wie viele andere, daß Sie so gern telefonieren. Was ist am Telefonieren so schön?

Das Telefon ist der Rettungsring des in der Einsamkeit arbeitenden Literaten: Es ist beinahe die einzige Möglichkeit, Kontakte mit anderen Menschen zu halten. Ich habe Freunde, gar nicht so wenige, aber sie wohnen in München, in Baden-Baden, in Hamburg, in Berlin, in Wien. Die Zeit, da man einander lange Briefe schrieb, überhaupt Briefe schrieb – sie ist vorbei.

Sie nutzen das Telefon also hauptsächlich zur Kontaktpflege?

Ich habe festgestellt, daß in vielerlei Hinsicht Menschen am Telefon aufrichtiger sind und manches sagen, was sie einem am Kaffeehaustisch nicht sagen würden.

Weil man sich nicht sieht?

Den anderen nicht, die Augen nicht, nicht, wie er reagiert. Frauen sind – und das ist ohne Vorwurf gesagt – zu intimen Bekenntnissen in der Regel am Telefon eher bereit als bei der persönlichen Begegnung. Der ist von mir patentiert, der Satz.

Eine Frau hat Ihre Nachfolge im Fernsehen übernommen. Wie stehen Sie zu Elke Heidenreich?

Ich glaube, daß die Heidenreich eine nicht nur sympathische, sondern auch eine verdienstvolle Frau unseres literarischen

Lebens ist. Sie ist sehr authentisch, sie spricht authentisch und kann glänzend Zuschauer überzeugen, daß sie bestimmte Bücher lesen sollen. Sie ist überhaupt keine Kritikerin, den Anspruch stellt sie ja auch nicht.

Uneingeschränktes Lob?

Es ist mir aufgefallen, daß sie schon in der dritten Sendung ihrer Konzeption untreu geworden ist. Sie hat ausdrücklich erklärt: Bei mir werden Bücher nur empfohlen. Jetzt hat sie ein Buch verrissen, nämlich das Kinderbuch von dieser Madonna. Zweitens: Es war, glaube ich, Programm von ihr, daß sie zeitgenössische Literatur macht. Aber von den vier Büchern in dieser Sendung waren zwei aus der ersten Hälfte des neunzehnten Jahrhunderts. Und dann hat ihr Gast, Frau von Trotta, den Roman von Lermontow überhaupt nicht gelesen. Ihre Mutter hat ihn gelesen! Es wurde nichts über den Roman gesagt – das geht nicht. Gerade bei so einem herrlichen Buch.

Warum reagiert das Feuilleton so gereizt auf Heidenreichs Sendung?

Das kann Sie doch nicht wundern, wenn der Tenor der Sendung ist: Ich habe dieses Buch gelesen, es gefällt mir, ich empfehle es von Herzen.

Martin Walser sagte mal: »Unsere freiesten Geister sind die reinsten Pfaffen« – und meinte das deutsche Feuilleton.

Walser interessiert am deutschen Feuilleton nur eins, das meine ich in vollem Ernst: ob er gelobt wird oder nicht.

Was fällt Ihnen am heutigen Feuilleton auf?

Viele schreiben nicht unbedingt für ihre Leser, sondern eher für ihre Kollegen. Sie vergessen, daß die meisten Leser weder Latein noch Griechisch gelernt haben. Die meisten Fremdwörter sind vollkommen überflüssig. Viele Artikel sind interessant, aber langweilig.

Vor vierzehn Tagen wurden Sie in einem »Zeit«-Artikel als »Clown« bezeichnet.

Ich kann zu dem Aufsatz von Ulrich Greiner nur eins sagen: Ich habe ihn zur Literaturredaktion geholt, denn er war ein ganz junger Mensch, Gehilfe im allgemeinen Feuilleton. Ich habe ihn erzogen, ich habe ihn belehrt, ich habe ihm geholfen, sein erstes Buch zu schreiben. Deswegen habe ich seinen Artikel mit Verwunderung und wenig Respekt gelesen.

Was schließen Sie daraus?

Hilfst du einem Menschen, hast du einen Feind.

Dann lassen wir es jetzt auch dabei. Wir sehen betroffen, den Vorhang zu …

… und alle Fragen offen?

»Ich gebe mir Mühe, nicht langweilig zu sein«

»Focus«, 10. November 2003
Das Interview führten Jobst-Ulrich Brand
und Stephan Sattler.

Herr Reich-Ranicki, nach Ihrer Buchkassette mit zwanzig deutschen Romanen, die Sie für unverzichtbar halten, geben Sie nun einen Kanon der Erzählungen heraus. Und es sollen noch drei weitere Pakete mit Dramen, Lyrik und Essays folgen. Wer, bitte, soll das alles lesen?

Als Antwort auf diese provozierende Frage habe ich mir einen Slogan zurechtgelegt: Dies ist ein Kanon für Leser. Nicht für jüngere Leser, wie gerne behauptet wird, sondern für Leser von zehn bis hundert Jahren.

Haben Sie aufgenommen, was literaturhistorisch wichtig ist oder das, was Ihnen persönlich gefällt?

Ich habe versucht, einen Kompromiß zu schließen: Ich habe literarisch hochbedeutende Arbeiten gewählt, die gleichwohl auch heute lesbar sind – und zwar nicht nur für Leute, die zu diesem Zweck fünf Jahre lang Germanistik studiert haben.

Sie haben kürzlich gesagt, der Romankanon sei von den fünf der schwächste, warum?

Er ist der fragwürdigste. Weil ich mich beschränken mußte. Der Kanon mit zwanzig Bänden wiegt bereits über acht Kilo. Ich hätte lieber einen mit dreißig oder vierzig Bänden gemacht, aber dann müßte der Käufer in die Buchhandlung einen Gepäckträger mitnehmen.

Wer fehlt Ihnen besonders?

Wenn ich noch zehn Romane hätte unterbringen können,

dann wären vielleicht darunter gewesen: Jurek Beckers »Jakob der Lügner«, Patrick Süskinds »Das Parfum«, vielleicht auch Alfred Anderschs »Sansibar«.

Bei der Erzählungskassette durften Sie weniger wählerisch sein. Sie umfaßt immerhin hundertachtzig Texte.

Ja, es war leichter. Wenn ich gesagt hätte, es müssen hundertneunzig sein, dann wäre das auch akzeptiert worden. Die Zusammenarbeit mit dem Insel Verlag ist sehr gut, denn die mischen sich überhaupt nicht ein. Schwierig war es, die Grenze des Umfangs bei den einzelnen Texten zu ziehen. Was nennt man noch eine Erzählung? Auch da bin ich weitergegangen als ursprünglich geplant und habe auch Erzählungen von mehr als hundert Seiten aufgenommen. Sonst hätte ich auf »Michael Kohlhaas« von Kleist und auch den »Schimmelreiter« von Storm verzichten müssen.

Die Bezeichnung Roman ist ja in der Geschichte der deutschen Literatur vorwiegend von Verlegern befohlen worden, weil das deutsche Volk ja angeblich Romane liebt, aber keine Erzählungen. Es geschieht oft bei uns, daß 100-Seiten-Erzählungen mit viel Licht zwischen den Zeilen auf hundertfünfzig Seiten breitgetreten werden, damit man dann auf den Umschlag Roman schreiben kann.

Welche der hundertachtzig Geschichten liegen Ihnen besonders am Herzen?

Ich würde an erster Stelle Thomas Mann nennen, »Tonio Kröger« und »Tristan«. Außerdem von Franz Kafka den »Hungerkünstler«. Und natürlich Kleist. Ich liebe die Novellisten des neunzehnten Jahrhunderts: Gottfried Keller und Theodor Storm. Von Keller am meisten »Romeo und Julia auf dem Dorfe«. Von Storm – o Gott, immer noch eine Jugendliebe – »Immensee«!

Wo bleibt die Gegenwart? Ihr Kanon hört mit Christoph Ransmayr auf. Warum nehmen Sie keine jungen Erzähler auf? Warum nicht Ingo Schulze oder Judith Hermann?

Ingo Schulze ist ein begabter Autor. Ich glaube aber, es wäre verfrüht, ihn jetzt schon in den Kanon aufzunehmen. Und bei Judith Hermann war ich immerhin der erste, der auf ihr Talent aufmerksam gemacht hat, im »Literarischen Quartett«. Ich war aber nicht von allen Geschichten in ihrem ersten Buch angetan. Ihre Kandidatur für den Kanon habe ich sehr wohl bedacht. Aber ich bin überzeugt, sie wird noch bessere, viel bessere Geschichten schreiben. Man darf nicht zu sehr unter dem Eindruck der unmittelbaren Gegenwart stehen. Man muß den Autoren Zeit lassen. Dies ist in dieser Art der erste Kanon der deutschen Literatur, aber wahrscheinlich nicht der letzte.

Ist es denn überhaupt zeitgemäß, sich auf die deutsche Literatur zu beschränken, oder müssen nicht auch Hemingway und García Márquez mit hinein?

Sie haben vollkommen recht: Ich hätte einen Kanon machen müssen mit der amerikanischen, englischen, französischen, italienischen, spanischen, russischen, lateinamerikanischen Literatur. Er bestünde aus dreißig solcher Kästen. Und jeder würde fünfzehn Kilo wiegen. Und nichts wäre daraus geworden. Kein Verlag hätte das gedruckt. Kein Leser hätte es gekauft. Es wäre überflüssig.

Sie haben Autoren aufgenommen, von denen Sie erklärtermaßen nicht viel halten: Peter Handke, Günter Grass, Martin Walser. Pflegen Sie Ihre Feindschaften nicht?

Handke ist nicht mein Autor, das stimmt. Ich denke, daß er insgesamt überschätzt wird. Ich denke aber auch, es wäre falsch, ihn in einem Kanon mit hundertachtzig Erzählungen zu ignorieren. Er gehört als nicht untypische Figur der deutschen jüngeren Generation in die sechziger, siebziger und noch achtziger Jahre.

Und Grass haben Sie ja nach jahrelangem Streit ein Versöhnungsangebot im Zusammenhang mit seiner Novelle »Im Krebsgang« unterbreitet.

Nein. Vollkommen falsch. Es war kein Versöhnungsangebot, weil ich weiß, welche Bedingung Grass für die Versöhnung gestellt hat. Eine völlig sinnlose Bedingung: Ich soll meine Kritik seines Romans »Ein weites Feld« zurücknehmen. Wie soll ich das machen? Soll ich die Nummern der Zeitung von den Lesern zurückverlangen? Nein, meine Kritik von »Im Krebsgang« war kein Versöhnungsangebot. Von Anfang an habe ich verschiedene Texte von Grass gelobt und andere gerügt. Ich schätze außerordentlich seine kürzeren Erzählungen, also »Katz und Maus« und »Das Treffen in Telgte«. Außerdem halte ich ihn für einen der ganz wichtigen Lyriker unserer Zeit – ich bin da allerdings ziemlich einsam.

Vor allem, was Ihre Wertschätzung seines neuen Gedichtbands »Letzte Tänze« angeht. Da stehen Sie ganz alleine da.

Nicht ganz, aber ziemlich alleine. Entschuldigen Sie, daran bin ich gewöhnt.

Grass kombiniert in dem Buch deftige Verse mit freizügigen Zeichnungen. Hat Ihr Lob mit Ihrer erklärten Vorliebe für erotische Literatur zu tun?

Die Vorliebe für Erotik in der Literatur ist keine Erfindung von mir. Da überschätzen Sie mich. Sie wurde deutlich im Werk des Lyrikers Walther von der Vogelweide, der im zwölften Jahrhundert lebte. Erotik ist eines der Hauptthemen der Literatur. Das Gesamtwerk von Goethe ist erotisch. Ich verstehe überhaupt nicht, warum das Interesse für Erotik mir als

Besonderheit meiner Kritik ständig vorgeworfen wird. Andererseits: Unter allen Vorwürfen, die gegen mich erhoben werden, ist dieser der schlimmste nicht.

Im Titel Ihres Buches »Unser Grass« schwingt ja mit, daß Sie sich ihm eng verbunden fühlen. Dennoch haben Sie beide sich wegen Ihrer Kritik zerstritten. Ist das nicht eine menschlich problematische Situation?

Ja, so ist es. Ich bin nur mit zwei deutschen Schriftstellern befreundet: mit Siegfried Lenz und Eva Demski. Deshalb schreibe ich keine Kritiken über deren Bücher. Eine Freundschaft zwischen einem Kritiker und einem Autor ist im Grunde unmöglich. Grass war überzeugt, daß sein Roman »Ein weites Feld«, in dem eine Theodor Fontane nachgebildete Figur eine wichtige Rolle spielt, mein höchstes Interesse hervorrufen würde. Es ist ihm unbegreiflich – auch heute noch –, daß ich es für eine Geschmacklosigkeit halte, einen so wunderbaren Schriftsteller wie Fontane zu einer lächerlichen Figur, zu einem Boten auf Rollschuhen zu machen. Warum hat er das Fontane angetan?

Wann hat es das letzte persönliche Gespräch zwischen Ihnen und Grass gegeben?

Sie werden erstaunt sein: im Juni in Lübeck.

Haben Sie ihn besucht?

Nein, es fand im Buddenbrook-Haus eine Ausstellung meiner Schriftstellerporträts statt. Ich wurde gefragt, ob ich denn das neue Grass-Museum besuchen werde. Ich sagte: »Selbstverständlich.« Das wurde Grass gemeldet, und er ließ mir ausrichten, daß ihm ein Besuch auch in seinen Privaträumen oberhalb des Museums willkommen sei. Also ging ich zu ihm rauf. Er stand in der Tür, war sichtlich verlegen und begrüßte mich mit den banalsten Worten, mit denen man einen Gast begrüßen kann. Er sagte: »Welch Glanz in meiner Hütte.« Wir haben uns dann eine Stunde lang unterhalten.

Und heikle Themen ausgespart?

Ja, es war sehr friedlich, beinahe freundschaftlich. Ich sagte ihm, daß ich die Einrichtung dieses Museums für ein Ereignis höchsten Ranges halte. So etwas habe es in der Geschichte der deutschen Kultur noch nicht gegeben: so eine Sammlung, so eine Kultstätte schon zu Lebzeiten. Grass überlegte einen Moment und sagte dann: »Vielleicht doch.« Bei Richard Wagner. Er hat sich und sein Haus auf dieser Ebene verglichen: bei Goethe nicht, bei Schiller nicht, aber bei Wagner vielleicht!

Ist es vorstellbar, daß Sie eine ähnliche Reise an den Bodensee zu Martin Walser unternehmen?

Erstens: Ich habe keine Reise zu Grass unternommen. Ich war aus einem andren Grund in Lübeck. Zweitens: Günter Grass hat vieles im Laufe der Jahrzehnte gegen mich geschrieben. Auch Gemeinheiten, auch politische Dummheiten. Aber er hat nie, obwohl ich ihm so viele Schmerzen zugefügt habe, ein einziges auch nur im entferntesten antisemitisches Wort gegen mich geschrieben. Daß ich das überhaupt erwähne, hat nur mit Walser zu tun. Walser habe ich gegen den Vorwurf des Antisemitismus nach seiner Rede in der Paulskirche, 1998, in Schutz genommen. Ich bin auch jetzt, nach seinem Buch »Tod eines Kritikers«, der Ansicht, daß er im Grunde kein Antisemit ist. Doch von allen lebenden deutschen Schriftstellern ist er der eitelste. Alle Schriftsteller sind eitel, auch alle Kritiker – und ich bin es natürlich auch. Aber bei Walser haben Ehrgeiz und Eitelkeit seinen Blick getrübt, seine Selbstkontrolle stark eingeschränkt und schließlich sein Talent zerstört. Er ist nicht gegen Juden, im Gegenteil: Juden sind ihm sehr willkommen, vorausgesetzt, daß sie seine Bücher loben. Er wollte um jeden

Preis gegen mich als Kritiker möglichst stark losschlagen. Das kann ich schon verstehen. Der Umstand, daß ich Jude bin, kam ihm sehr gelegen. Daß er keine Hemmungen hatte, die antisemitische Karte auszuspielen, ist eine Schande. Aber er hat erreicht, was er wollte: den Skandal. Er wird nie zugeben, daß er einen Fehler gemacht hat. Dazu hat er nicht das nötige Format. Ich habe sehr wohl im Zusammenhang mit Walser einen Fehler begangen: Ich hätte mich damals zu seinem Roman nicht äußern dürfen.

War er gekränkt, weil er – auch in Ihrer Einschätzung – in der Rangfolge deutscher Autoren hinter Grass zurückgefallen ist?

Er ist nie zurückgefallen, er war immer ein erheblich schwächerer Autor als Grass. Walser hat einige gute Erzählungen geschrieben, doch keinen einzigen guten Roman. Natürlich hat es ihn geschmerzt, daß ich für den Nobelpreis – übrigens als erster – Grass öffentlich vorgeschlagen habe. Walser kam da überhaupt nicht in Betracht.

Haben Sie Walser in Ihren Kanon aufgenommen?

Ja, selbstverständlich, und zwar mit der schönen Novelle »Ein fliehendes Pferd« und mit noch einer kürzeren Erzählung.

Walser hat gesagt, es sei ihm im »Tod eines Kritikers« darum gegangen, gegen die Machtausübung des Kritikers vorzugehen. Haben Sie Macht als Kritiker?

Ich war mir schon dessen bewußt, daß ich als Leiter des Literaturteils der »Frankfurter Allgemeinen Zeitung«, der ich immerhin fünfzehn Jahre lang war, und später im »Literarischen Quartett« viel Macht hatte. Aber ich glaube, ich habe sie zugunsten der deutschen Literatur verwendet. Dieses »Literarische Quartett« hatte vor allem eine Aufgabe, und die hat es gut erfüllt: Menschen nämlich, die eigentlich mit Literatur nichts im Sinn haben, doch für Literatur zu interessieren.

Jetzt hat Elke Heidenreich diese Macht von Ihnen übernommen. Sind Sie eifersüchtig?
Sie war in der glücklichen Lage, in diese Fernsehaufgabe einsteigen zu können, nachdem ich fünfzehn Jahre lang mit meinen Kollegen als »Quartett« bewiesen habe, daß Literatur im Fernsehen präsentiert werden kann. Elke Heidenreich ist eine Frau mit großen Vorzügen: Sie liebt Bücher, und sie vermag über Bücher mit enormer Suggestivität zu sprechen. Aber sie ist keine Literaturkritikerin und auch keine Literaturkennerin. Sie erhebt auch gar nicht den Anspruch, das zu sein.
Das hat man Ihnen beim »Literarischen Quartett« auch vorgeworfen, daß die Argumente gefehlt und Sie nur noch persönliche Geschmacksurteile abgegeben hätten, daß es – wie Grass gesagt hat – eine Trivialisierung von Kritik gewesen sei.
Grass hat vollkommen recht. Was wir gemacht haben, war Trivialisierung. Sie können es auch anders nennen: Popularisierung. Anders kann man Literatur im Fernsehen nicht darbieten.
Den Literaturkritikern in den Zeitungsfeuilletons werfen Sie umgekehrt vor, viel zu abgehoben zu schreiben.
Die Kritik in den Zeitungen ist oft umständlich und zugleich unentschieden. Manche Rezensenten wollen vor den Lesern möglichst alles ausbreiten, was sie über das jeweilige Thema wissen. In Romanbesprechungen wird allzu ausführlich der Inhalt nacherzählt. Ich dagegen gebe mir immer große Mühe, nicht langweilig zu sein.
Was kann man tun, um das Niveau der Literaturkritik anzuheben?
Die Redakteure sollten sich mit den Manuskripten ihrer Mitarbeiter, zumal der jüngeren, viel mehr Mühe geben. Das ist für diese Redakteure lästig und zeitraubend, sie wollen lieber,

was ich gut verstehen kann, ihre eigenen Artikel schreiben. Aber kann man nicht das eine mit dem anderen verbinden?

Haben Sie das als Literaturchef der »Frankfurter Allgemeinen Zeitung« tatsächlich getan?

Ja, und nicht ohne Erfolg. Aus meiner Redaktion sind Kritiker hervorgegangen, die, in verschiedenen Zeitungen arbeitend, zum Niveau des deutschen Feuilletons erheblich beitragen: Thomas Anz, Ulrich Greiner, Volker Hage, Jochen Hieber, Frank Schirrmacher, Renate Schostack, Ulrich Weinzierl, Uwe Wittstock.

Und das Niveau der deutschen Buchproduktion? Ist Dieter Bohlen ein Literat?

Das weiß ich nicht, ich habe sein Buch nicht einmal angefaßt. Aber ich denke doch, daß die gelegentliche Besprechung selbst der abstoßendsten Trivialliteratur nützlich sein kann (…).

»Kein Thema sollte von der Literatur ausgeschlossen werden«

»Die Welt«, 13. Dezember 2003
Das Interview führte Uwe Wittstock.

Sie haben die Novelle »Im Krebsgang« von Günter Grass sehr gelobt. Nicht nur mit diesem Buch, aber auch mit ihm kam eine lebhafte Diskussion um die Leiden der deutschen Zivilbevölkerung während des Zweiten Weltkriegs in Gang. Hat denn die deutsche Literatur Ihrer Meinung nach bei der Darstellung dieser Leiden etwas versäumt?

Nein, man kann nicht sagen, die deutsche Literatur habe hier völlig versagt. Ich habe, als die Diskussion um Bombenkrieg und Vertreibung in der Literatur begann, Volker Hage vom »Spiegel« darauf aufmerksam gemacht, daß ein Autor in den Nachkriegsjahren sehr genau über die Leiden der Deutschen unter den Luftangriffen geschrieben hat. Von diesem Autor hatte er nie im Leben auch nur den Namen gehört: Gert Ledig. Sein Roman »Vergeltung« beschreibt mit großer Anschaulichkeit das Bombardement einer deutschen Großstadt. Doch das Buch wurde bei seinem Erscheinen 1956 von den Kritikern abgelehnt und von den Lesern nicht gekauft. Und das ist nicht der einzige Fall. Auch Wolfgang Koeppen schrieb einiges über die Leiden der Deutschen im Krieg in »Tauben im Gras« (1951). Das Buch, das ich zu den bedeutendsten deutschen Romanen nach 1945 zähle, ist nie beim breiten Publikum angekommen.

Aus welchem Grund?

Zunächst einmal: Auch in der deutschen Literatur der zwanziger Jahre spielte der Erste Weltkrieg zunächst keine große

Rolle. Erst gegen Ende der Weimarer Republik kam Arnold Zweigs »Streit um den Sergeanten Grischa« (1927), Ludwig Renns Roman »Krieg« (1928) und Remarques »Im Westen nichts Neues« (1929). Viele Menschen, denen etwas Schreckliches zugestoßen ist, die es aber überlebt haben, wollen von diesem Schrecklichen zunächst einmal nichts mehr hören, sie wollen es verdrängen – meist aus psychologischen, nicht aus politischen Gründen. Ich kenne Juden, denen in Konzentrationslagern entsetzliche Dinge widerfahren sind, die aber, als in Frankfurt der Auschwitz-Prozeß stattfand, nicht einmal die Prozeß-Berichterstattung in den Zeitungen verfolgten. Die Menschen sind wohl erst zehn oder zwanzig Jahre nach Kriegsende bereit und in der Lage, sich in der Literatur mit den Schrecknissen eines Krieges zu beschäftigen, weil dann allmählich eine neue Generation nachwächst, die den Krieg nicht selbst erlebt hat, und die Älteren, die alles miterlebten, Distanz zu ihm gewonnen haben.

Die Debatte um Bombenkrieg und Vertreibung begann aber erst jetzt, mehr als fünfzig Jahre nach Kriegsende. Warum haben sich die Deutschen nicht mit Ledigs Buch oder dem Koeppens beschäftigt? Oder etwa mit der Beschreibung der Flucht deutscher Zivilisten vor der Roten Armee in Christa Wolfs Buch »Kindheitsmuster« (1976)?

Alles in allem glaube ich nicht, daß sich die deutschen Verleger Manuskripte auf annehmbarem Niveau über diese Themen hätten entgehen lassen. Aber es wurden offenbar keine geschrieben. Es hat doch eine Scheu gegeben bei den Autoren, nach allem, was die Deutschen den anderen Völkern angetan hatten, nun gleich mit der Gegenrechnung zu kommen und zu beschreiben, was den Deutschen angetan wurde. Man kann aber nicht allein den Schriftstellern oder der Literatur den Vorwurf machen, hier sei etwas versäumt worden. Man muß diesen Vorwurf auch an das Publikum richten, an die Bombardierten und Vertriebenen, sie haben sich um die wenigen Bücher, die über ihr Schicksal geschrieben wurden, nicht gekümmert.

Das Buch »Brand« des Historikers Jörg Friedrich über den Bombenkrieg und sein jetzt erschienener Bildband »Brandstätten« sind große Erfolge. »Brand« wurde von bekannten Historikern und Schriftstellern sehr gelobt. Wird hier das Leiden der Deutschen im Krieg gegen die Verbrechen der Deutschen ausgespielt? Werden hier strategisch die Bilder vom zerbombten Deutschland gegen die Bilder von den KZs oder des Warschauer Ghettos gestellt?

Nein, das meine ich nicht. Was sich in den KZs abgespielt hat, ist inzwischen vielfach beschrieben worden. Bombenkrieg und Vertreibung wurden dagegen viel seltener dargestellt. Es ist meiner Meinung nach vollkommen gerechtfertigt, auch diese Aspekte des Krieges in der Literatur zum Thema zu machen. Ich bin der Ansicht, daß es keine Themen gibt, die von der Literatur ausgeschlossen werden sollten. Daß Luftkrieg und Vertreibung in früheren Jahren tabuisiert wurden, mag verständlich sein, aber ich war damit nie einverstanden.

Sie sind bereits im Januar 1946 von Polen aus nach Berlin gereist. Welchen Eindruck machte die zerbombte Stadt auf Sie im Vergleich zu Warschau?

Der Unterschied war sehr groß. Schon als ich Ende September 1939 nach dem Sieg der Wehrmacht über Polen Warschau von Osten her wieder betrat, war ich entsetzt. Ich hatte den Eindruck, die gesamte Stadt sei vernichtet, es gebe keine Häuser mehr, nur noch Ruinen. Tatsächlich war es zwar schlimm, aber nicht ganz so schlimm, wie ich zunächst vermutete. Doch das war erst der Anfang des Krieges, in den folgenden Jahren wurde die Stadt immer weiter zerstört. Verglichen damit war Berlin eine nur wenig zerstörte Stadt. Ich fuhr 1946 mit dem Auto nach Berlin hinein, ich sah den Alexanderplatz; ich sah Unter den Linden, sah das Brandenburger Tor, ich erkannte alles wieder. Von Warschau war ja fast nichts geblieben. Der Lebensstandard war damals in Berlin viel höher als in Warschau. Es gab Läden, es gab Waren, man konnte einkaufen. Es waren viele Häuser stehengeblieben, und die Wohnungen waren zum Teil glänzend möbliert.

Haben Sie in Polen in den letzten Kriegsmonaten und nach Kriegsende je Übergriffe der Polen auf deutsche Zivilisten beobachtet?

Überhaupt nicht. Ich lebte damals in Warschau, und in Warschau gab es keine deutschen Zivilisten mehr. In Kattowitz, wo ich in dieser Zeit ganz kurz war, zehn, zwölf Tage, da habe ich einmal Polen gehört, die sagten: »Na, heute abend knöpfen wir uns mal ein paar Deutsche vor.« Da ging es darum, diesen Deutschen irgendwelche Habseligkeiten wegzunehmen: Schuhe, Anzüge, Pelze und so weiter. Ob diese Polen ihren Plan verwirklicht haben, das weiß ich nicht.

Sie waren damals Mitte Zwanzig, hatten fünf Jahre brutaler Verfolgung hinter sich, fast alle Ihre Familienmitglieder und die Ihrer Frau waren ermordet worden. Den wenigen anderen überlebenden Juden ging es ebenso. Können Sie sich daran erinnern, welche Empfindungen die Überlebenden für Deutsche und Deutschland hatten? Schließlich gab es deutsche Kriegsgefangene im Land.

Daß es in Warschau deutsche Kriegsgefangene gab, habe ich erst Jahre später erfahren. Hermann Kant ist in diesem Lager gewesen, Anna Seghers hat das Lager einmal besucht, damals habe ich sie nicht gesehen. Was mich in den ersten Wochen nach meiner Befreiung interessierte, war allein der Krieg: Wie und wann wird er zu Ende gehen? Es gab keine Radios, die Deutschen hatten sie alle beschlagnahmt, die Zeitungen waren miserabel, ihnen war nur die sowjetische Sicht der internationalen Vorgänge zu entnehmen. Informationen zu bekommen, verläßliche Informationen und dazu das Überleben in der Stadt zu organisieren, Essen, Trinken, Heizung, Wohnung, mit all dem waren wir vollauf beschäftigt, da blieb wenig Zeit, über Deutsche nachzudenken.

War von der Vertreibung der Deutschen in Warschau nichts zu spüren?

Entschuldigen Sie bitte, die Leute, mit denen ich 1945 in Warschau zu tun hatte, interessierten sich wirklich nicht dafür, ob Deutsche vertrieben wurden und unter welchen Umständen. Sie müssen eins verstehen, was heute offenbar schwer zu verstehen ist: Die Leute, mit denen wir zu tun hatten, kamen alle aus der Sowjetunion. Das waren Leute, die aus Polen stammten, meist Juden, die mit der Roten Armee oder den polnischen Divisionen innerhalb der Roten Armee nach Polen kamen. Das waren Soldaten, die einen Weg von Tausenden von Kilometern zurückgelegt hatten, aus Innerasien, aus Samarkand oder Taschkent. Sie waren oft miserabel ausgerüstet, die Uniformen waren dürftig, die Verpflegung war oft schlecht. Diese Leute kamen nun nach Polen, in die Provinz Posen, nach Schlesien oder so. Und wenn die etwas zum Anziehen brauchten oder Hunger hatten, meinen Sie, die machten sich lange Gedanken? Die gingen in eine deutsche Wohnung, ein deutsches Haus und nahmen Pullover oder Schuhe oder Mäntel mit, was immer sie gerade brauchten. Einer dieser Soldaten hat mir mal gesagt, er habe sich bei

Deutschen was geholt, und sagte dann noch: Sonst habe ich denen nichts angetan. Er hat sich gerühmt, daß er sie nicht erschossen hat, was er vielleicht auch hätte tun können. Dann gab es Leute, die, nachdem sie an der Weichsel angekommen waren, erfuhren, daß ihre ganzen Familien ermordet worden waren, von Deutschen ermordet, daß sie keine Eltern mehr hatten, daß sie keinen Bruder, keine Schwester mehr hatten. Glauben Sie, daß sich diese Leute lange Gedanken darüber machten, ob den Deutschen jetzt, bei der Vertreibung, möglicherweise ein Unrecht geschieht? Es war nicht der Zeitpunkt für großes Mitleid mit den deutschen Opfern dieses Kriegs. Denn Sie dürfen eins nicht vergessen, was oft viele vergessen: Es waren die Deutschen, die diesen Krieg begonnen haben.

Als Sie 1958 in die Bundesrepublik kamen: Wie gingen damals die Journalisten und Literaten, denen Sie begegneten, mit der Erinnerung an den Nationalsozialismus und die Judenverfolgung um?

Im Grunde tauchte das Thema in Gesprächen nicht auf. Ich habe das Thema auch nicht angeschnitten. Bitte stellen Sie sich meine Situation richtig vor: Ich kam 1958 nach Deutschland mit einem kleinen Koffer. Mein Sohn war vorläufig bei meiner Schwester in London untergebracht. Meine Frau hatte keine Erlaubnis, in England zu bleiben, sie ist deshalb nach Paris gegangen zu einer Tante. Wir hatten nichts, wir mußten kämpfen ums Dasein. Ich habe damals Rundfunksendungen geschrieben, um Geld zu verdienen, und habe für das miserable Honorar, das »Frankfurter Allgemeine Zeitung« und »Die Welt« zahlten, Rezensionen geschrieben, um mir einen Namen zu machen. Die Vergangenheit der Leute hat mich unter diesen Bedingungen nicht so sehr interessiert. Ich konnte die Menschen, die ich kennenlernte, doch nicht gleich fragen: Was haben Sie eigentlich im Krieg gemacht? Über diese Zeit wurde mir gegenüber allenfalls in Nebensätzen geredet, in Andeutungen. Selbst mein Freund Siegfried Lenz hat damals vor mir verheimlicht, daß er in der Napola (einer der »Nationalpolitischen Erziehungsanstalten« der Nazis) und dann Deserteur war. Ich habe das erst zwanzig Jahre später erfahren.

In einem Gespräch mit Joachim Fest sagten Sie einmal, Sie hätten damals keine Zeit gehabt, über die Vergangenheit nachzudenken, Sie hätten arbeiten müssen, da Sie ohne einen Pfennig nach Deutschland kamen. Dasselbe sagten auch Deutsche nach 1945: Sie mußten arbeiten, um das Land wieder aufzubauen, und konnten sich nicht den Luxus leisten, über Vergangenes nachzudenken. Alexander Mitscherlich brachte das auf die Formel von der »Unfähigkeit zu trauern«.

Es gibt dazu einen guten Satz von Rudolf Augstein. Er wurde gefragt, ob er während des Krieges als Soldat mit irgendwelchen Widerstandsaktionen zu tun hatte. Er antwortete: Ich war damals ganz und gar von einer anderen großen Aufgabe in Anspruch genommen, nämlich der zu überleben. Ich habe mir die Frage, die Sie jetzt stellen, selber kaum gestellt. Unter jüdischen Emigranten hieß es damals, es sei schwer, nach Deutschland zurückzureisen, denn wem könne man dort noch die Hand geben? Ich habe mir diese Frage nicht gestellt.

Sie veröffentlichten in Deutschland Ihre ersten Bücher im Piper Verlag. Ein Geschäftsführer dieses Verlages war Hans Rößner. Inzwischen haben Forschungen des Historikers Michael Wildt ergeben, daß Rößner seit November 1934 SA-Mitglied war und dann als Germanist für das Reichssicherheitshauptamt arbeitete. Welches Verhältnis hatten Sie zu Rößner? Hat er versucht, Einfluß auf Ihre Arbeit zu nehmen?

Das mit Rößner habe ich jetzt erst erfahren. Das war der Finanz- und Verwaltungschef des Piper Verlags, er hatte mit dem Lektorat und der Zusammenarbeit mit den Autoren nichts zu tun. Er hatte auf die Inhalte meiner Bücher nicht den geringsten Einfluß.

Michael Wildt zitiert in seinem Buch »Generation des Unbedingten« (Hamburger Edition) Briefe von Rößner an Hannah Arendt. Unter anderem bemühte sich Rößner, das Wort »Juden« aus dem Untertitel des Buches von Hannah Arendt über Rahel Varnhagen zu entfernen.

Wahrscheinlich glaubte Rößner, das Buch über die Rahel Varnhagen werde sich mit dem Wort »Jüdin« im Untertitel in Deutschland schlechter verkaufen. Aber mit dem Text des Buches hat er sich nicht befaßt. Ich kann Ihnen nur sagen, wie es bei mir war: Meine Lektoren in dem Verlag waren Reinhard Baumgart, dann Walter Hinderer und dann Otto F. Best. Nur mit diesen Lektoren habe ich über die Inhalte meiner Bücher verhandelt. Rößner hatte keinen Einfluß auf sie. Ich habe ihn mehrfach gesehen in dieser Zeit, aber ich bin doch nie auf die Idee gekommen zu fragen, was für eine Vergangenheit er habe. Das war damals nicht üblich. Es war eigentlich doch selbstverständlich, daß alle über ihre Vergangenheit nicht reden wollten, weil sie alle mehr oder weniger Nazis gewesen waren. Nicht gleich im Reichssicherheitshauptamt. Wenn ich das von Rößner gehört hätte, das hätte mir einen Schock versetzt.

Susan Sontag, die diesjährige Friedenspreisträgerin, erinnerte jetzt in ihrer Paulskirchenrede an ihren deutschen Lektor Fritz Arnold, Jahrgang 1916. Der habe in den siebziger Jahren zu Beginn ihrer Zusammenarbeit das Bedürfnis gehabt, ihr, der Amerikanerin jüdischer Herkunft, genau zu berichten, was er, der deutsche Wehrmachtssoldat, während des Zweiten Weltkrieges

getan habe. Er hatte nicht einen einzigen Schuß abgefeuert. Haben sich in ähnlicher Weise Journalisten oder Autoren an Sie gewandt?
Nein, niemals. Aber es sind andere Sachen passiert. Es haben sich Leute im Gespräch mit mir ein bißchen gerühmt, wegen irgendwelcher geringfügigen Kontakte mit Juden während der Nazi-Zeit. Wenn meine Frau und ich damals eingeladen waren, meist bei Leuten aus unserer Branche: Zeitung, Rundfunk, Verlage, da passierte mehr als ein Mal etwas, was für uns sehr bemerkenswert war. Am späteren Abend, so gegen elf Uhr abends, kam irgendeiner der Herren, nahm meine Frau oder auch mich in einen Winkel des Zimmers beiseite und sagte: Sie müssen wissen, ich bin während des Krieges ins Warschauer Ghetto gegangen, weil ich das sehen und weil ich den Menschen dort etwas Butter und Schmalz bringen wollte. Immer waren es beabsichtigte Wohltaten, die unsere Gesprächspartner ins Ghetto geführt hatten. Meine Frau fragte mich einmal: Wo kamen eigentlich all die Soldaten her, die gemordet haben, alle haben doch nur Butter gebracht? Ich muß Ihnen sagen, daß meine Frau und ich damals nicht so das Bedürfnis hatten, genau zu erfahren, was die Leute während des Kriegs gemacht hatten. Solche Gespräche waren, wenn sie denn mal geführt wurden, für uns immer sehr schwierig. Wir haben einen Abend erlebt bei Klaus Rainer Röhl in Hamburg, damals Ehemann von Ulrike Meinhof, seine Frau war dabei: Da hat Röhl eine Stunde lang über seine Erlebnisse in der HJ erzählt, und zwar mit ziemlich viel Nostalgie und Sentimentalität: die Lagerfeuer und die Lieder, und wie sie so marschierten. Es war kein Schreckensbericht, sondern eher eine Erzählung nach dem Motto »Ach Gott, die Jugend, sie war doch so schön«.

Das spricht dafür, daß Röhls Bericht ehrlich war.
Ja, natürlich war er ehrlich. Wir kamen auch nicht auf die Idee, ihm das zu verübeln. Niemandem kann man seine schönen Jugenderinnerungen an die HJ verübeln – aber die Erinnerungen von meiner Frau und mir aus dieser Zeit sind eben ganz andere, und der Kontrast hat uns, Sie werden das verstehen, gelegentlich geschmerzt.
Wer sprach sonst noch mit Ihnen über die Nazijahre?
Kaum jemand. Selbst Walter Jens, der lange Jahre mein engster Freund war, hat mir nur wenig von seiner Vergangenheit berichtet: Er hat mir gegenüber nie erwähnt, daß er in der HJ war und später dann offenbar in der NSDAP. (…)
Gab es andere, die von sich aus nach Ihren Erfahrungen fragten?
Die erste war Ulrike Meinhof. Das hat großen Eindruck auf mich gemacht. Sie war damals Journalistin und bat mich um ein Interview im Hamburger Café »Funk-Eck« gegenüber vom NDR. Sie brauchte nur dreißig Minuten Gespräch für ihre Sendung, aber sie sprach fast eine Stunde mit mir. Ich erzählte ihr von den Zuständen im Ghetto, vom Hunger, von der Angst und davon, daß es Menschenfressereien im Ghetto gegeben hatte, daß eine Mutter versucht hatte, die Leiche ihres Kindes zu essen. Nach dieser Stunde hatte Ulrike Meinhof Tränen in den Augen. Sie war die erste, die sich in diesem Land für meine Vergangenheit interessierte.

2004

Musik ist nicht unpolitisch

»Rondo«, Nr. 6, 2004
Das Interview führten Karl Dietrich Gräwe
und Markus Kettner.

Ich bin Literaturkritiker, kein Musiker! Aber ich habe Furtwängler-Konzerte oft gehört, in meiner Jugend, vor dem Krieg, in Berlin. Und auch nach dem Krieg, in Berlin, London, Paris, mit den Berliner und den Wiener Philharmonikern. Trotzdem, über Furtwänglers Können als Dirigent, über die Valeurs seines Musizierens will ich wenig sagen, eigentlich gar nichts. Nicht zufällig galt Furtwängler als größter Dirigent des zwanzigsten Jahrhunderts.

Was macht einen »großen« Dirigenten aus?

Der Erfolg eines Dirigenten hängt von drei verschiedenen Faktoren ab. Der erste, von höchster Bedeutung: Der Dirigent muß, wenn nötig, ein sadistischer Dompteur sein. Er muß seine Musiker, die vor allem an den Feierabend nach der Probe oder dem Konzert denken, dazu bringen, nach dem Willen des Dirigenten zu spielen. Manche machen das etwas brutal, sie gehen, wie gesagt, an die Grenzen des Sadismus. Andere Dirigenten, kommen in überaus freundlicher Weise ans Ziel. Bruno Walter! Als auf der Probe ein Musiker sich verspielte, korrigierte Walter verbindlich: »Hier empfehle ich der Klarinette Fis.« Barenboim heute ist ein ähnlicher Fall. Er schmeichelt dem Orchester, er ist liebenswürdig, er drängt nicht auf den Skandal. Solche Dirigenten wirken mit ihrem Charme nicht nur auf das Orchester, sondern auch auf das Publikum. Viele große Dirigenten waren und sind auch sehr gutaussehende Männer – Furtwängler, Toscanini, Karajan natürlich! Und drittens: Die musikalischen Fähigkeiten spielen schon auch eine enorme Rolle. Nur, es gibt durchaus fähige Dirigenten, die haben keinen Umgang mit dem Orchester, keine Diplomatie.

Und Furtwängler?

Dessen Talent war viel zu groß. Der hatte Diplomatie und Taktgefühl gar nicht nötig. Die Musiker wußten: Er ist der Beste. Es lag im Interesse der Musiker, mit ihm auszukommen. Im Wesentlichen dirigierte er Standardrepertoire, Beethoven, Bruckner, Brahms, Richard Wagner. Auch Tschaikowsky, die »Pathétique«. Wunderbar! Zwar kam es einem hinterher vor wie Beethoven, aber es war fabelhaft. Wenn man es so hören wollte, konnte er eigentlich alles dirigieren.

Läßt sich »Größe« messen?

Hamoncourt hat gesagt: Die beiden größten Missetäter des zwanzigsten Jahrhunderts seien Hitler und Karajan gewesen. Hitler und Karajan! Wo doch jeder weiß: Das waren Hitler und Stalin. Aber Harnoncourt sagt: Karajan! Er hat nicht vergessen, daß Karajan ihn in seinen Anfängen als Orchestercellist schlecht behandelt hat. Ich habe Zubin Mehta einmal gefragt, wer für ihn die größten Dirigenten der Gegenwart seien. Zubin Mehta wie aus der Pistole: Claudio, Daniel, Simon! (Abbado, Barenboim und Rattle.) Als größter Dirigent des zwanzigsten Jahrhunderts jedenfalls galt Furtwängler. Dabei war Leonard Bernstein der Vielseitigste überhaupt, der konnte Dinge, die Furtwängler überhaupt nicht konnte.

Furtwängler haben sie in Wiesbaden rausgeschmissen, weil er mit der »Lustigen Witwe« nicht zurechtkam.

Und wie ist Furtwänglers Haltung zum »Dritten Reich«, die jetzt wieder so heiß diskutiert wird, zu beurteilen? War es richtig, daß er zu Hause blieb, hätte er ein entschiedeneres Zeichen setzen müssen?

Die Frage ist schwer, aber der Versuch einer Antwort nicht aussichtslos. Nur zwei Gegenbeispiele: Toscanini und Pablo Casals! Aber ich bin nicht der Richter, der beschuldigt oder freispricht. Allerdings hat Furtwängler vor und auch nach 1945 törichte Äußerungen gemacht, zum Beispiel daß wir auf Mendelssohn und Mahler ruhig verzichten könnten. Das war nicht intelligent. Aber damit ist kein Urteil über seine musikalischen Fähigkeiten getroffen. Ich habe viele Gespräche mit dem jüdischen Geiger Yehudi Menuhin geführt, der während der Nazizeit in Deutschland nicht auftrat und nach dem Krieg doch weiter mit Furtwängler arbeitete. Der war ein grundgütiger Mensch. Er meinte, wenn die Leute gute Musik hörten, sei die Menschheit gerettet, weil keiner mehr fähig ist, Böses zu tun. Daraus spricht Naivität. Es heißt, Furtwängler habe was getan für Leute, die »ungern gesehen« wurden. Es ist wahr, er hat seine jüdische Sekretärin Berta Geißmar gehalten, er hat seinen Konzertmeister bei den Berliner Philharmonikern gehalten, Szymon Goldberg, aber gerade für ein Jahr. Es gibt Geschichten von der Art, Furtwängler habe nach Beethovens Neunter mit der rechten Hand den Taktstock umklammert gehalten, damit er sie nicht zum Hitlergruß erheben konnte. Er habe tunlich vermieden, zu »Führers« Geburtstag zu dirigieren (1942 hat er es doch getan), er habe sich geweigert, mit den Philharmonikern in Frankreich, in einem von Deutschen okkupierten Gebiet, aufzutreten (in Dänemark dirigierte er ohne Skrupel).

Kein Vergleich übrigens mit Gustaf Gründgens. Gründgens hat vielen Menschen das Leben gerettet, immer in der Furcht, daß das Naziregime die Schwulenkarte gegen ihn ausspielen würde. Als der kommunistische Schauspieler und Sänger Ernst Busch ins Gefängnis gesteckt und zum Tode verurteilt wurde, hat Gründgens auf eigene Kosten seinen Rechtsanwalt eingeschaltet, und der rettete Busch mit einem Trick: Busch waren die Rechte als deutscher Staatsbürger aberkannt worden, er war kein Deutscher. Als Nichtdeutscher konnte er aber auch nicht den ihm zur Last gelegten »Landesverrat« begangen haben, sein Leben war gerettet.

Furtwängler hat immer ein unbedenkliches Repertoire dirigiert. Er hat auch mal mit Hindemith und Strawinsky irritiert. Aber er hat einen Pfitzner, der für seine flotte rassistisch-demagogische Zunge berühmt war, auch nicht verschmäht.

Das tut heutzutage Christian Thielemann ja auch nicht. Aber auch Gründgens hat ein klassisches Repertoire unterhalten, Shakespeare, Goethe, Schiller, Kleist. Natürlich hat er nicht Lessings »Nathan«, Hebbels »Judith« aufgeführt, aber auch keine Nazistücke. Und wo ein Schauspieler in der Rolle eines Juden aufzutreten hatte, kam nie eine antisemitische Karikatur auf die Bühne, sondern ein Mensch in seiner Würde, makellos! Berlin hat von beiden profitiert, von Gründgens und von Furtwängler, und darin gleichen sich ihre Rollen: Die Unglücklichen im »Dritten Reich«, Andersdenkende, Juden, Schwule, ehemalige Kommunisten, Sozialdemokraten, alle, die nicht in die offiziell akkreditierten Gesellschaften paßten – für sie waren auch die Furtwängler-Konzerte Orte des Asyls. Für zwei Stunden konnten sie bei Schubert den Kummer der Zeit vergessen. Furtwängler hat den Rückzug ins Komponieren angetreten, als Protest. »Aber durfte ich mein

Orchester im Stich lassen«, hat Furtwängler nach dem Krieg gefragt. »Ich konnte es nicht«, hat er behauptet. Aber hätte er dem Orchester damit ein so großes Unrecht angetan? Ich weiß es nicht. Furtwängler hat dem »Dritten Reich« gedient. Und Budapest, Paris, die größten Städte der Welt konnten sehen: Er ist dageblieben. Er hat sich nicht solidarisiert mit den Größen seines Fachs, die gehen mußten, mit Klemperer, Erich Kleiber, mit Bruno Walter. Man kann nicht wenig zugunsten von Furtwängler sagen. Aber nicht wenig kann man ihm zum Vorwurf machen. Es ist nicht meine Sache, abzuwägen, was wichtiger ist. Und bohrt dann doch weiter: Furtwänglers Behauptung, Musik sei unpolitisch, ist nicht ernst zu nehmen. Er wußte, daß er als Ausübender vom Regime gebraucht und mißbraucht wurde. Seit Beethoven die Widmung der Dritten Sinfonie an Napoleon durchgestrichen hat, ist es nicht mehr so leicht zu behaupten, Musik sei unpolitisch.

Wie wurde Furtwängler nach dem Krieg in London empfangen?

Einem großen Teil der englischen Öffentlichkeit war die Vergangenheit egal. Es gab Emigranten, die waren böse und versuchten zu boykottieren. Aber im Konzert ist nichts passiert. Die Zeitungen hinterher waren unterschiedlicher Meinung. Aber über Furtwänglers musikalischen Rang waren sich alle einig.

2005

Die Boykottdrohung der israelischen Abgeordneten ist unbegreiflich

»Frankfurter Allgemeine Zeitung«, 18. Januar 2005
Das Interview führte Hubert Spiegel.

Solange noch Überlebende des Holocaust am Leben seien, sollte die deutsche Sprache nicht in der Knesset gesprochen werden – mit diesem Argument soll der deutsche Bundespräsident Horst Köhler davon abgehalten werden, eine Rede aus Anlaß eines erfreulichen israelisch-deutschen Jubiläums, des vierzigsten Jahrestages der Aufnahme diplomatischer Beziehungen zwischen den beiden Staaten, zu halten. Sie und Ihre Frau haben die Schrekken der Nazis erleiden müssen. Können Sie die Reaktionen und Argumente der israelischen Abgeordneten nachvollziehen?
Ich finde diese Boykottdrohung nicht nur betrüblich, sondern auch beschämend und letztlich unbegreiflich. Die in Israel die Verwendung der deutschen Sprache verhindern wollen, behaupten, sie sei durch die nationalsozialistischen Verbrechen diskreditiert, sie würde das Andenken der Holocaust-Opfer schänden. Das ist blanker Unsinn. Wahr ist vielmehr, daß die deutsche Sprache von den Nazis mißbraucht und von Hitler und vielen seiner engsten Mitarbeiter auf ungeheuerliche Weise verhunzt wurde. Den Politikern, die in Israel gegen die deutsche Sprache protestieren, ist offenkundig nicht bekannt, welche Rolle deutschsprachige Juden in der Entwicklung der

modernen geistigen Welt gespielt haben. Wir können uns die Physik ohne Albert Einstein, die Psychologie ohne Sigmund Freud, die Soziologie ohne Karl Marx, die Literatur ohne Franz Kafka und die moderne Musik ohne Gustav Mahler und Arnold Schönberg nicht mehr vorstellen – sie alle waren deutschsprachige Juden. Der erste Präsident des Staates Israel sollte ein deutscher Jude sein: Albert Einstein, der jedoch die ehrenvolle Einladung nicht annehmen konnte.

Hatte nicht Theodor Herzl, der Programmatiker des Zionismus, Deutsch als Amtssprache in der neuen Heimat der Juden vorgesehen?

So ist es. Bedenkt man, welche Rolle gerade diese Sprache in der Geschichte der Juden in der Neuzeit gespielt hat, dann ist es auch gar nicht verwunderlich. Der Zionismus ist, so kann man tatsächlich sagen, in deutscher Sprache entstanden. Den entscheidenden Anstoß zur Gründung der zionistischen Bewegung gab Theodor Herzl mit seiner 1896 in deutscher Sprache geschriebenen und erschienenen Schrift »Der Judenstaat«. Die erste und umfassendste Vision des künftigen jüdischen Staates findet sich in Herzls 1902 veröffentlichtem und natürlich deutsch geschriebenem Roman »Altneuland«. Herzl wird in Israel als Begründer der zionistischen Bewegung und als Prophet des jüdischen Staates verehrt und gefeiert. Wann immer man seiner gedenkt, wird das Motto zu »Altneuland« zitiert: »Wenn ihr wollt, ist es kein Märchen.« Wer sein Grab in Jerusalem und das Herzl gewidmete Museum aufsucht, findet dieses Motto, das Programm und Vision zugleich ist, in deutscher Sprache. Herzl hat in der Tat lange erwogen, Deutsch in Israel zur Landessprache zu machen.

Sie haben die deutsche Literatur immer mit Heinrich Heine als Ihr »portatives Vaterland« betrachtet. Wurden Sie von jüdischer

Seite dafür kritisiert, daß Sie die deutsche Literatur nicht aufgeben wollten?

Die in Israel so heftig gegen die deutsche Sprache protestieren, wissen nicht, welch eine außerordentliche Rolle Juden in der deutschen Literatur der Vergangenheit gespielt haben (neben Kafka etwa Heine, Döblin, Schnitzler) und ebenfalls in der Literatur und Philosophie nach 1945. Hier sind vor allem Paul Celan und Peter Weiss zu nennen, Adorno und Horkheimer, Ernst Bloch und Herbert Marcuse.

Der Kampf dieser Minderheit gegen die deutsche Sprache erinnert an die hartnäckigen Proteste in Israel gegen Richard Wagner. Auch dieser Kampf steht im Widerspruch zur jüdischen Tradition. Wagner gehört zu den aggressivsten Antisemiten in der Geschichte der Kultur. Aber unter den bedeutenden Wagner-Dirigenten war immer schon der Anteil der Juden besonders groß – von Hermann Levi, der die »Parsifal«-Uraufführung leitete, über Bruno Walter und Otto Klemperer bis Leonard Bernstein und Georg Solti, bis zu Daniel Barenboim und James Levine. Sie alle hielten und halten Wagners Musik für wichtiger als seine Publizistik, zumal jene Arbeiten, die Haßausbrüche eines Wirrkopfs sind.

In wenigen Monaten gedenkt die Welt des Kriegsendes vor sechzig Jahren. Noch immer wird die Frage diskutiert, ob die Verbrechen des Nationalsozialismus die deutsche Sprache unwiderruflich diskreditiert haben. Wird diese Diskussion je ein Ende finden?

Man wird in Israel nicht mehr lange darüber diskutieren, ob man in Konzerten Wagner spielen und im Parlament deutsch reden darf. Die jetzt aufwachsende Generation israelischer Juden kümmert sich überhaupt nicht um derartige Fragen. Und das ist erfreulich.

»Wozu lesen?«

Elke Heidenreich und Marcel Reich-Ranicki im Gespräch auf der lit.Cologne am 20. März 2005

Elke Heidenreich: Guten Morgen. 20. März, Frühlingsanfang. Wer hat heute Geburtstag?
Marcel Reich-Ranicki: Ha! Keine Ahnung.
EH: Hölderlin und Ibsen.
MRR: Ja... Also Liebe, zwei Autoren, mit denen ich mich sehr viel beschäftigt habe. Aber so meine richtigen Lieblingsautoren sind es nicht.
EH: Geht mir auch so.
MRR: Aber Ibsens literarisch-historische Bedeutung: gigantisch.
EH: Ich wollte einfach eine gute Pointe am Anfang haben, und ich habe das auf meinem Literaturkalender nachgeguckt.
MRR: Fabelhaft!
EH: So.
MRR: Schön vorbereitet!
EH: Damit haben wir das abgehakt.
MRR: Aber ich werde mich bemühen, Ihnen einigermaßen gewachsen zu sein.
EH: Ich wurde gefragt, ob wir für diese Veranstaltung einen Moderator wollen. Ich habe hoffentlich auch in Ihrem Sinne gesagt: Nein. Der kriegt bei uns kein Bein auf den Boden.
MRR: Sehr richtig. Nichts stört mehr als ein Moderator.
EH: Außerdem kommt »Moderator« ja von »moderat«, also »mäßigen«, und das paßt bei uns beiden nun so gar nicht. Es ist also einfach nur eine Begegnung mit Marcel Reich-Ra-

nicki, den ich so oft, wie man denkt, gar nicht treffe. Einmal hatten wir vor zwanzig Jahren eine erste Begegnung in einer Talkshow, dann sahen wir uns manchmal auf der Buchmesse bei Empfängen, aber ein richtig langes Gespräch über Literatur habe ich mit ihm noch nie geführt.
MRR: Aber in der kleinen Oper war ich doch, bei Ihnen in der Kinderoper.
EH: Ja, aber da waren Sie Gast in meiner Sendung, haben ein Buch vorgestellt.
MRR: Da haben Sie mich nicht zu Worte kommen lassen.
EH: Heute dürfen Sie. Wir haben neunzig Minuten, Sie kommen zu Wort. Ich hoffe, ich auch. – Ich danke Ihnen allen dafür, daß Sie soviel Interesse an dieser Begegnung haben. Ich denke, das hat nicht nur damit zu tun, daß wir zwei aus dem Fernsehen sind, sondern es hat zu tun mit Ihrem Interesse an Literatur. – (…) Also: das Buch spielt in unserem Leben eine Rolle, und wenn es noch so oft totgesagt wird. Es ist offensichtlich gar nicht tot. Es wird auch im Internetzeitalter und im Zeitalter der riesigen Ablenkungen gelesen, wunderbarerweise.
MRR: Wissen Sie, mit dem Buch ist es wie mit dem Theater. Vor zweitausend Jahren begann der Tod des Theaters, es stirbt unentwegt. Endgültig ist es gestorben, als der Film erfunden wurde. Dann lebte es weiter, dann wurde der Tonfilm erfunden, der Farbfilm und dann das Fernsehen – also gibt's kein Theater. Immerhin gibt's in Deutschland mehr Theater als in irgendeinem Land dieser Erde heutzutage. Nein, das Buch stirbt natürlich nicht, die Literatur stirbt nicht, und es gibt viele Gattungen der Kunst, die ohne Literatur überhaupt nicht existieren können – Theater, Film. Die guten Filme nehmen meist literarische Vorlagen, das ist interessant.

EH: Die Oper auch, in der wir hier sitzen. Es gibt keine Oper ohne literarische Vorlage. Jeder Oper liegt ein Buch zugrunde.
MRR: Aber die Oper ist für manchen Autor ein Glück und für manchen ein Unglück. Hofmannsthal, da haben Sie den Fall, Glück und Unglück. Hat viel verdient, der Hofmannsthal, an dem »Rosenkavalier«, aber schade um diese herrliche Dichtung, die wird von der Richard-Strauss-Musik zugedeckt.
EH: Wie sehen Sie das bei Schiller und Verdi? Verdi hat vier Schiller-Dramen vertont, »Wilhelm Tell«, »Don Carlos« …
MRR: Was, vertont? »Kabale und Liebe« ist ja vertont als »Luise Miller«, »Die Räuber« gibt's auch als »I Masnadieri« oder so ähnlich. Nein, es sind alle die Sachen gemacht worden. Unter uns: »Don Carlos« – herrliche Oper, aber das Stück kann auch ohne Musik existieren und ist ein fabelhaftes Drama.
EH: Zu lang. Es ist zu lang.
MRR: Ja, da haben Sie völlig recht, noch nie hatten Sie so recht wie jetzt. Es ist zu lang und zu gut. Es ist überall gut. Wo man es streicht, ist es eigentlich schade drum.
EH: Es ist schade, das stimmt. Aber das machen wir heute nicht, Schiller, das machen wir demnächst. Marcel Reich-Ranicki hat sich gewünscht, im Schillerjahr noch einmal ein »Literarisches Quartett« zu machen.
MRR: Nein! Auf diese Idee ist das ZDF gekommen.
EH: Man hat mir gesagt, »er wünscht es sich«.
MRR: Es wird viel gelogen.
EH: Aber Sie wünschen es sich doch auch.
MRR: Jaaaa, nein …
EH: Beckmesserei, jetzt hier …
MRR: Als die gesagt haben, daß die so einen Plan haben, ich soll das noch mal machen, ein »Literarisches Quartett«, da habe ich gesagt: Ja, die zuletzt übliche Zusammensetzung, die

Radisch, der Karasek, und als Gast nehmen wir die Heidenreich.
EH: Sie haben gesagt: das Mädelchen. Ich bin jetzt zweiundsechzig! Man hat es mir hinterbracht.
MRR: Da sehen Sie, man kann mit Fernsehleuten nichts reden, ohne daß es weitergetragen wird.
EH: Frank Schirrmacher, der ja ein wenig Ihr Zögling bei der »Frankfurter Allgemeinen Zeitung« war, hat neulich eine Diskussion über das Alter geführt und dabei von Ihnen erzählt, daß Sie mit fünfundachtzig immer noch mit roten Backen kommen und sagen: Ich habe ein neues Liebesgedicht, lesen Sie mal. Und daß Sie immer fragen: Was macht denn unser Mädelchen? Ich kann machen, was ich will, ich bin »das Mädelchen«.
MRR: Also, »Mädelchen« ist nicht die Bezeichnung des Alters, sondern des Charakters. Was Sie über mein Alter gesagt haben, das stimmt. In wenigen Wochen werde ich fünfundachtzig. Nur, mein Interesse an der Literatur hat merkwürdigerweise noch nicht nachgelassen. Trotz vielfacher Bemühungen mancher zeitgenössischer deutscher Autoren. Manchmal habe ich den Eindruck, so wirklich brennend an der Literatur sind in diesem Land zwei Leute interessiert: Sie und ich.
EH: Und alle diese Leute, die hier sitzen. Unterschätzen wir die Leser nicht. – Ich komm' jetzt aber mal aufs Feuilleton. Das Feuilleton einer Zeitung, und das wissen Sie am besten, hat die Aufgabe, sich mit Texten kritisch auseinanderzusetzen. Man kann das noch mal nachlesen, das kann kompliziert sein, das kann brillant formuliert sein, das muß auch gut formuliert sein, das muß uns erklären, was es mit diesem Buch auf sich hat. Es rekrutiert aber leider oft keine Leser, weil es zu kompliziert ist und weil es nur die lesen, die es ohnehin schon wissen.

Wir beide rekrutieren Leser, viele. Die Bücher, die wir besprechen, werden gekauft, und wir müssen uns dafür als mittelmäßig und mit schlechtem Geschmack beschimpfen lassen. Wie gehen wir damit um? Wie sind Sie damit umgegangen?
MRR: Ganz leicht. Ich will Ihnen dazu etwas aus meiner Biographie erzählen. Ich bin ja damals von Adolf Hitler, wenn nicht ganz persönlich von Adolf Hitler, rausgeschmissen worden. Ich bin 1958 nach Deutschland zurückgekehrt, habe die Literaturkritiken in deutschen führenden Zeitungen gelesen, fand die teilweise gar nicht schlecht und sagte meiner Frau: Es wird hier ein Experiment geben. Die Leute schreiben dunkel, unklar, intelligent, tief, aber schwer lesbar. Ich werde ganz klar und deutlich schreiben. Es gibt zwei Möglichkeiten: Ich lande in der Hierarchie ganz unten oder ganz oben. Es ist riskant, ich habe es versucht. Mit anderen Worten: die Leute schreiben, viele Kritiker schrieben vor fünfzig Jahren, vierzig Jahren, heute Gott sei Dank weniger, nicht im Sinne der Tradition der deutschen Kritik. Denn die Tradition der deutschen Literaturkritik war, für Leser zu schreiben. So hat Lessing geschrieben, so schrieb Schlegel, und so schrieb sein Bruder August Wilhelm später.
EH: Kerr, Polgar, Fontane.
MRR: Ja, aber davor noch Heine. Seine ganze romantische Schule ist für Leser geschrieben. Und später, wie Sie richtig sagen, Fontane, Kerr, Polgar. Manche meiner Kollegen schreiben gern für die Kollegen, sie wollen wissen, was der Kollege sagt. Ich pfeife drauf, und das ist mir nicht schlecht bekommen.
EH: Das enthält ja schon eine Antwort auf die Frage: Wenn man so arbeitet wie Sie und auch wie ich, hat man eine Menge Feinde?

MRR: Ja, Liebe, ich brauche Sie doch nicht zu belehren. Wenn Sie keine Feinde haben wollen, hätten Sie Steuerberaterin werden sollen. Ich habe andere Vorschläge: Sie hätten Hebamme werden können oder Apothekerin. Aber Kritiker haben immer unzählige Feinde.
EH: Also, ich habe einfach jetzt beschlossen, da ich nun eine Menge Feinde habe, diese Feindschaften richtig zu genießen und zu leben. Dann macht es wieder Spaß. Es ist herrlich. Ich kann mich da jetzt richtig reinlegen.
MRR: Liebe, die Sache ist nun die: Sie haben Feinde und Gegner. Aber Sie haben auch sehr viel Zustimmung. Und es gibt sehr viel Dankbarkeit. Die Leute sind Ihnen dankbar vor allem, weil sie Sie verstehen.
EH: Es geht jetzt auch gar nicht darum, ob man Feinde hat oder nicht. Das ist jetzt etwas feuilletonistisch hochgespitzt. Es geht doch wirklich darum, Leute ans Lesen zu bringen, die ein wenig Berührungsangst vor den Büchern haben und die diesen riesigen Markt mit achtzigtausend Neuerscheinungen pro Jahr nicht überblicken. Da hilft uns unsere Erfahrung, unsere Intuition. Oder was hilft uns? Wie wählen Sie die Bücher aus? Wie und für wen?
MRR: Wir können ja ein Wort wählen, es ist nicht ganz von mir, es hat einer schon vor zweihundert Jahren gesagt: Unsere Hauptaufgabe ist zu vermitteln. Zu vermitteln zwischen dem Autor und dem Leser, zwischen der Öffentlichkeit und dem Künstler, zwischen der Vergangenheit und der Gegenwart, der Tradition und der Moderne. Das wollten schon die Romantiker. Merkwürdig, die Romantiker gelten so oft als weltfremd, aber das waren fabelhafte Kritiker, die waren gar nicht weltfremd, die beiden Schlegel-Brüder, Ludwig Tieck und dergleichen. Sie fragen mich, wie ich die Bücher auswähle. Ich werde etwas

sagen, das ganz riskant ist. Ich werde immer mißverstanden, und die Hälfte der Leute hier im Saal wird mich mißverstehen. Ich fürchte es. Ich nehme ein Buch in die Hand …

EH: Ich tu das auch beim Lesen …

MRR: … lese, die ersten zehn, zwanzig Zeilen und sage: Danke, nein.

EH: Das ist falsch. Das geht nicht! Dann sagen Sie wieder: Das spielt in Lappland, da ist es immer dunkel, und das interessiert mich nicht.

MRR: Nein, nein, nein! Alles falsch! Sie haben mich schon mißverstanden. Alles falsch, Sie haben mich schon wieder mißverstanden! Sofort wird wieder zitiert, ich wüßte nach zehn, zwanzig Zeilen, ob ein Buch gut oder schlecht ist. Das hab' ich nie gesagt, das weiß ich nicht.

EH: Sie sagten: das interessiert mich nicht.

MRR: Nein, ich sagte was anderes. So schlechte Sätze, und zumal am Anfang, das ist literarisch wertlos. Es gibt ganz seltene Fälle, wo mich die erste Seite so überzeugt hat, daß ich mir sofort das Buch habe schicken lassen. Das war noch nicht das Buch, das waren Fahnen. Wo ich mir gesagt habe: Das ist ein Buch und ein Autor, das werden wir als Fortsetzungsstory in der »Frankfurter Allgemeinen Zeitung« drucken.

EH: Und haben Sie sich geirrt?

MRR: Nein, es war »Das Parfum« von Süskind. Es ist unmöglich, auf Grund der zwanzig Zeilen oder der ersten Seite zu sagen: gut oder schlecht. Es ist nur möglich, daß man sofort sagt: das kommt nicht in Frage. (…)

EH: Einspruch!

MRR: Sie lesen von einem Roman zwanzig Zeilen in schauderhaftem Deutsch, dann brauchen Sie gar nicht weiterzulesen. Aber wenn die erste Seite gut ist, ist noch gar nicht gesagt,

daß der ganze Roman gut ist. Mit anderen Worten: in vielen Fällen kann man sich nicht von der ersten Seite so beeindrukken lassen. Man muß viel mehr lesen, um beurteilen zu können, ob es sich um gute oder schlechte Literatur handelt.
EH: Also, ich mache es anders. Ich nehme ein Buch und weiß: Dieser Autor interessiert mich nicht, der hat mich immer schon gelangweilt, der wird mich auch jetzt langweilen, von dem hab ich schon drei schlechte Bücher gelesen, er hat einen berühmten Namen, aber ich mag nicht mehr, ich tu es weg. Das ist doch legitim, oder?
MRR: Absolut!
EH: Ich habe keine Lust, mich durchzuquälen, nur weil er Walser heißt.
MRR: Sie machen es anders: Sie nehmen es in die Hand und legen es weg. Ich nehme es nicht mal in die Hand.
EH: Ich habe vier Stapel in meiner Wohnung: »Ja«, »Nein«, »Vielleicht« und »Nötigungen«. Nötigungen ist, was man so geschickt kriegt, wo es heißt: Das müssen Sie lesen. Majestät müssen gar nicht, aber wir versuchen es.
MRR: Das ist Quatsch, »lesen müssen«.
EH: Müssen tu ich gar nicht. So, dann gebe ich dem Buch, wenn es mich interessiert, weil es ein Erstling ist, weil mich das Thema interessiert, weil die Autorin so eine schöne Nase hat und ein schickes Pelzkrägelchen – so war es bei Judith Hermann –, gebe ich dem Buch sechzig Seiten.
MRR: Sie haben Judith Hermann gelesen, weil sie so hübsch gekleidet war?
EH: Ja. Ich fand es schrecklich, das Buch. Sie sah süß aus, sie hat doch noch gar nichts erlebt, und sie schreibt darüber, daß sie noch nichts erlebt hat und daß ihr Leben so leer ist. Was soll ich das lesen?

MRR: Also die Wiedergabe ist etwas ungerecht. Darüber schreiben die meisten Autoren.

EH: Ihnen gefallen halt immer die schönen jungen Autorinnen.

MRR: Ach …

EH: Ihnen hat auch das Pelzkrägelchen gefallen!

MRR: Entschuldigen Sie bitte, ich gelte doch als ein Frauenfeind! (…)

EH: Im Gegenteil, Sie gehen immer sehr galant mit Frauen um, und ich weiß, daß Sie Frauen mögen. (…) – Sie haben einen Kanon gemacht, darüber sollten wir kurz reden. Ich sehe rot bei dem Kanon, aber das ist egal. In diesem Romankanon, zwanzig Romane, eine Frau – Anna Seghers.

MRR: Ich wähle die Bücher nicht nach den Geschlechtsteilen ihrer Autoren aus. Dazu bin ich nicht bereit.

EH: Warum können denn dann Frauen Ihrer Meinung nach – aber das ist jetzt eine andere Diskussion, die wollte ich gar nicht führen.

MRR: Warum deutsche Frauen keine Romane schreiben können? Das kann ich Ihnen genau erklären. Die Frauen haben in der Geschichte der deutschen Literatur eine eindeutige Begabung für die Lyrik. Von der Droste-Hülshoff bis heute. Und unterwegs haben wir die Lasker-Schüler, später die Ingeborg Bachmann, gestern in der »Frankfurter Anthologie« Gertrud Kolmar. Es gibt nicht wenige gut schreibende Frauen. Im zwanzigsten Jahrhundert ist der Höhepunkt die Bachmann.

EH: Mascha Kaléko.

MRR: Mascha Kaléko, wunderbar. Eine Sünde meines Lebens, Mascha Kaléko. Wenn ich Mascha Kalékos Dichtung gekannt hätte zu ihren Lebzeiten, und ich kannte sie wenig, dann hätte ich ihr vielleicht doch mit aller Kraft den Büchner-Preis verschafft.

EH: Wie schön, das hätte sie brauchen können, sie war sehr verzweifelt.
MRR: Die Frau ist während der ganzen Nachkriegszeit gut verkauft worden, manche ihrer Taschenbücher hatten Hunderttausender-Auflagen. Sie hat aber nicht die Anerkennung gefunden, die sie verdiente und verdient, und deswegen leide ich, weil ich das hätte machen müssen.
EH: Auf Ihrem Schreibtisch liegt seit Wochen ein von mir besprochenes Mascha-Kaléko-Gedicht für die »Frankfurter Anthologie«. Was ist, wird da nicht mehr gearbeitet, wird das nicht gelesen?
MRR: Meine Liebe, die »Frankfurter Anthologie« erscheint einmal wöchentlich.
EH: Ich weiß, aber Sie haben gesagt: Schreiben Sie, Liebste.
MRR: Ich wäre glücklich, wenn die Leitung der »Frankfurter Allgemeinen Zeitung« die »Frankfurter Anthologie« zwei Mal wöchentlich, drei Mal wöchentlich erlaubte. Ein Mal wöchentlich bedeutet, daß viele Autoren, die blendende Beiträge, Interpretationen schreiben, drei, vier, fünf Monate warten müssen. Ihre vorzügliche Interpretation der Mascha Kaléko wird erscheinen in etwa drei Wochen. Sie können sich drauf verlassen. Sie können sich schon überlegen, was Sie als nächstes Gedicht machen. Sie dürfen auch ein Gedicht von einem Mann interpretieren.
EH: Gottfried Benn. – Sie machen ja nach dem Kanon »Romane«, »Erzählungen«, »Dramen« auch einen Kanon »Lyrik«.
MRR: Ja, der ist schon fertig, das heißt, er wird jetzt gesetzt und gedruckt. Bis er erscheint, wird es noch zwei, drei Monate dauern. Er wird nicht »Lyrik« heißen, sondern »Gedichte«.
EH: Sie planen weit über Ihren hundertsten Geburtstag hinaus?

MRR: Ich? Das ist übertrieben. Ich mache jetzt den letzten Teil des Kanons, und der wird heißen, vermutlich, »Essayistisches«. Weil da nicht nur Essays, sondern auch Reden und Gedichte enthalten sind. Ich muß Ihnen eine Anekdote erzählen. Sie sagen eben, ich plane über das hundertste Lebensjahr hinaus. Bernard Shaw hat in irgendeiner Zeitung gelesen, er war schon siebenundachtzig damals, er sei verstorben. Daraufhin hat er dem Herausgeber der Zeitung einen kurzen Brief geschrieben: Die Nachricht von meinem Ableben ist etwas übertrieben. – Daß ich bis zum hundertsten Geburtstag plane, ist schon etwas übertrieben.
EH: Ich erzähle Ihnen dazu auch eine Anekdote: Frank Schirrmacher, der diese Woche hier war, hat erzählt, daß die Stadt Frankfurt, so haben Sie es wohl augenzwinkernd berichtet, angeboten hat, zu Ihrem hundertsten Geburtstag machen wir ein ganz großes Fest in Frankfurt. Und Sie haben dann zu Schirrmacher gesagt: Ich werde da sein, Sie auch?
MRR: Die Geschichte höre ich heute zum ersten Mal. Eine Wanderanekdote. Das ist die Geschichte des Interviewers, der Adenauer interviewt hat, als dieser schon fünfundachtzig war, und sagte: Ich möchte Sie, Herr Bundeskanzler, bei Ihrem neunzigsten Geburtstag auch noch interviewen können. Und Adenauer sagte: Sie sehen doch ganz gesund aus, warum nicht? Das ist die Anekdote.
EH: Ich möchte noch mal auf den Kanon kommen. Ich bin kein Freund eines Kanons, und das sind ja viele nicht. Ich mag Ihre Art, mit Leidenschaft Literatur zu vertreten, und ich finde auch, daß es gewisse Bücher gibt, die eigentlich fast jeder, der sich für Literatur interessiert, kennen sollte, aber ein Kanon ist so etwas Apodiktisches, eine Glaubensregel. Kanon heißt wörtlich aus dem Griechischen »Rohrstock«. Mir ist das

ein bißchen zu – ja, ist es eine Kanonade, ein Geschütz? Was ist das? Ist das ein Leitfaden, ein Wegweiser, oder sagen Sie donnernd: Das muß man lesen! Diese elf Kilo Romane.

MRR: Ich habe den großen Verdacht, daß Sie so tun, als würden Sie nicht verstehen, wozu ich den Kanon mache. Ein Kanon ist nichts anderes als ein Angebot. Ein Vorschlag. Der schwächste Teil dieses Kanons ist, ich sage es offen, der Romanteil. Es sind zwanzig Romane …

EH: Kein Hans Henny Jahnn. Was hat Sie da geritten?

MRR: Leise Abneigung gegen die ganze Prosa von Hans Henny Jahnn.

EH: Aber ich bitte Sie. Haben Sie gelesen »Die Nacht aus Blei«?

MRR: Wir leben in einem freien Land!

EH: Das darf nicht wahr sein! Eine der schönsten Sprachen, die überaus kraftvoll …

MRR: Es fehlen andere, wichtigere Romane. Der Grund: dieser Kasten wiegt acht Kilo und dreihundert Gramm.

EH: Ich habe ihn heute morgen noch gewogen, und meine Waage stimmt, er wiegt 11,2 Kilo.

MRR: Noch schlimmer! Wenn Ihre Waage stimmt – noch schwerer! Der Verlag war nicht bereit, den Kanon aufzuteilen auf zwei Kästen. Wir haben uns auf einen Kasten geeinigt.

EH: Kann man die auch getrennt kaufen?

MRR: Nein, man kann immer nur den ganzen Kasten kaufen.

EH: Das ist aber geschäftstüchtig

MRR: Erstens: Das ist nicht meine Entscheidung, sondern die Entscheidung des Verlages. Passen Sie auf: Natürlich kann der Mensch, der den Kasten kauft, sagen: Goethes »Werther« hab' ich schon und »Effi Briest« auch, »Buddenbrooks« und »Zauberberg« auch …

EH: Haben alle Leser.

MRR: Haben alle, aber nicht die zwanzig Romane, sondern fünf davon.
EH: Und dann soll ich fünfzehn kaufen, die ich schon habe?
MRR: Nein, fünf. In Mathematik sind Sie nicht gut. Fünf, die Sie schon haben.
EH: Ich kann immer nicht rechnen.
MRR: Passen Sie mal auf. Ernsthaft. Jetzt kommt der Kanon mit der Lyrik, mit den Gedichten. Weit über 1400 Gedichte von 150 Autoren, so ungefähr. Das hat keiner zu Hause. Ich liebe Auswahlbände mit Gedichten. In meiner Jugend habe ich angefangen, irgendwann aus irgendwelchen Gründen, Mörike, Eichendorff oder Heine zu lesen. Ich war glücklich, wenn ich eine Anthologie gefunden habe, in der von Eichendorff neun Gedichte waren. Und ich dachte, die Auswahl hat bestimmt jemand gemacht, der was von der Sache versteht. Ich muß nicht diese Hunderte von Gedichten von Mörike, von Eichendorff, von Rückert, von Lenau lesen. Aber die schönsten hat jemand ausgewählt. Und dann habe ich etwas festgestellt: Diese fünf Gedichte von Lenau, die gefallen mir, das ist ein guter Autor. Und dann habe ich mir die Gesamtausgabe von Lenau beschafft, das war nur der Zugang. Hier finden die Leser unzählige Lyriker, von denen sie nie was gehört haben. Und die meiner Ansicht nach hochbeachtlich sind. Von den Lyrikern, das ist unterschiedlich, zwei, drei, vier, zwanzig Gedichte. Die meisten, das können Sie sich denken, von welchem Lyriker. Na, von welchem?
EH: Goethe und Brecht nehme ich an bei Ihnen.
MRR: Fabelhaft! Nummer eins Goethe, Nummer zwei Brecht, Nummer drei Heine.
EH: Sie begleiten mich mein ganzes Leben, wie soll ich nicht wissen, was Sie denken?

MRR: Sie Glückliche, Sie Glückliche! Wie schade, daß Sie mir das erst jetzt auf dieser Bühne sagen! Wie schade! Weiter, die Erzählungen. Ich garantiere Ihnen, daß die meisten Leser zwei Drittel dieser Geschichten gar nicht kennen. Sehr viele Geschichten. Natürlich sind auch berühmte Geschichten enthalten. Ich habe mich nicht gescheut, von Storm berühmte Geschichten zu nehmen, die kennt doch jeder.

EH: »Schimmelreiter«?

MRR: Ja ich weiß nicht, ob der nicht zu lang war. »Immensee« habe ich genommen. Weiß Gott wie populär.

EH: Wir reden gerade über Gedichte, und ich will Sie nicht provozieren, ich meine das ganz ernst, Sie können auch »nein« sagen, ich mach's dann auch: Können Sie eins aufsagen?

MRR: Gedichte?

EH: Sagen Sie uns eins auf.

MRR: »Im wunderschönen Monat Mai, als alle Knospen sprangen, da ist in meinem Herzen die Liebe aufgegangen. Im wunderschönen Monat Mai, als alle Vöglein sangen, da hab' ich ihr gestanden mein Sehnen und Verlangen.« Gutes Gedicht.

EH: Sehr schön.

MRR: Jetzt werde ich Ihnen etwas verraten: Das Gedicht kann ich auswendig, weil es so kurz ist. Es gibt noch eins, was ich beinahe auswendig kann, das ich für eins der schönsten Gedichte, vielleicht Liebesgedichte, der deutschen Sprache halte: »Freudvoll und leidvoll, gedankenvoll sein …«

EH: »Hangen und bangen in schwebender Pein« –

MRR: Sehr gut!

EH: Weiter, weiter.

MRR: Sie wissen, was das für eine Katastrophe mit dem Gedicht ist? Es ist im »Egmont« drin, Beethoven hat es vertont, und dumme Anthologisten haben es hundert Jahre lang igno-

riert. Es war in keiner Anthologie gedruckt, weil es aus dem »Egmont« ist. Aber es ist ja ein in sich geschlossenes Gedicht, so wie bei »Faust« »König von Thule«, das kann man doch in eine Anthologie nehmen. Ich habe eine Vorliebe, aber das bitte darf man nicht übertreiben, nicht falsch verstehen, ich habe eine enorme Vorliebe für kurze Gedichte. Nicht, daß man wiederholt, ich hätte gesagt: Nur kurze Gedichte sind gut. Das stimmt nicht. Es gibt herrliche lange Gedichte. Aber die, die ich am meisten liebe und am häufigsten in die Anthologie genommen habe, sind kurze Gedichte. Ob von Goethe oder von Heine, von Brecht. Mit dem Schiller hat man da Kummer.
EH: Ja, der hat diese Balladen wahnsinnig lang gemacht.
MRR: Die Balladen sind lang. Übrigens die »Frankfurter Allgemeine Zeitung« hat die ganze »Glocke« auf der ersten Seite gedruckt. Das gefällt mir. Ein unbekanntes Gedicht, die Nation kennt die »Glocke« nicht mehr. Eine Ballade, die ich wirklich liebe, von Schiller, die allerbeste, die er geschrieben hat, »Die Kraniche des Ibykus«. Das ist eine geniale Ballade.
EH: Ich kann ganz, ganz viele Gedichte auswendig, unendlich viele.
MRR: Dann sagen Sie uns eins auf, ein kurzes.
EH: Von wem? Von Benn, von Reiner Kunze, was wollen Sie hören? Ich kann so viele Gedichte.
MRR: Ich habe nicht gesagt, Kunze sondern: ein kurzes.
EH: Kunze hat übrigens mal ein Gedicht geschrieben auf Sie, wissen Sie das? Das Gedicht heißt »MRR«.
MRR: Ja natürlich, eine Perfidie.
EH: Kennen Sie das, wissen Sie's noch? Das heißt, wenn ich mich recht erinnere, ich weiß es nicht ganz wörtlich, aber ich weiß die Pointe wörtlich, also: immer Briefe von Ihnen, Marcel Reich-Ranicki, 16.9.: »Lieber Kunze, wann werden wir

endlich von Ihnen wieder Gedichte haben?« MRR, 3. Mai: »Lieber Kunze, wir wollen endlich von Ihnen wieder neue Gedichte haben.« Und dann hat Kunze geschrieben: »Lieber MRR, wann der Apfel reif ist, weiß allein der Baum.« Das fand ich sehr schön.

MRR: Ich habe ihm geantwortet: Das ist leider Unsinn, der Baum weiß gar nichts. Wann der Apfel reif ist, weiß der Gärtner. Ich habe diesen Brief an Kunze aus Mitleid geschrieben.

EH: Aber er schreibt wunderbare Gedichte.

MRR: Warten Sie. Kunze kam aus der DDR in die Bundesrepublik und wurde in kurzer Zeit verrückt. Ich fuhr zu ihm hin, um ihn zu besuchen, er wohnte irgendwo, noch nicht da, wo er sich ganz niedergelassen hat, in Bayern.

EH: Er war sehr zerstört auch durch die Jahre in der DDR.

MRR: Natürlich war er zerstört. Und er wurde, wie das immer so ist, begrüßt von unzähligen Reportern und Journalisten, gar die »Bild«-Zeitung schrieb über ihn, er war glücklich, und nach zwei Wochen war alles vorbei. Und keiner hat sich mehr um ihn gekümmert, und da wollte ich ihm sagen: Lieber, ich habe Sie nicht vergessen, schreiben Sie doch mal ein Gedicht. Das war ja der Sinn der Sache, damit er sieht, man braucht ihn, man will ihn drucken. Er hat vielleicht gemeint, ich habe ihn nur gedruckt, solange er in der DDR wohnte. Nein, ich habe ihm geschrieben, und da hat er geantwortet: der Baum weiß am besten …

EH: … wann der Apfel reif ist. Darf ich mal ein Kunze-Gedicht für Ihre »Frankfurter Anthologie« machen?

MRR: Selbstverständlich. Vorausgesetzt, daß es nicht schon einmal dabei war.

EH: Ich sage eins auf. Ein ganz kurzes über die Sehnsucht von Reiner Kunze. Es geht so: »Du weißt zur Stunde ihn an fernem Ort. Mit dem Verstand begreifst du seine Ferne. Es liegen zwischen dir und ihm ein Himmel Sonne und ein Himmel Sterne. Und doch trittst du ans Fenster immerfort.« Ist das nicht schön? Ich liebe das.

MRR: Jawohl, ein schönes Gedicht. Und wie Sie sehen, es sind, nicht immer, aber oft, kurze Gedichte.

EH: Das Gedicht ist ja sowieso schon das Wunder, es komprimiert zu sagen in wenigen Worten, wofür andere ganze Romane brauchen, ich bewundere das auch sehr. – Was sagen Sie denn zu Ihrer Landsmännin, der Polin Wislawa Szymborska, die den Nobelpreis gekriegt hat? Ich finde die Gedichte wunderbar. Sie können die ja im Original lesen.

MRR: Ja, wunderbar. Nur, wissen Sie, das Beste, was die polnische Literatur geschaffen hat, ist die Lyrik. Die polnische Lyrik ist herrlich. Sowohl in der Romantik, das ist die Hauptepoche der polnischen Lyrik, so wie die Klassik in der deutschen.

EH: Kennt man das bei uns, ist das alles übersetzt? Von Karl Dedecius, glaube ich, gibt es so einen Band.

MRR: Es ist hoffnungslos. Dedecius hat große Verdienste, er hat sehr viel übersetzt, manches ist ihm auch gelungen, nur die herrlichen modernen polnischen Gedichte sind leider unübersetzbar.

EH: Aber warum? Ist es der Rhythmus?

MRR: Das Vokabular, der Rhythmus, alles.

EH: Da sind Sie vielleicht besonders empfindlich, weil es Ihre Sprache ist.

MRR: Nein, nein, meine ist doch wohl Deutsch, aber darum geht es nicht. Ein Nationalepos der Polen »Pan Tadeusz« von Michiewicz ist mehrfach ins Deutsche übersetzt worden. Redliche, ernste Bemühungen. Es ist unerträglich. Das ist im Polnischen so herrlich, im Deutschen so, wie Sie sagten, mittel-

mäßig. Es gibt einen großen polnischen Lyriker, vielleicht der Größte, vielleicht der Zweitgrößte, Julius Zeyer.
EH: Nie gehört.
MRR: Nie gehört? Niemand, niemand hat in Deutschland was von ihm gehört. Warum? Er ist so gut, daß er unübersetzbar ist. Polnische Romane sind sehr wohl übersetzbar, in deutscher Sprache sind viele erschienen. Der Roman ist nicht die starke Seite der polnischen Literatur.
EH: Sie haben eben das Wort mittelmäßig gesagt. Kommen wir noch einmal zur Literatur. Schlecht, gut, mittelmäßig. Woher weiß man, was was ist? Sie haben eben gesagt: Zehn Zeilen, dann weiß ich es. Ernst Rowohlt hat gesagt …
MRR: Nein, ich sagte nicht zehn Zeilen. Ich sagte, wenn es stinkt, dann weiß ich es schon am Anfang.
EH: Ernst Rowohlt, das wissen Sie, hat gesagt: Ich nehme das Buch, schlag es mir an den Kopf, und dann weiß ich, ob es gut oder schlecht ist.
MRR: Fabelhaft!
EH: Das heißt, die Konfrontation Buch und Kopf, die findet statt, und dann weiß man es. Was ist für Sie mittelmäßige Literatur? Sind Sie auch ein Anwalt der mittelmäßigen Literatur? Muß man das sein, wenn man ein Anwalt der Literatur überhaupt ist? Ich will jetzt nicht auf Trivialromane kommen, die lassen wir mal weg, aber es gibt eine gute Unterhaltungsliteratur, die dennoch keine Weltklasse ist. Wie stehen Sie dazu?
MRR: Es ist genau das, was in Deutschland oft fehlt. Wir haben herrliche Romane – »Der Stechlin«, »Effi Briest«, »Jenny Treibel«, »Zauberberg«, »Joseph und seine Brüder« – wir haben wunderbare Romane.
EH: Auch in der Gegenwart, von der ich finde, daß Sie sie manchmal vernachlässigen?

MRR: Ich? Liebe, ich bin, was Sie freundlicherweise noch nicht wissen, ein älterer Mensch.
EH: Ich auch, Liebster, ich auch.
MRR: Ich muß Ihnen etwas erzählen, das wird Ihnen gefallen, Sie haben solche primitiven Bilder gern. Ich liebe die primitiven Bilder, ich mache sie ja. Ich bin dagegen, daß die Leute den Roman »Schloß Hubertus« von Ludwig Ganghofer lesen, und bin sehr dafür, daß sie »Das Schloß« von Franz Kafka lesen.
EH: Aber in der Mitte gibt es noch ein »Schloß« – »Schloß Gripsholm«.
MRR: Eben, das haben Sie bei mir gelesen.
EH: Ja, das habe ich bei Ihnen gelesen. Das ist ein wunderbares Bild. Sollen wir es noch einmal wiederholen? Es gibt Ganghofer, »Schloß Hubertus«, mittel, dann gibt es Kafka, »Das Schloß«, schon sehr viel schwieriger, und in der Mitte gibt es eine unterhaltende Schloßgeschichte, »Schloß Gripsholm«. Vielleicht sollten wir da mal anfangen und gehen nicht nach unten von da aus, sondern nach oben. Ich finde das Bild nicht primitiv, ich finde es schön.
MRR: Wir müssen uns nur einigen, ohne Namen werden wir uns nicht einigen. Sie fragen, ob ich mittlere Literatur befürworte, empfehle. Was ist mittlere Literatur? In den zwanziger Jahren, nein, in der ganzen Zeit von 1918 bis 1945 waren die Romane da von Hans Fallada. Ist das große oder mittlere Literatur?
EH: Große mittlere. Ich würde sagen, ein Erstklassiker zweiten Ranges. Wie Vicky Baum und so.
MRR: Das hat Richard Strauss von sich selber gesagt: Ich bin ein Meister unter den zweitklassigen Komponisten.
EH: Das wußte ich nicht. Ich weiß es von Vicky Baum, die hat das von sich immer gesagt.

MRR: Vicky Baum, auch ein Beispiel.
EH: Sehen Sie, man kann immer auch noch von mir lernen.
MRR: Natürlich bin ich dafür, daß man Vicky Baum liest, daß man Hans Fallada liest, der hat sehr viele Bücher geschrieben. Er mußte Geld verdienen und hat oft eilig geschrieben.
EH: Das erste Buch, das ich mir in meinem Leben gekauft habe, war eins von Fallada. 1957, da war ich vierzehn Jahre alt, konfirmiert, kriegte Taschengeld und bin in einen Laden gegangen und dachte: Hans Fallada, schöner Name. Ich kannte dieses Märchen – O Fallada, wie du da hangest, wenn das die Mutter wüßte … Ich dachte: Ah, das Pferd hat ein Buch geschrieben, und da habe ich das Buch gekauft, und das hieß »Kleiner Mann – was nun?«, und es kam ein Lämmchen drin vor, das fand ich alles niedlich, Tiere mag ich gerne – ich hab' das Buch überhaupt nicht verstanden, natürlich nicht, mit vierzehn. Aber es war mein erstes Buch, darum liebe ich Fallada.
MRR: Meine Liebe, das kann immer wieder passieren, daß Sie ein Buch überhaupt nicht verstehen. Die Sache ist nur, dann sollten wir über das Buch nicht schreiben, dann sollten wir den Autor schonen.
EH: Heute verstehe ich es schon.
MRR: »Kleiner Mann – was nun?« ist ja ein Höhepunkt der deutschen Literatur, aber nur auf dieser Ebene ist es ein Höhepunkt. Nein, ich bin sehr dafür, daß Leute auch Bücher der mittleren Klasse lesen, weil ich hoffe, und dazu tragen Sie bei wie kaum jemand sonst auf Erden, daß sie von dieser Ebene allmählich etwas höher steigen werden.
EH: Genau das möchte ich.
MRR: Man kann nicht die Lektüre von Romanen mit dem »Joseph«-Roman von Thomas Mann beginnen.

EH: Ach wissen Sie, es wird auch immer wieder genannt, man muß lesen: »Ulysses«, »Mann ohne Eigenschaften«, Prousts »Auf der Suche nach der verlorenen Zeit« – man muß gar nicht. Kafka hat bekannt, er liest gerne erotische Romane, irgendein anderer hat immer amerikanische Schundromane, pulp fiction, gelesen. Es ist doch möglich, daß der Geschmack breit gefächert ist, und es geht nicht alles immer.
MRR: Nur Vorsicht: Sie haben zwei Namen hier ins Rennen geworfen, Joyce und Proust, es gibt, ich zitiere das nicht zum ersten Mal im Leben, aber das ist so genial, kennen Sie das Wort von Tucholsky über den »Ulysses«? Es ist genial. Wenn Sie es nicht sofort zugeben, daß es genial ist, unterbrechen wir das hier. Tucholsky hat eine große enthusiastische literarische Kritik, 1923 oder 1924 erschien der »Ulysses« in Deutschland zum ersten Mal, geschrieben und zusammengefaßt in einem Satz, und jetzt kommt das Geniale: »Liebig-Fleischextrakt« – Sie wissen, was das ist, Liebig-Fleischextrakt? Wie Maggi oder so ähnlich – »Liebig-Fleischextrakt, man kann es nicht essen, aber Tausende werden daraus ihre Suppe kochen.« Damit ist alles gesagt. Das ist nicht unbedingt ein Roman für Leser, aber ein bahnbrechender Roman, der in der Geschichte der Weltliteratur eine enorme Rolle gespielt hat. Proust, etwas ähnlich, ist sehr schwer zu lesen, aber genial. Liebe, »Tristan und Isolde« von Richard Wagner ist doch schwerer zu erleben als »Die Fledermaus«. Aber wir brauchen beide, die »Fledermaus« und »Tristan«. Und da es so schwierig ist und soviel Aufmerksamkeit und Energie erfordert, deshalb sollten wir dafür sorgen, daß die Leute solche Musik hören, die sie vorbereitet sogar für den »Tristan«.
EH: So verstehe ich meinem Beruf in der Sendung jetzt. Daß man Bücher empfiehlt, die jeder lesen kann, der lesen möchte.

Es möchte nicht jeder lesen. Es gibt Menschen, die macht die Konfrontation mit einem Buch kribbelig, die sind für die Literatur verloren. Das ist in Ordnung. Aber die, die wollen, die sagen: Ich möchte lesen, aber ich weiß nicht, was. Die muß man hinführen mit etwas, und dann kann man die Schraube langsam anziehen, dann schult sich ja auch der Leser.
MRR: Ich habe einen Versuch gemacht im Leben. Es gibt einen deutschen Autor, der einen fabelhaft hinführt.
EH: Koeppen?
MRR: Nein, zu kurz und schwer. Koeppen schätze ich sehr, aber ich kenne einen anderen, den ich liebe und bewundere, einen Unterhaltungsautor, auf höchster Ebene, auf allerhöchster Ebene.
EH: Also ich sage Ihnen, der frühe Simmel war wunderbar. Erst die späteren Romane wurden schnulzig.
MRR: Ich denke an einen etwas bedeutenderen Autor. Also um es kurz zu sagen, ich werd' Sie nicht quälen, Theodor Fontane.
EH: Ja, das ist aber – ich bitte Sie. Der ist doch in Ihrem Kanon.
MRR: Aber entschuldigen Sie, das sind Unterhaltungsromane, nur geniale Unterhaltungsromane. Da werden Sie gleich sagen, das sei ein Widerspruch in sich. Nur in Deutschland ist das so. Man sagt, Balzac ist unter den Unterhaltungsromanautoren einer der größten der Welt geworden. Dostojewski hat bis ans Ende seines Lebens Fortsetzungsstories für Tageszeitungen geschrieben. Fontane kann man Leuten zum Lesen geben, die eigentlich an der Literatur als solcher so furchtbar nicht interessiert sind. Natürlich muß man aufpassen, nicht den »Stechlin« geben, das ist ein Konversationsroman. Aber »Irrungen und Wirrungen«, »Stine«, das sind fabelhafte Bücher.
EH: Aber Sie bleiben immer auch ein bißchen bei der Literatur, die Sie schon von früher kennen, die Sie als junger Mann

schon gelesen haben. Die Literatur entwickelt sich ja weiter. Wir haben im Moment jedes Jahr achtzigtausend neue Bücher, viele junge Autoren. Verfolgen Sie das noch, oder haben Sie dazu einfach keine Lust mehr, das alles sich anzusehen?
MRR: Nein, nein, so ist das nicht. Sie haben schon recht, ich verfolge die allerneuste Literatur nicht so intensiv, wie ich sie verfolgt habe, als ich Literaturchef der »Frankfurter Allgemeinen Zeitung« war. Da war es meine verdammte Pflicht und Schuldigkeit, diese Literatur ganz genau zu beobachten. Jetzt habe ich mir so eine Luxussache geleistet. Ich beschäftige mich mit solchen Büchern, die mich besonders interessieren. Und ich will Ihnen sagen, daß ich ein solches Buch, das ich schon kenne, morgen zu lesen beginnen werde. Es wird wochen- und monatelang dauern.
EH: Ein Buch, das Sie schon kennen?
MRR: Aber es ist sehr lange her. Ich will das Buch neu lesen, um darüber, das können Sie sich denken, zu schreiben.
EH: Was kommt in dem Buch vor? Noch nicht sagen, was es ist, erzählen Sie uns von dem Buch. Wir raten alle mit.
MRR: Ich werde Ihnen ein Rätsel geben. Ich habe einmal mit dem Sohn des Autors gesprochen. Der lebt nicht mehr, aber damals lebte er noch, als er mit mir sprach, klar. Und hab' gesagt: Hören Sie mal, wenn ich höre, was Sie über die Romane Ihres Vaters reden, so ein schlechter miserabler Schriftsteller war er nun doch nicht. Nein, sagte er, so ein miserabler war er nicht, der »Joseph«-Roman, das ist so was wie die »Ilias«, die »Odyssee«, was wollen Sie mehr? Also, Thomas Mann. Ich bin gebeten worden, die Festrede zum fünfzigsten Todestag von Thomas Mann in der Marienkirche in Lübeck zu halten, und ich habe beschlossen, den »Joseph«-Roman in den Mittelpunkt zu stellen. Ich bin dafür, daß man Leute an Tho-

mas Mann heranführt. Nicht mit Romanen, sondern mit Geschichten.
EH: Mit Erzählungen.
MRR: Kleinere. Ich habe in Amerika, als ich da eine Zeitlang Gastprofessor für Literatur war, gar nicht die »Blechtrommel« empfohlen, sondern »Katz und Maus«. Die »Blechtrommel« ist für einen Ausländer, der gut, aber nicht sehr gut Deutsch kann, zu schwer.
EH: Also nicht mit den schwierigsten Büchern anfangen, sondern …
MRR: Kurze, kurze, kurze Sachen. Das scheint mir wichtig. Aber ich will ja wie Sie genau das, Sie sagen doch auch immer, das Motto Ihrer Sendung ist doch »Lesen!«. Und ich garantiere Ihnen, Sie werden die Lektüre nicht abbrechen können. Sie werden sehen, morgen früh um 9 Uhr werden die Buchläden geöffnet, und Sie kaufen das Buch, und das Wunder geschieht, die Leute tun, was Sie wollen.
EH: Jetzt sind wir an dem Punkt, der auch immer uns beiden vorgeworfen wird und jedem, der mit seinen Sendungen Erfolg hat, wie Sie ihn ja lange hatten und wie ich ihn jetzt gerade habe. Wir wissen beide, daß das solche Kurven sind, rauf und runter, man wird gelobt und gescholten, und dann wirft man uns vor, wir hätten Macht im Literaturbetrieb. Was ist das für eine Macht?
MRR: Aber das ist doch ein ganz klarer Fall, bei mir genauso wie bei Ihnen. Ich habe darum gekämpft, um die Macht, ich wollte die Macht in der Hand halten und habe sie als Chef der Literaturredaktion der »Frankfurter Allgemeinen Zeitung« in der Hand gehabt. Nur eine Frage stelle ich – damals, als man mir sagte: »Sie haben sehr viel Macht in Ihren Händen konzentriert«, stellte ich die Frage, die ich noch heute stelle: Ja,

aber zu wessen Gunsten oder Ungunsten verwende ich die Macht? Ich meine, zugunsten der Literatur und der Leser. Natürlich haben Sie in Ihrer Sendung »Lesen!« eine enorme Macht. Die Leute gucken auf Ihre Sendung, hören zu und kaufen die Bücher.

EH: Ich habe das nicht bedacht vorher. Ich habe das wirklich ganz naiv vorher nicht bedacht.

MRR: Deswegen sage ich auch »Mädelchen«.

EH: Ich wußte, daß es ein Erfolg wird. Ich habe ja bei Ihnen gelernt, wie man mit Leidenschaft über Literatur redet. Das fand ich immer toll. Ich war nicht immer Ihrer Meinung, bin es auch jetzt nicht immer, aber Sie haben eine unglaubliche Leidenschaft, und Leidenschaft nehme ich erst mal immer ernst.

MRR: Aber die Ihrige ist doch nicht geringer.

EH: Ja, ich weiß, ich war ja Ihr Lehrling.

MRR: Machen Sie sich nicht so klein.

EH: Nein, nein, ich hab' das von Ihnen gelernt. Aber ich habe nicht bedacht, wie ansteckend man dann wirklich sein kann. Und dann dachte ich: O Gott, nach einer Sendung alle fünf Bücher auf der Bestsellerliste, alle zwei-, dreihunderttausend Mal verkauft, das sind Zahlen! Was passiert denn jetzt? Dann kamen Blumensträuße, Pralinenkästen, Wein. Dann habe ich mir eine Mitarbeiterin zugelegt, die jeden Tag zur Post geht und alles zurückschickt, weil ich ja nicht bestechlich werden darf. Jetzt wissen alle: Das geht mit mir überhaupt nicht …

MRR: Jetzt werde ich Ihnen etwas ernsthaft …

EH: Lassen Sie mich den Satz zu Ende sagen, das muß jetzt sein, auch wenn es weh tut. Ich habe den Verlegern gesagt: Ihr müßt euch nicht bedanken. Macht ihr euren Job, macht anständige Bücher, ich mach meinen. Und ich kann gar nicht, selbst wenn ihr noch so viele Pralinen und Blumen schickt, ich kann ein Buch gar nicht gut besprechen oder vorstellen, wenn ich es nicht mag, weil ich dann nicht leuchte. Ich kann es nicht, es funktioniert nicht. Ich muß das Buch mögen, egal wie ihr euch auf den Kopf stellt. Haben Sie das auch so gemacht?

MRR: Ich bin vollkommen mit Ihnen einverstanden, plus minus habe ich das auch so gemacht, nur, ich will Ihnen etwas ganz Wichtiges sagen, und ich meine das ernst, das sind keine Scherze. Es gibt in Deutschland einen großen Preis, der von der Institution, die ihn vergibt, nicht gekannt wird. Die hat die Satzung nicht gelesen, die wissen nicht die Satzung des Preises, den sie vergeben. Der Preis ist der Georg-Büchner-Preis, den die Deutsche Akademie für Sprache und Dichtung in Darmstadt vergibt. Da steht nicht drin: Den Preis hat alljährlich der größte deutsche zeitgenössische Dichter zu erhalten. Da steht drin: Den Preis hat der zu bekommen, der sich im vergangenen Jahr am meisten um die deutsche Literatur und Sprache verdient gemacht hat. Sie sollten den Büchner-Preis bekommen. Ich werde Ihnen auch noch etwas sagen …

EH: Sie haben doch Thomas Bernhard gelesen, »Wittgensteins Neffe«?

MRR: Ja, fabelhaft.

EH: Können Sie sich erinnern, wie er sagt: über vierzig keine Preise mehr annehmen. Sie machen dir auf den Kopf. Da stehen dann diese Honoratioren, die sagen, wo ist denn der Dichterling und so – dem sollen wir uns aussetzen? Geschenkt.

MRR: Erstens einmal: Thomas Bernhard, ein Schriftsteller, den ich bewundere und liebe, nicht erst, als er tot war, ich habe ihn zu Lebzeiten gelesen. Er hat zu einem bestimmten

Augenblick gesagt: Ich nehme keine Preise. Enzensberger hat auch in einem bestimmten Augenblick gesagt: Schluß! Und nahm dann noch viele Preise an. Jetzt hören Sie zu.

EH: Ja, ich will keine Preise, ich will meine Arbeit machen.

MRR: Ich gehöre keiner deutschen Akademie an, ich finde, das ist bemerkenswert. In jeder Akademie gibt es zwanzig Kritiker, aber ich kann wunderbar ohne die leben. Nein, aber Sie sollten ihn bekommen und nicht, wie das so manche denken, weil Sie weiblichen Geschlechts sind, sondern weil Sie sich um die Literatur und gerade um die so schwierige zeitgenössische so verdient machen. Aber ich kann da reden, soviel ich will, ich kann da doch nichts erreichen.

EH: Ich will ihn ja gar nicht haben.

MRR: Halt, halt! Ich hab' eine Idee! Sie kriegen ihn, und ich halte die Laudatio.

EH: Wir teilen ihn uns. Mich lieben die nicht, ich kriege ihn nie. Ich kriege immer Bambis und Goldene Kamera und so 'nen Quatsch.

MRR: Sagen Sie nicht Quatsch, habe ich auch bekommen.

EH: Steht das bei Ihnen im Regal?

MRR: Yehudi Menuhin hat einen Bambi bekommen.

EH: Ich habe sie immer verschenkt an die Redaktion und habe immer gesagt: Nehmt ihr das. Ich muß das nicht haben.

MRR: Alle diese Preise, die ich habe, unzählige Pokale, als wäre ich ein Fußballspieler, Pokale! Die stehen alle im Museum, die habe ich alle abgegeben.

EH: Ich bin ganz sentimental, wenn nach einer Sendung überall in den Bestsellerlisten und in den Buchläden die Bücher, die ich vorgestellt habe, auftauchen. Die Leute blättern da drin und sagen vielleicht, nein, das ist nichts, aber sie sind schon mal im Laden. Sie nehmen dann andere, sie kommen wieder. Mir ist das doch ganz egal, ich will es ja nicht besser wissen. Hauptsache, daß sie begreifen, was für ein unverzichtbares Glück Lesen ist. Das ist meine Mission.

MRR: Und damit treffen Sie ins Zentrum dieses ganzen Problems. (...) Ich habe mich im »Literarischen Quartett« immer bemüht und das auch manchmal direkt gesagt: Mir sind die Zuschauer am liebsten, die uns nicht glauben, sondern die sagen: Ich muß das Buch selber lesen.

EH: Wunderbar. Genauso sehe ich es auch.

MRR: Sagen Sie mal, werden Sie Ihre Sendung noch lange machen?

EH: Ich weiß es nicht. Man behandelt mich sehr gut beim ZDF, man läßt mich machen.

MRR: Wie viele Jahre machen Sie es schon?

EH: Genau zwei Jahre.

MRR: Zwei Jahre machen Sie es jetzt? Gründgens. Heute muß man ja erklären, wer er war. Gustaf Gründgens, großer deutscher Schauspieler.

EH: Ich glaube, hier müssen wir das nicht erklären.

MRR: Nein. Gründgens hat einmal gesagt: Man darf in einer Stadt nicht länger Intendant sein als zehn Jahre. Und man darf so eine Sendung, wie Sie sie machen, auch nicht länger als zehn Jahre machen.

EH: In zehn Jahren bin ich zweiundsiebzig.

MRR: Aber zehn müssen Sie machen!

EH: Ach ne, ich glaube nicht. Also so lange... Ich habe immer alles bis jetzt drei Jahre gemacht. Wissen Sie, die Musik ist meine erste große Liebe, die Literatur ist nur meine zweite. Aber man fragt mich ja immer, Sie auch, welches Buch nehmen Sie mit auf eine einsame Insel? Ich würde auf eine einsame Insel immer Musik von Bach mitnehmen.

MRR: Also Literatur würde ich mitnehmen auf die einsame Insel, zwei Auswahlbände, die ich selber machen kann. Ein Auswahlband mit Dramen von Shakespeare und ein Band mit Gedichten von Goethe.
EH: Ich liebe Sie für die Dramen von Shakespeare. Es gibt nichts Größeres.
MRR: Sie wissen, was das Wichtigste bei Shakespeare ist? Das wissen Sie alle erst seit dreißig Jahren.
EH: Ich weiß nicht, was Sie jetzt meinen. Ich weiß nur, was Peter Weiss einmal gesagt hat, und das hat mich zu Tränen gerührt, weil ich finde, er hat recht. Er hat gesagt: Es stimmt nicht, daß, wenn ein Spatz vom Himmel fällt, Gott seine Hand im Spiel hat, aber Shakespeare weiß es. Shakespeare weiß alles von uns Menschen.
MRR: Ein fabelhafter Satz. Was mir Shakespeares Größe endgültig gezeigt hat in den letzten zwanzig, vielleicht dreißig Jahren, den kann niemand, kein Regisseur auf dieser Erde, kein Theater, niemand kann diesen Autor fertigmachen, nicht einmal die deutschen Regisseure.
EH: Haben Sie ein aufklärerisch-intellektuelles oder eher ein romantisch-sentimentales Verhältnis zur Literatur.
MRR: Romantisch sentimental.
EH: Nein, ich glaube, Sie haben dasselbe wie ich, aufklärerisch-sentimental. Es ist beides. Begreifen und fühlen. Ich finde, wir können ohne Literatur gar nicht leben. Und wenn ich immer diese Diskussion um Pisa höre, da wird dauernd Wissen mit Bildung verwechselt. Wissen kann man, muß man als Schüler lernen, aber in unserem Alter, in Ihrem Alter, nicht mehr. Man kann alles nachschlagen, in Lexika, im Internet, was weiß ich wo. Bildung muß man sein ganzes Leben lang lernen. Bildung ist Literatur, Musik, Malerei, Bildung ist Cha-

rakter. Bildung sind unsere Wurzeln. Also beides, das Herz und der Kopf.

MRR: Wie kann ich Ihre Frage nicht so beantworten: ich bin für die Aufklärung. Ich habe während des Krieges, während des ganzes Krieges, bei allem, was wir erlebt haben, ich gebe es zu, keinen einzigen Roman gelesen, aber ich habe zusammen mit meiner Frau sehr viele Gedichte gelesen. Ich konnte Goethe lesen, ich konnte Heine lesen. Die großen polnischen Lyriker haben wir auch gelesen, die ich damals wenig, wenig kannte. Also, Sie sehen, daß ich ein ganz besonderes Verhältnis zur Lyrik habe. Man kann nicht sagen: Lyrik ist wichtiger als Romane.

EH: Lyrik ist ja auch Musik.

MRR: Eben. (…) Sagen Sie mal, was haben Sie hier für ein Buch oben liegen? Das ganz oben?

EH: Ich hab' das neue von Uwe Wittstock über Sie, das ist ein sehr schönes Buch, finde ich. Haben Sie es schon gelesen?

MRR: Ja, ich habe es gelesen im Manuskript. Ich habe keine Änderungsvorschläge.

EH: Es ist ein sehr schönes Buch über Sie, mit allen Brüchen. Man kann Sie ja sehr zum Feind haben, und er beschreibt auch diese Feindschaften.

MRR: Wen kann man zum Feind haben?

EH: Sie.

MRR: Mich?

EH: Ja.

MRR: Unzählige Leute.

EH: Ja. Und das spart er nicht aus. Aber es gibt auch Menschen, die Sie nicht kennen, was ich nicht fasse. Er schreibt hier einmal, auf irgendeiner Tagung oder so: »Mit seinen rhetorischen Fähigkeiten und seiner Schlagfertigkeit war er im

Disput kein angenehmer Gegner. Doch seine Kollegen blieben ihm wenig schuldig. So berichtet Jürgen Busche, damals Redakteur der ›Frankfurter Allgemeinen Zeitung‹: vor Beginn einer Feuilletonkonferenz, man wartete noch auf den Herausgeber, hatte sich ein lebhaftes Gespräch über die Frankfurter Eintracht, Fußballverein, entwickelt. Immer wieder fiel der Name Hölzenbein. Reich-Ranicki, rasch verstimmt, weil er zu dem Gespräch nichts beitragen konnte – das verträgt er ja immer gar nicht –, polterte schließlich los: Hölzenbein, wer ist dieser Hölzenbein? Ich kenne diesen Mann nicht! Darauf antwortete der Filmkritiker Michael Schwarze: Der kennt Sie auch nicht.«

MRR: Sie sehen, daß das ein amüsantes Buch ist.

EH: Sie sind zufrieden?

MRR: Sehr.

EH: Aber Sie haben ja Ihr Leben schon selbst beschrieben. Was ist der Unterschied?

MRR: Das ist eine sehr berechtigte Frage. Es steht manches in diesem Buch, was ich nicht gewußt habe, und manches, womit ich nicht ganz einverstanden bin. Gott sei Dank. Wäre ich mit allem einverstanden, was der Wittstock schreibt, wäre das ein Beweis, daß er nichts riskiert. Er riskiert oft, und da wird das Buch besonders interessant. Es gibt ja fünf oder sechs Bücher über mich. Es gibt mehrere Sammelbände, und ein Buch hat Volker Hage vom »Spiegel« geschrieben, ein Buch Thomas Anz, und dies ist das neuste. Das Buch ist von allen das am leichtesten, am witzigsten geschriebene, und es ist sehr ernst. Das Leichte, das Humorvolle ist ja oft das, was uns mehr vom Leben zeigt als der bittere Ernst.

EH: Trotzdem haben Sie ja auch immer Spaß am bitteren Ernst, Sie haben ja ein Buch rausgegeben »Lauter Verrisse«.

MRR: Da behaupten die Autoren, da sei sehr viel böser Humor drin. »Lauter Verrisse« war gar nicht so angenehm. Verrisse mit Humor darf man, soll man nicht auf Kosten der Autoren machen.
EH: Aber mein Lieber, das haben Sie auch schon gemacht. (…)
MRR: Wenn Sie sagen, daß ich manchmal auch Scherze gemacht habe, in Kritiken verrissen auf Kosten des Autors – leider, Sie haben recht. Natürlich haben Sie recht! Aber wer frei von Schuld und Fehle, bewahrt die kindlich reine Seele …
EH: Es gibt einen amerikanischen Kritiker, der heißt Dale Peck, ein Urgestein in Amerika wie Sie in Deutschland, der hat ein Buch geschrieben, das heißt »Fälle, die ich mit dem Beil erledige«. Das ist noch 'ne Nummer mehr, oder?
MRR: Das ist widerlich. Ich habe ja Verrisse, in denen ich den Autor fertigmache, in denen ich sage, er soll den Beruf wechseln, eigentlich nie geschrieben und wenn, dann nicht in das Buch aufgenommen. Das sind ja keine Anfänger. Ich habe Verrisse über Bücher von Böll, von Grass, von Andersch, von Walser geschrieben, die kann man so kritisieren, aber nicht die Anfänger. Das macht man nicht, das ist ja Unsinn, so etwas zu tun. Im übrigen, wissen Sie, Verrisse haben eine enorme Tradition in der deutschen Literaturkritik. Der erste große Kritiker war ja ohne Zweifel Lessing, der hat schon Verrisse geschrieben. Christian Grabbe hat den Goethe-Schiller-Briefwechsel, als er ganz neu war, verrissen und hat geschrieben: Wer diese Briefe in den Druck gegeben hat, der ist fähig, seine alten abgetragenen Hosen lithographieren zu lassen. Aber der Bursche hat genau gewußt, wer das getan hat, nämlich Goethe. So hat man über Goethe sogar geschrieben.
EH: Wir wollen noch mal über die Literatur reden. Ganz ehr-

lich, fehlt Ihnen jetzt auch Ihre Stimme in dem Fernseh-Literaturbetrieb, Sie schreiben ja noch in der Zeitung? Fehlt sie Ihnen manchmal?

MRR: Nein, sie fehlt mir nicht. Weil ich ja jeden Sonntag in der »Frankfurter Allgemeinen Sonntagszeitung« einen Artikel, eine Glosse schreibe. Dort werden mir Fragen gestellt, und heute beschäftige ich mich in dieser Zeitung mit der weltbewegenden Frage »Sport und Literatur«.

EH: Ich hab's gelesen heute morgen.

MRR: Feindliche Brüder.

EH: Aber viele Schriftsteller waren doch sportlich – können Sie sich erinnern an Kafkas Tagebucheintragung: morgens schwimmen, mittags Krieg?

MRR: Ja, aber er hat keinen Roman über die Schwimmschule geschrieben.

EH: Goethe war Schlittschuh laufen. Also die Schriftsteller haben selber Sport getrieben.

MRR: Das ist was anderes. Siegfried Lenz war ein Speerwerfer von Rang.

EH: Was meinen Sie denn mit »Sport und Literatur – feindliche Brüder«? Leute, die Sport treiben, lesen nicht, oder was meinen Sie?

MRR: Nein, nein, nein, überhaupt nicht. Sport und Literatur bedienen die gleichen Leidenschaften.

EH: Wie, ich denke Leib und Seele?

MRR: Eben. Im Sport geht es um Ehrgeiz, um Kraft, um Leidenschaft, um Neid. Alle diese Elemente sind im Langstrekkenlauf, im Boxkampf. Der Sport behandelt, wenn Sie so wollen, alle literarischen Motive. Nur ungleich primitiver, einfacher. Da hat der Schriftsteller nichts mehr zu tun, man kann keine Romane über den Sport schreiben.

EH: »Der Sportreporter« von Richard Ford, ein tolles Buch.
MRR: Halt! Sportreporter sind Journalisten, die werden benötigt. Daß Journalisten über Sport schreiben, ist nötig.
EH: Wondratschek schreibt doch immer übers Boxen.
MRR: Ja, ja, ist auch danach …
EH: Peter Handke schreibt über das Bleistiftspitzen, sechshundert Seiten, auch schön.
MRR: Auch bei Shakespeare kommt eine wichtige Sportart sehr oft vor – was damals der wichtigste Sport war, in jener Epoche, nämlich das Fechten. »Hamlet«, »Romeo und Julia«, überall wird viel gefochten, wird alles entschieden im Fechtkampf, aber Shakespeare wäre doch nicht auf die Idee gekommen, ein Stück über das Fechten zu schreiben!
EH: Das ist ja kein Sport, das sind Duelle. Es wird immer jemand erstochen, das ist ja nicht Sport in dem Sinne, das ist Auseinandersetzung.
MRR: Das ist eine wichtige Begleiterscheinung des menschlichen Lebens. Der Sport und die Literatur, das sind feindliche Brüder heute. Natürlich nimmt der Sport sehr viele potentielle Buchleser weg, es wird sehr viel Zeit dafür verwendet, man wird das nicht ändern. Kein Roman kann so übersichtlich sein wie ein Fußballspiel. Kein Drama so unmittelbar aufregend wie ein Langstreckenlauf, der Kampf ums Dasein, fünftausend Meter oder zehntausend Meter lang. Das sind Konkurrenzdisziplinen, Literatur und Sport. Jetzt sagen Sie mal, was könnte man noch machen, um die Menschen mehr an Literatur zu interessieren?
EH: Weitermachen. Weiterlesen, weiter darüber reden, weiter sagen, daß Lesen uns erklärt, wo unser Platz in der Welt ist, daß Lesen manchmal auch therapeutisch ist. Es ist nicht so, daß der Kummer geheilt wird durch ein Buch, aber der Kummer

ist für zwei, drei Stunden weg, wenn man in ein Buch, in eine Geschichte eintaucht, die einen wegträgt. Und die Welt, in der wir leben, ist sehr komplex, sehr schwierig und oft sehr traurig. Älterwerden ist traurig, krank sein ist traurig, kaputte Liebe ist traurig, Verlust ist traurig. Wir begraben unsere Freunde, sie sterben an Krebs, an Aids, an Selbstmord. Und immer wieder merke ich, wenn ich es nicht mehr ertrage: ich sitze und lese, und es funktioniert. Und ich möchte das weitergeben. Nicht Lesen als Bildung, als schlauer werden, sondern einfach merken, hier ist ein Buch, das hat eine Sprache, die mein Herz erreicht, und es geht mir besser danach. Ich habe das erlebt.
MRR: Hier kann ich auch klatschen. Aber ich habe eine Sache, die mir Sorgen bereitet, und der Kanon hat damit zu tun. In meiner Jugend hat die Schule unendlich viel getan, um uns für Goethe, für Schiller, für Kleist zu begeistern.
EH: In meiner auch noch, fünfziger Jahre.
MRR: Auch noch, sehen Sie. Wir müssen etwas tun, damit die Deutschlehrer es mit etwas mehr Enthusiasmus den Schülern beibringen. Und jetzt kommt der Punkt: dieser Kanon soll den Deutschlehrern helfen. Nicht alles behandeln in der Schule, völlig unmöglich, aber eine Auswahl liegt nun da, und daraus eine Auswahl. Wie ist denn der Kanon entstanden? Aus einem Grund ist er entstanden: Der »Spiegel«, Hamburger Nachrichtenmagazin, fragte mich, was ich so denke, was heute in Schulen so gelesen wird. Ich habe gesagt: Ich habe den Eindruck, es ist scheußlich falsch, aber ich bin nicht sicher. Der »Spiegel« hat mir die Lehrprogramme aus allen deutschen Ländern beschafft. Diese sind ganz unterschiedlich, in Schleswig-Holstein wird anders gelesen als in Bayern, das war immer schon so.
EH: In Zukunft erst recht.

MRR: Württemberg ist anders als Pommern. In meiner Jugend war's so: Im Norden las man Kleist und Storm, aber Hölderlin und Mörike wenig. Im Süden wußten die nicht, wer Kleist und Storm sind, aber man las sehr viel Mörike, sehr viel Hölderlin. Jetzt zur Sache.

EH: Man hätte mal Feuchtwanger lesen sollen, »Erfolg«. Haben Sie nicht da drin, »Erfolg«, oder?

MRR: Nein.

EH: Fehler!

MRR: Jawohl. Sie haben bisher geglaubt, bis heute haben Sie geglaubt, ich bin ein Mensch, der keine Fehler macht.

EH: Sie sind jemand, der apodiktisch Sachen vorgibt, aber ich neige auch dazu. Das ist falsch, das müssen wir mal lassen, dieses Missionarische.

MRR: Feuchtwanger gehört, über das Thema haben wir ja vor einer Stunde gesprochen …

EH: Ich habe mit Ihnen noch nie über Feuchtwanger gesprochen, auch nicht vor einer Stunde.

MRR: Nein, vor einer Stunde haben wir – Sie lassen mich nie aussprechen!

EH: Das muß einem erst mal gelingen!

MRR: Vor einer Stunde haben wir über Unterhaltungsbücher gesprochen. Und da haben Sie gesagt, dieser Fallada, ein sehr guter, unterhaltsamer Schriftsteller an der Grenze der Unterhaltungsliteratur.

EH: Feuchtwanger ist aber mehr, viel mehr.

MRR: Mehr. Aber auch in dieser Nähe.

EH: Nein.

MRR: Ein bißchen.

EH: Nein. Der »Erfolg«hat seherisch die ganze Hitlerei vorweggenommen.

MRR: »Der Erfolg« ist das Beste, was er geschrieben hat. Das hat er vor 1933 geschrieben, nach 1933 kamen diese historischen Romane.
EH: Die mag ich auch nicht so gern.
MRR: Sehen Sie, sehen Sie. Wenn Sie mich ausreden lassen, einigen wir uns.
EH: Mir geht's aber mit vielen Autoren so, haben Sie das auch? Haben Sie das einmal gesagt: Wenn ein Autor nur ein wirklich großes Buch geschrieben hat, dann ist er ein großer Schriftsteller. Und es gibt Schriftsteller, die kann ich auf den Tod nicht leiden, aber sie haben ein Buch, da gehe ich in die Knie. Harry Mulisch. Ich kann es nicht ertragen, dieses »Die Entdeckung des Himmels« und dieser ganze Männerquatsch, wo sie sich immer in Cellistinnen verlieben, weil die ja immer breitbeinig sitzen. Aber kennen Sie das Buch von Harry Mulisch »Das Attentat«?
MRR: Nein.
EH: Das müssen Sie lesen. Sie weinen, Sie weinen beim Lesen.
MRR: Die anderen Bücher, Sie haben recht.
EH: Aber »Das Attentat«, dafür ist ihm alles andere verziehen. Oder Kundera, »Die unerträgliche Leichtigkeit des Seins«. Schrecklich, auch so ein Männerbuch. Gefällt Ihnen? Furchtbar. Aber kennen Sie »Der Scherz«?
MRR: Ja, das hat er früher geschrieben.
EH: Ist das ein tolles Buch?! Jemand macht einen Scherz, einen Scherz als Student, jemand verpfeift ihn wegen dieses Scherzes, und er kommt zwanzig Jahre in die Kohlengruben, und sein Leben ist ruiniert. Das sind Bücher! Stimmt das, wenn jemand ein einziges gutes Buch geschrieben hat, dann reicht das?
MRR: Wenn einer ein gutes Buch geschrieben hat, ist er ein guter Schriftsteller. Nur, daß einer nicht mehr Gutes geschrie-

ben hat, nur einen Roman, nicht noch mal zwei Erzählungen, drei Gedichte, das kommt sehr selten vor.

EH: Das stimmt. Bei Kundera ist es noch besser, aber bei Harry Mulisch …

MRR: Liebe, wissen Sie, wir können hier lange plaudern, aber sehen Sie auf die Uhr. Was für ein geduldiges Publikum, sind alle noch da.

EH: Jetzt sage ich mal, wie Sie immer zu mir sagen: Hören Sie, passen Sie auf, ich komm' vom Fernsehen, ich weiß, was Zeit ist. Sie können mir sagen: noch eins dreizehn, und ich mach' noch eins dreizehn. Wir haben in dieser Sekunde genau neunzig Minuten, meinen Sie, das sehe ich nicht? Darum spreche ich jetzt mein Schlußwort. Ich habe einen Freund, der mich immer zur Philosophie hinbringt. Wir treffen uns jede Woche, und er erklärt mir Philosophie. Neulich hatten wir Ernst Bloch. Ich lese seitdem völlig begeistert Ernst Bloch. Wunderbar.

MRR: Ich kann Ihnen sagen, warum.

EH: Weil man jeden Satz versteht.

MRR: Das ist schon mal sehr wichtig. Unter uns, aber wir wollen keine Diskussion über das Thema beginnen, Ernst Bloch ist kein Philosoph, sondern Schriftsteller.

EH: Er ist ein schriftstellernder Philosoph. Ein philosophischer Schriftsteller. Und er hat etwas gesagt, da habe ich an Sie gedacht. Sie haben soviel erreicht, soviel gemacht, und Sie sind jetzt fünfundachtzig Jahre alt, und wir sind endlich, wie wir wissen. Haben Sie manchmal dieses Gefühl, nicht stolz zu sein auf das, was man gemacht hat, sondern es schleicht sich so eine tiefe Melancholie des Erreichten ein, so nennt Bloch das. Man hat soviel erreicht und so vieles auch nicht. Das hab' ich schon als Mädchen mit zweiundsechzig. Haben Sie dieses Gefühl?

MRR: Ich möchte es anders formulieren. Man hat mich oft gefragt: Sind Sie denn nun glücklich mit dem, was Sie geleistet haben? Sie haben ja so viele Erfolge und so viele Preise, Sie haben den Goethepreis bekommen. Ich bin, ein ganz ehrliches Wort, wirklich ohne jede Koketterie, ich bin zufrieden mit dem, was ich aus meiner nicht übermäßigen Begabung gemacht habe. Es steckt in meinem beruflichen Leben unendlich viel Fleiß und Arbeit und oft die Frage: Wozu quäle ich mich? Man könnte fragen: Wozu lese ich jetzt den ganzen »Joseph«-Roman, mehr als zweitausend Seiten? Aber vielleicht wird es sich doch lohnen. Also kurz, ich bin nicht glücklich mit dem, was ich erreicht habe, aber ich bin zufrieden mit dem, was ich daraus gemacht habe. Denn ich glaube, sehr viel Talent hat mir die Natur nicht mitgegeben.
EH: Ich sehe das anders. Bei mir ist das eher der Fall. Ich bin hudelig, ich vergesse viel, ich muß unendlich fleißig sein, um alles auf die Reihe zu kriegen.
MRR: Ja, da sind wir uns einig. Ich arbeite immer. Kein freier Sonntag – ich meine, heute ist ein freier Sonntag, denn das Gespräch mit Ihnen war ja ein Vergnügen und keine Arbeit!
EH: Ich möchte mit zwei Sachen aus den Büchern schließen. Das eine möchte ich Sie bitten zu lesen. Das ist eine Stelle aus dem schon sehr alten Gespräch zwischen Peter von Matt und Ihnen. Können Sie sich erinnern an diese Idee mit den Bücherpremieren? Würden Sie das vorlesen, was ich da angestrichen habe? Wissen Sie's?
MRR: Natürlich weiß ich es genau.
EH: Oder erzählen Sie es!
MRR: Ich möchte es lieber erzählen. Wozu soll ich lesen?
EH: Wunderbar. Es ist eine so schöne Idee für uns alle, die wir hier in einem Theater sitzen.

MRR: Man sollte Buchpremieren veranstalten. Die werden auch oft veranstaltet, und sie bestehen darin, daß der Autor etwas vorliest, jemand lobt ihn, und hinterher trinkt man Sekt. So ungefähr. Das ergibt gar nichts. Ich stelle mir die Buchpremiere so vor: Der Autor wird in ein Theater geladen. Das Theater kann so groß sein wie diese Oper, kann aber auch ein Kammerspiel sein, egal. Ist voll. Der Autor sitzt in der Loge. Jeder der Anwesenden bekommt seinen neuen Roman. Und jeder liest dort, in dem Theater, und der Autor schweigt und beobachtet. Und sieht, wie manche Leute ein bißchen die Geduld verlieren, weiterblättern, manche gähnen, legen den Roman weg, stehen auf – die Tür ist nicht verschlossen – gehen raus und verlassen den Saal, und dann ist der Saal nur noch halb voll. Wenn der Autor so etwas erleben würde, eine solche Premiere, würde er sich bei der nächsten Gelegenheit ein bißchen Gedanken machen: Was soll ich tun, um die Leser bei der Stange zu halten? Ein großer deutscher Dichter, vielleicht der größte Lyriker, den Deutschland im zwanzigsten Jahrhundert hatte, Bertolt Brecht, hat sich Stücke schreibend immer wieder überlegt: was mach ich, daß die Leute mir nicht wegrennen? Und sich gesagt, nach einem längeren Dialog: schnell ein Liedchen, ein Song, ein bißchen Musik und hat dann gute, hervorragende Komponisten geholt, Kurt Weill, Eisler, Dessau, die ihm die Musik gemacht haben. Er hat dann gesagt: Ja, die Songs, das ist wie der antike Chor, da wird das Stück gedeutet. Quatsch, da wird gesungen, damit die Leute nicht weglaufen. Und Brecht war ein Fachmann, er verstand was von diesem Beruf. Und diese Stelle, die ich vorlesen sollte, war nun die: Kinder, bemüht euch etwas, daß die Leute lesen. Dostojewski hat sich bemüht, und seine Fortsetzungsstory, die Raskolnikows, dieser Roman »Schuld und Sühne«, falsches

Deutsch, muß ja heißen »Verbrechen und Strafe«. Nicht metaphysisch, »Schuld und Sühne«. Die Leute hätten die Zeitung nicht abonniert, wenn's langweilig gewesen wäre. Natürlich hat er sich Mühe gegeben. Unsere Autoren geben sich nicht immer hinreichend Mühe. – Was wollten Sie noch vorlesen?
EH: Ich wollte, daß Sie das letzte Wort haben, aber daß ich doch als letzte rede. Dann haben wir irgendwie beide gewonnen. Ich lese etwas vor aus Ihrem bewegenden, klugen, wunderschönen und in einem Atemzug zu lesenden Buch »Mein Leben«, und zwar eine Stelle, die mich ganz besonders berührt hat. Und wenn ich Ärger kriege im Fernsehen oder blöde Briefe kriege oder im Feuilleton wieder lese, was ich alles falsch mache, dann lese ich diese Stelle, und dann geht es mir wieder gut. Die lautet so, und das haben Sie gesagt: »Die Literatur ist mein Lebensgefühl. Das lassen, glaube ich, alle meine Ansichten und Urteile über Schriftsteller und Bücher erkennen. Vielleicht auch die abwegigen und verfehlten. Letztlich ist es ja die Liebe zur Literatur, diese mitunter sogar ungeheuerliche Leidenschaft, die es dem Kritiker ermöglicht, seinen Beruf auszuüben. Seines Amtes zu walten. Und bisweilen mag es diese Liebe sein, die anderen die Person des Kritikers erträglich und in Ausnahmefällen sogar sympathisch macht. Man kann es nicht oft genug wiederholen: Ohne Liebe zur Literatur gibt es keine Kritik.«

»Ich liebe Friedrich Schiller«

ZDF.de, 29. April 2005
Das Interview führte Werner von Bergen.

Sie haben einmal gestanden: »Ich liebe Friedrich Schiller.« Woher kommt diese Begeisterung?
Von allen großen deutschen Klassikern habe ich am frühesten, am intensivsten Schiller geliebt. Er bedeutete mir in meiner Jugend mehr als Lessing, mehr als der von mir dann sehr geschätzte und geliebte Kleist, eigentlich mehr als Goethe. Meinen Weg zu Schiller verdanke ich meiner Mutter. Sie hat mir, und das war eine der großen Taten meiner Mutter, eine Eintrittskarte für eine Aufführung des »Wilhelm Tell« im Schauspielhaus am Berliner Gendarmenmarkt geschenkt, mit dem größten Schauspieler jener Zeit, Werner Krauss, als Tell und unter der Leitung des damals größten Regietalents Jürgen Fehling. Das Stück hat mich ungeheuerlich beeindruckt. Und dann, als ich einmal krank war, begann ich die »Räuber« zu lesen. Ohne Pause – und aufgehört habe ich erst bei den Worten »Dem Manne kann geholfen werden«. Ich habe, als ich die Stücke von Schiller zum erstenmal las, gar nicht gewußt, wie sie enden, und ich habe sie mit roten Backen gelesen. Ich wollte wissen, was passieren wird und wie es endet. Während viele meiner Schulkollegen und Freunde damals irgendwelche Kriminalromane lasen – Tom Shark, also Hefte mit achtundvierzig Seiten, oder Edgar Wallace –, da habe ich die Schiller-Dramen auf ähnliche Weise gelesen. Alle haben mich vom Inhalt, vom Aufbau, von den Figuren und den Krächen her interessiert.

Erinnern Sie sich noch an Ihre ersten Reaktionen auf Stücke wie die »Räuber« und »Wilhelm Tell«?

Beide Stücke haben in mir schon damals, obwohl ich da zwölf, dreizehn Jahre alt war, sehr unterschiedliche Reaktionen hervorgerufen. Ich war verblüfft, daß ein Stück so ordinär in der Ausdrucksweise sein kann wie die »Räuber«. Ich will nicht sagen, daß mir das mißfallen hat, aber es hat mich gewundert. Was ich damals noch nicht wußte, ist, daß die Sprache jenes Stücks ein Protest des Autors gegen die damalige aristokratische, bald bürgerliche Welt war. Das Stück ist ja die Auflehnung der Jugend, um es in der Sprache unserer Epoche zu sagen, gegen das Establishment. Darum dreht sich das ganze Stück und auch die Sprache, die glänzende, derbe, streckenweise ordinäre Sprache.

Ich war noch in der Schule, als mir auffiel, daß im »Wilhelm Tell« ein politisches Attentat verteidigt wird und der Attentäter einer ist, der mir vorkam wie ein SA-Mann. Der Attentäter wird aufgefordert, zur Rütli-Wiese zu Beratungen zu kommen. Die Versammlung ist aber offenbar für ihn eine Schwatzbude. Das Wort »Schwatzbude« wurde gerne von Hitler genutzt und war auf den Reichstag gemünzt. Ja, sagt der Tell, wenn man zuschlagen muß, dann bin ich bereit, dann komme ich. Solche Bürger, die sich der Beratung verschließen, aber am Zuschlagen gerne teilnehmen möchten, mitschlagen möchten, das war nicht ganz nach meinem Geschmack. Natürlich, Tell sagt, daß er sein Weib, die Kinder und sein Heim verteidigt, aber ein schlechter Nachgeschmack bleibt auch dabei, daß hier ein Meuchelmord geplant ist, daß Tell einen Menschen ermordet hat – wenn auch einen Bösewicht, wie Gessler.

Die Deutschen hätten, das hat Heinrich Heine mal gesagt, nur im »Luftreich des Traumes« ihre Revolution gemacht. War

demnach gar Friedrich Schiller einer unserer größten Revolutionäre?
Ich weiß nicht recht, ob man Schiller als einen Revolutionär bezeichnen soll. Schiller war vor allem ein Kritiker des Lebens, der Gesellschaft, der Verhältnisse. Er war ja nicht der einzige, der ein Anhänger der Französischen Revolution war, hat sich aber von ihr dann später abgewandt. Es schien ihm doch keine so glückliche Lösung zu sein, Menschen so zu morden, wie es damals stattfand. Im Grunde war Schiller zu sehr Künstler, um Revolutionär sein zu können.
Aber ist nicht gerade dieses Künstlertum von Schiller im Luftreich des Idealen das, was die Deutschen angezogen hat? Ist das nicht einer der Gründe, warum er von allen möglichen Parteien immer wieder für ihre Zwecke genutzt und mißbraucht wurde?
Ja, es stimmt, alle haben Schiller verwendet. Die Bürgerlichen und die Aristokraten, die Kommunisten und die Sozialdemokraten und die Nazis. Das hängt zunächst einmal mit etwas ganz anderem zusammen. In den Schiller-Dramen, auch in den vielen Balladen, gibt es eine Fülle leicht zitierbarer Äußerungen. Ein Autor mit so leicht zitierbaren, einprägsamen, blendenden Äußerungen – das muß man erst mal können! Soviel Weisheiten in kurzen Sätzen zu verbreiten, wie dies der Wilhelm Tell tut. »Die Axt im Haus erspart den Zimmermann«: Fabelhaft!
Die leichte Verwendbarkeit Schillerscher Äußerungen und deren schon in der Nation vorhandene Popularität hat die politischen Parteien dazu gebracht, Schiller zu mißbrauchen. Das war sehr unterschiedlich, jahrelang durften Schiller-Stücke nicht in Deutschland gespielt werden. Der »Wilhelm Tell« war dem Hitler nicht genehm. Ein Stück, in dem der eingesetzte Führer, der mordete, aus dem Ausland gekommen war,

aus Österreich, wie auch Hitler aus Österreich nach Deutschland gekommen war, das hat Hitler nicht gefallen. Das Populäre, das Zitierbare hat zum Mißbrauch von Schiller geführt.

Sie haben schon erwähnt, daß Redewendungen aus Schillers Dramen in den allgemeinen Wortschatz übergegangen sind, von Tells »Früh übt sich, was ein Meister werden will« bis zu »Was nicht verboten ist, ist erlaubt« aus dem »Wallenstein«. War am Ende Schiller neben Luther und noch vor Goethe der große Stichwortgeber der deutschen Kulturnation?

Was heißt Stichwortgeber. Zitatenlieferant! Ja, die Großen. Es gibt in Deutschland wahrscheinlich vier große Zitatenlieferanten: Goethe, Schiller, Heine und Brecht. Die haben Zitate in großen Mengen geliefert. Überdies: Was zu Schillers Wirkung zu sagen ist, er war ein ganz, ganz authentischer Bühnenautor. Er hat ein unerhörtes Gespür für Bühneneffekte. Er führte ja manchmal selber Regie am Theater in Weimar. Er wollte ziemlich viele Kitscheffekte als Regisseur auf der Bühne haben. Blut sollte fließen, rote Farbe und solche Sachen. Er ist ein Bühnenautor, der viel mehr macht als Goethe.

So ein ganz richtiger Bühnenautor war Goethe nie. Aber man bedenke, er hat den »Faust« geschrieben, natürlich. Der »Faust« ist das größte deutsche Drama überhaupt. Gar kein Zweifel. Aber für eine Bühne war sogar der erste »Faust« nicht unbedingt geschrieben. Goethes Stücke wie die »Iphigenie« sind Höhepunkte, nie übertroffene Meisterwerke der deutschen Literatur. Das eigentliche Temperament, der eigentliche Theatermacher, Effektesucher, Effektebieter, der war aber Schiller.

Herr Reich-Ranicki, geben Sie uns eine Empfehlung: Was sollte man von Schiller auf jeden Fall gelesen haben?

Ich würde zuerst zwei bis drei Balladen empfehlen. Vor allem »Die Kraniche des Ibykus«, dann noch »Die Bürgschaft« und

»Der Ring des Polykrates«. Diese drei Balladen sind vielleicht das Wichtigste. Von den Stücken würde ich zwei empfehlen: »Kabale und Liebe« und »Don Carlos«. Das sind wunderbare Stücke. »Don Carlos« ist natürlich sehr umfangreich. Das ist ein Unglück für unsere Theater, denn man muß den »Carlos« für die Bühne kürzen, und er ist sehr schwer zu kürzen. Was immer man streicht – es ist schade drum!

Was hat Sie eigentlich dazu gebracht, noch einmal in einem »Literarischen Quartett« aufzutreten, und was erwartet die Zuschauer am 29. April?

Das »Literarische Quartett« hatte seine Zeit, und es ist richtig, daß man in einem bestimmten Augenblick gesagt hat, nun reicht es, nun können wir andere Formen der Vermittlung der Literatur im Fernsehen erproben. Aber in Sonderfällen kann man, glaube ich, auf das »Literarische Quartett« mit Nutzen für das Publikum zurückgreifen. Ein solcher Sonderfall war Goethe, Johann Wolfgang von, im Jahre 1999. Ein solcher Sonderfall ist nun Schiller, Friedrich von.

Wer der nächste Sonderfall sein wird, darüber möchte ich gar nicht meditieren, schon mit Rücksicht auf mein Alter. Ich kann ja nicht so ewig in die Zukunft hin planen. Aber dies möchte ich jetzt gerne machen, ein Gespräch über Schiller in sechzig Minuten, nicht mehr. Um vier Dramen von Schiller wird es gehen: »Die Räuber«, »Kabale und Liebe«, »Don Carlos« und »Wallenstein«. Und ich glaube, es wird nützen und Spaß machen – den Zuschauern und den Teilnehmern!

»Ich bin bisweilen boshaft«

»Der Spiegel«, 28. Mai 2005
Das Interview führten Mathias Schreiber, Martin Doerry und Volker Hage.

Herr Reich-Ranicki, Sie werden am kommenden Donnerstag fünfundachtzig Jahre alt und zeigen derzeit viel Willen zur Versöhnung. Sie haben sich mit Günter Grass und Walter Jens getroffen, die beide zu Ihnen auf Abstand gegangen waren. Ist das Seniorenmilde oder Einsicht?
Ich habe oft gesagt, daß ich immer, wirklich immer zur Versöhnung bereit bin, und zwar mit allen, mit denen ich zerstritten war oder bin. Ich habe noch nie eine zu mir ausgestreckte Hand zurückgewiesen. Noch nie. Ja, mit Grass ist es zu einer Art Versöhnung gekommen. Wir sind uns in Lübeck begegnet, übrigens war die Begegnung nicht zufällig, sondern organisiert. Er hat zu dem Buch, das jetzt aus Anlaß meines Geburtstags erscheint, ein rührendes Prosastück beigesteuert. Jens war hier in meiner Wohnung, nachdem ich angeboten hatte, ihn zu besuchen. Inzwischen haben meine Frau und ich das nachgeholt.
Wäre jetzt nicht Martin Walser dran?
Das müssen Sie Walser fragen.
Knüpfen Sie Bedingungen daran?
Ich wiederhole: Nie habe ich eine zur Versöhnung ausgestreckte Hand zurückgewiesen. Machen Sie es doch nicht so kompliziert. Wenn in Polen zwei Literaten zerstritten sind, kann es passieren, daß sie sich nach einem Jahr in Warschau zufällig treffen, und einer sagt: »Es reicht. Laß uns einen

Wodka trinken!« Und alles ist vorbei. Das finde ich vernünftig, weil wir nur einmal auf Erden leben. Ein lebenslänglicher Streit ist immer Unsinn. Überdies: Ich bin oft aggressiv, doch niemals rachsüchtig.

Kompliziert wird es dann, wenn beide jeweils auf die ausgestreckte Hand des anderen warten.

Sie unterstellen mir etwas. Ich habe doch nicht gesagt, daß ich auf eine ausgestreckte Hand warte. Also noch einmal: Ich weise eine ausgestreckte Hand nicht zurück. Das ist ein Unterschied.

Sie würden also auch die Hand von Joachim Fest, Ihrem früheren langjährigen Freund und Mitstreiter bei der »Frankfurter Allgemeinen Zeitung«, nicht zurückweisen?

Nein. Allerdings ist die Freundschaft mit Joachim Fest eine ganz besondere und sehr wichtige Geschichte – in meinem Leben und, obwohl Fest dies heute leugnet, auch in seinem Leben. Fest möchte seine Hochachtung und Sympathie in früheren Jahren und in einer anderen Situation vergessen und bestreiten. Das zeugt vom Mangel an Respekt vor der eigenen Vergangenheit.

Der Hauptgrund für Ihre Entzweiung war der Historikerstreit, aber auch die Einschätzung der Nazigröße Albert Speer, was jetzt durch Heinrich Breloers TV-Mehrteiler über Speer neue Aktualität gewonnen hat. Gab es Versuche zur Versöhnung mit Fest?

Mehrere. So hat sich Fests im vorigen Jahr verstorbene Schwester, mit der wir, meine Frau und ich, viele Jahre befreundet waren, intensiv um eine Versöhnung oder zumindest um ein klärendes Gespräch, an dem mir besonders lag, bemüht. Doch vergeblich. »Es hat keinen Zweck«, sagte sie mir, »ich kann nichts erreichen. Bei Joachim ist nur noch Haß.« Was mich betrifft: Ich bin bisweilen boshaft, aber Haß kenne ich nicht.

In Ihrer Autobiographie »Mein Leben« haben Sie geschildert, wie Sie als Überlebender des Holocaust im September 1973 bei der Buchpräsentation von Fests Hitler-Biographie in Berlin unvorbereitet mit dem dazugeladenen Speer konfrontiert wurden, der seine Haftzeit verbüßt hatte.

Ja, das war sehr erschreckend. Plötzlich stand vor mir einer der Mörder meiner Eltern und meines Bruders. Niemand hatte mich zuvor gewarnt, auch Fest nicht.

In seinem jüngsten Buch »Die unbeantwortbaren Fragen«, in dem Fest seine Notizen über die Gespräche mit Speer nach dessen Entlassung aus dem Spandauer Gefängnis publiziert, nennt er Ihre Darstellung der Berliner Begegnung eine »Erfindung«.

Es tut mir leid, daß Fests Gedächtnis versagt. Bei dieser Begegnung waren viele Zeugen zugegen, auch der Verleger Wolf Jobst Siedler.

Fest schreibt über Sie, ohne Ihren Namen zu nennen: Wenn »der erwähnte Journalist« über Speers Anwesenheit geschwiegen habe, um seine Möglichkeiten bei der »Frankfurter Allgemeinen Zeitung« nicht zu gefährden, »hat er sich genauso anpasserisch verhalten wie die Deutschen der dreißiger Jahre, denen er ihren Opportunismus wieder und wieder zum Vorwurf gemacht hat«.

Auch das zeugt davon, daß es Fest allem Anschein nach sehr schlecht geht. So werde ich mich hüten, mich etwa zu revanchieren. Er ist nach dem Film von Breloer in eine fatale Situation geraten. Als vor vielen Jahren der Weg dorthin begann, habe ich alles getan, um ihn freundschaftlich zu warnen und zu bremsen.

Das war während des Historikerstreits im Jahr 1986. Aber über die Szene mit Speer haben Sie erst viel später in Ihren Memoiren geschrieben. Warum?

Das Kind war im Brunnen. Daß Fest mich damals nicht gewarnt hat, geschah, da bin ich ziemlich sicher, nicht etwa aus Boshaftigkeit, sondern schlicht aus seiner Egozentrik. Er ist überhaupt nicht auf die Idee gekommen, daß ich es vermeiden möchte, mit einem Mann wie Speer an einem Tisch zu sitzen.

Kann es sein, daß Fest damals Speer gegenüber einfach zu gutgläubig war, was ihm ja jetzt zum Vorwurf gemacht wird? Daß er an die Mär vom »guten Nazi« geglaubt hat?

Nein, es ist falsch, Fest für naiv zu halten. Seine Speer-Präsentation hat nichts mit Gutgläubigkeit zu tun, wohl aber mit seiner politischen Überzeugung und Taktik und vielleicht auch mit seinem Patriotismus. Indem er Speer der Nation, vor allem den kleinen Nazis und den Mitläufern, als anständigen, wenn nicht gar edlen Nazi verkauft hat, verhalf er ihnen zu einem guten Gewissen. Wenn sich ein Mensch mit einem so außerordentlichen Talent wie Speer verstricken ließ, dann waren letztlich alle, die mitgemacht haben, entsühnt. Der gigantische Erfolg der Speer-Bücher hat damit zu tun. Ich unterstelle Fest keine bösen Absichten, nur konnte und kann bei Speer von Verstrickung keine Rede sein. Er war der nationalsozialistische Schwerverbrecher, der sich von Göring oder Himmler nur dadurch unterschied, daß er gute Manieren hatte.

Fest hat Speer so interpretiert, daß der keinen Begriff von Schuld hatte.

Sie sprechen vom Speer-Mythos. Die Architekten dieses Mythos waren, wie auch Breloer jetzt bestätigt hat, zwei Menschen: Fest und Siedler. Ich kann diese Überzeugung und diesen Vorwurf meinem alten Freund Fest leider nicht ersparen. Aber ich vergesse nicht und werde nie vergessen, was Fest in früheren Jahren für mich getan hat. Ich bin 1958 nach Deutschland zurückgekehrt. Bis 1973 habe ich als festangestellter Kritiker bei der »Zeit« gearbeitet, aber nur in meiner Wohnung und eben nicht in der Redaktion. Der erste, der mir einen Posten in einer Redaktion – und den wohl wichtigsten im literarischen Leben der Bundesrepublik – angeboten hat, war Fest. Als er 1973 Herausgeber der »Frankfurter Allgemeinen Zeitung« wurde, hat er zur Bedingung gemacht, daß ich mitkomme. Er hat für meine totale Unabhängigkeit in der Redaktion gesorgt. Ich konnte in dem Literaturteil der »Frankfurter Allgemeinen Zeitung« drucken, wen ich wollte, auch Autoren, die in dieser Zeitung wahrlich nicht gern gesehen wurden, Linke, Kommunisten und so weiter.

Das klingt ja fast versöhnlich.

Knapp und klar: Fest hat für mich viel Gutes getan. Ich werde mich hüten, es zu vergessen. Was ich für ihn getan habe – und es ist ebenfalls sehr viel –, möchte ich hier nicht ausbreiten. Fest hat in letzter Zeit öffentlich allerlei Negatives über mich gesagt. Er hat auch ernsthaft bestritten, daß wir befreundet waren. Er hat allerlei erklärt, was ich hier nicht wiederholen möchte.

In Zusammenhang mit dem Breloer-Film haben sowohl Fest wie Siedler Selbstkritik erkennen lassen. Speer habe sie getäuscht.

Mich hat Speer nie getäuscht. Ich bin kein Forscher, kein Historiker – aber ich habe keinen Augenblick Zweifel gehabt, daß der zeitweise engste Vertraute Hitlers wußte, was etwa mit den Juden geschah. Heute wissen wir, daß Speer zu den ersten zählte, die in Berlin die Juden aus ihren Wohnungen deportieren ließen.

Und in Breloers Film sehen Sie nicht die Gefahr einer Glorifizierung der Person Speer?
Nein, der Film hat mich sehr beeindruckt. Nur muß Breloer aufpassen, daß er seine Technik der Mischung aus Spielfilm und Dokumentation nicht zur Masche verkommen läßt. Das hat im Fall von Thomas Mann und seiner Familie gut funktioniert, bei Speer stößt das an Grenzen.
(…)
Wie beurteilen Sie die aktuellen Anstrengungen der Deutschen, des sechzigsten Jahrestags der Befreiung Deutschlands vom Nationalsozialismus zu gedenken?
Man kann nicht über Deutschland allgemein sprechen, auch nicht über die Deutschen, sondern muß von den verschiedenen Generationen reden: Für die Jüngeren spielt die Frage, ob es 1945 eine Befreiung oder einen Zusammenbruch gab, keine Rolle – für die ist der Krieg so weit weg wie für mich in meiner Jugend der deutsch-französische Krieg von 1870/71. Die Generation derjenigen, die den Krieg mitgemacht haben und heute über achtzig sind, hat den 8./9. Mai 1945 nicht als Tag der Befreiung, sondern als Zusammenbruch erlebt. Alles andere ist eine unzulässige, wenn nicht verlogene Beschönigung.
Was fällt Ihnen als erstes ein, wenn Sie selbst an den 8. Mai 1945 denken?
Das entscheidende Ereignis für meine Frau und mich war ja nicht der Kriegsschluß, sondern unsere Befreiung im September 1944.
Sie überlebten nach Ihrer Flucht aus dem Warschauer Ghetto in einem Versteck, bis Soldaten der Roten Armee Sie befreiten. War das ein Moment des Glücks?
Sie dürfen eins nicht vergessen: Für Glück muß man etwas Zeit haben. Wir hatten keine Zeit, wir waren hungrig und

in Lumpen gehüllt. Es gab nichts zu essen, keinen Platz zum Schlafen. Und wenig später wollten wir unbedingt noch etwas zum Krieg gegen Hitler beitragen. Deshalb sind wir beide freiwillig in die polnische Armee eingetreten.

Kann das Holocaust-Mahnmal in Berlin für Sie ein Ort der Erinnerung sein?

Ich brauche keinen Ort der Erinnerung. An die Ermordung meiner Eltern und meines Bruders denke ich sowieso täglich. Das Mahnmal ist ein deutsches Bauwerk, bestimmt für die Deutschen.

Sechzig Jahre nach Kriegsende wird das TV-Publikum ausführlich mit Filmen und Dokumentationen über das Dritte Reich bedacht. Schauen Sie sich das an?

Nur manches. Meine Frau studiert das TV-Programm sehr gründlich, sie streicht an, was wir ihrer Ansicht nach sehen sollten. Aber häufiger noch macht sie nur ein Fragezeichen. Alles, was mit den Nazis zu tun hat, markiert sie. Sie kann sich, so pervers das anmuten mag, an Hitler, an marschierenden SS- und SA-Truppen nicht satt sehen. »Das ist mein Leben«, sagt sie, »alles war davon determiniert.«

Ein wenig trifft das ja auch auf Ihre Biographie zu, wie Sie sie vor sechs Jahren in »Mein Leben« beschrieben haben. Haben Sie vor, zu diesem Buch noch einen Nachtrag zu verfassen?

Nein. Manchmal fällt mir eine Szene ein, aus dem Ghetto etwa, dann denke ich: Das hätte gut hineingepaßt. Außerdem ist seit 1999 natürlich sehr viel passiert, wir haben vorhin über Fest, Jens, Walser geredet. Trotzdem habe ich andere Pläne. Das Wichtigste zur Zeit ist die Fertigstellung meines Kanons der deutschen Literatur. Nach den drei Kassetten mit Romanen, Erzählungen und Dramen wird als Nächstes die Sammlung mit den Gedichten, danach die mit Essays erscheinen.

Am Ende dürften es fünfzig Bände sein. So etwas hat es in der Geschichte der deutschen Literatur noch nicht gegeben.

Nach der Auswahl für die Gedichtkassette Ihres Lyrikkanons haben Sie geächzt: »Nie wieder deutsche Gedichte!«

Sie können sich wohl vorstellen, wie ausgiebig ich die deutsche Lyrik studieren mußte, um am Ende rund 1400 Gedichte auszuwählen!

Werden Sie sich in der Kassette mit Essays, Feuilletons und Reden auch selbst berücksichtigen?

Nein, es ist glücklicherweise nicht üblich, daß der Herausgeber sich selbst aufnimmt.

Wer wird im Essaykanon mit den meisten Stücken vertreten sein?

Es wird Sie überraschen: Schiller. Von Schiller habe ich mehr Essays aufgenommen als von Goethe oder Thomas Mann. Er ist, ich bin dessen sicher, der größte deutsche Essayist.

Bewegt Sie da nicht auch die Begeisterung des Schiller-Jahrs?

Ich bitte Sie! Schiller steht mir seit meiner Kindheit sehr nahe. Sie sollten lieber fragen, ob ich etwas von Fest oder Walser aufnehme.

Gut. Also?

Von lebenden Autoren wird nur jeweils ein Text aufgenommen. Und selbstverständlich werden auch Fest und Walser mit je einer Arbeit vertreten sein.

Noch mal zu Ihrer Schiller-Begeisterung: Gibt es überhaupt etwas bei Schiller, was Ihnen nicht gefällt?

O ja. »Die Jungfrau von Orleans« schätze ich nicht.

Warum?

Ich habe alles Patriotische nicht so gern. Ich glaube, daß es nur ein Schritt ist vom Patriotismus zum Chauvinismus. Und vom Chauvinismus zum Nationalismus. In der »Jungfrau« geht es nicht um Frankreich, sondern um Deutschland. Das Stück endet mit Johannas Worten, mit denen ich mich nicht abfinden kann: »Kurz ist der Schmerz, und ewig ist die Freude!« Damit sind wir beim Tod.

Sie haben einmal gesagt, Schriftsteller von einem gewissen Alter an solle man nicht mehr verreißen. Erwarten Sie im Alter schonende Behandlung?

Ich habe gesagt, Bücher von Autoren über achtzig soll man nicht mehr verreißen. Wenn diese Bücher sehr schlecht sind, soll man lieber schweigen.

Wünschen Sie Rücksicht, Lob?

Entschuldigen Sie bitte, von einem Autor, den Lob stört, habe ich bisher noch nie gehört. Aber ich gebe zu, wenn ich heute gelobt werde, frage ich mich manchmal: Ist das jetzt vielleicht Milde gegenüber einem alten Mann?

Sie sind seit mehr als sechzig Jahren mit derselben Frau verheiratet. Wenn wir danach fragen dürfen …

Sie dürfen alles fragen! Ich muß ja nicht antworten.

Was ist das wichtigste Rezept für eine dauerhafte Ehe?

Ich kann nur über meine Ehe reden. Wir waren neunzehn Jahre alt, als wir uns im besetzten Warschau trafen, wir haben alles zusammen erlebt. Das hat seine Folgen.

Ehe als Schicksalsgemeinschaft?

So könnte man es nennen.

Glauben Sie, daß junge Leute heute anders über die Ehe denken?

Wissen Sie: Muß ich mich für das interessieren, was junge Menschen denken? Die sollen sich dafür interessieren, was ich mache. Nicht umgekehrt.

Sie haben in Ihrer Autobiographie nicht verschwiegen, daß Sie im Laufe vieler Ehejahre auch Affären hatten. Fragen Sie sich heute manchmal, ob Sie besser darauf verzichtet hätten?

Ich möchte keine einzige dieser Geschichten missen.

Sie haben sich über den Tod und ein mögliches Leben danach immer sehr unbefangen geäußert. Auf die Frage »Wo möchten Sie beerdigt werden?« haben Sie geantwortet: »Ich möchte überhaupt nicht beerdigt werden.«

Dahinter steckt doch kein Geheimnis. Ich möchte verbrannt werden. Was dann mit meiner Asche geschieht, ist mir gleichgültig. Und bei der Totenfeier darf es keinerlei religiöse Akzente geben.

Sie glauben nicht an einen Gott?

Ich glaube an Shakespeare und Goethe, an Mozart und Beethoven.

Wenn jemand nur noch Zeit hätte, ein einziges Buch zu lesen, das Sie empfehlen müßten: Welches wäre das?

Ein einziges? Dann keines aus dem Kanon, der nur die deutsche Literatur umfaßt. Also: »Die Brüder Karamasow« von Dostojewski. Oder Tolstoi: »Krieg und Frieden«.

Und aus der deutschen Literatur?

Wohl doch den »Zauberberg« von Thomas Mann.

Herr Reich-Ranicki, wir danken Ihnen für dieses Gespräch.

Das Alter und so weiter

»du – Zeitschrift für Kultur«, Juli/August 2005
Das Interview führte Roger Willemsen.

Wir müssen über das Alter sprechen. Ist es milde mit Ihnen oder hart?
Es ist alles in allem sehr milde und gütig. Das heißt, an Krankheiten fehlt es nicht. Ich gehe schlecht, aber ich gehe ohne Stock – meine Frau kann ohne Stock nicht gehen. Ich gehe täglich eine halbe Stunde, und ich fahre täglich zwanzig Minuten auf einem Heimrad.
Kann man denken dabei?
Ja, und ich höre Musik dabei, das, was das Klassikprogramm gerade bietet, Tschaikowsky, Mozart, Bruckner, Vivaldi, Wagner, ganz egal. Oft mit Verwunderung!
Radeln Sie schneller zu Rachmaninow als zu Mozart?
Das Tempo ist vom physischen Zustand abhängig, nicht unbedingt von der Musik. Das Alter ist sehr milde mit mir umgegangen, denn obwohl ich jetzt fünfundachtzig werde, kann ich noch arbeiten. Ich arbeite unaufhörlich, und ich glaube, das Schreiben fällt mir nicht schwerer als vor zwanzig Jahren.
Sie müssen sich aber heute mehr mit Ihrem Körper beschäftigen als je zuvor?
Ja, natürlich. Aber das ist auch alles. Was gibt es noch an Änderungen aufgrund des Alters? Eine Änderung: Ich weigere mich, einen zeitgenössischen Roman von über fünfhundert Seiten in die Hand zu nehmen. Aber ich lese mit Vergnügen Dostojewski, Tolstoi oder Flaubert. Ja, ja, das schon. Aber heutige Romane von über fünfhundert Seiten lese ich nicht mehr.

Sie sind sparsamer mit Ihrer Lebenszeit geworden?
Ja.
Das heißt, auch ein schmalerer Roman aus der Gegenwart muß Sie schnell davon überzeugen, daß es sich lohnt, ihn zu Ende zu lesen.
Ja. Wenn Sie eine Flasche Parfum nehmen und öffnen, und es stinkt, merken Sie das ja, und Sie können die Flasche sofort ausleeren. Genauso bei der Literatur.
Gibt es Anzeichen von Altersmilde bei Reich-Ranicki?
Ja, ja. Diese Anzeichen gibt es.
Sie sagen, es hat in diesem Alter keinen Zweck mehr, Verrisse zu schreiben. Aber muß man das nicht manchmal, um dem Guten zur Durchsetzung zu verhelfen?
Ja. Ich habe immer Autoren verrissen, wie Böll oder Eich oder Grass oder Walser. Wenn ein Anfänger schlecht ist, dann erledigt sich die Sache von selber. In fünf Jahren wird niemand den Namen mehr kennen. Ich schreibe keine Verrisse mehr, weil ich nicht mehr die Kraft habe, so viele schlechte Bücher zu lesen. Von sechzig Büchern, die heute erscheinen, sind doch fünfzig schlecht und neun weitere nicht gut. Ich habe keine Lust, langweilige Bücher zu lesen.
Gelingt es Ihnen eigentlich noch, neue Gedanken zu entwickeln, oder beerben Sie weitläufig, was Sie früher gedacht haben?
Lieber, die Frage ist berechtigt. Ich gelte als ein Mensch mit sehr gutem Gedächtnis – von mir aus gesehen nicht gut genug, aber allgemein verfüge ich in meinem Gedächtnis über einen ziemlich großen Fundus. Leider werden mir oft Fragen gestellt, die ich längst beantwortet habe. Ich bin sehr unglücklich, wenn ich mich wiederholen muß, und ich muß mich wiederholen. Wenn man mich wieder fragt, was sind Ihre Kriterien? Und haben Sie ein Vorbild als Kritiker gehabt? Aber ich

glaube, was ich in Fernsehinterviews und Artikeln sage, da ist noch manches neu.

Gehören dazu auch Revisionen von Urteilen, die aus der Perspektive des Fünfundachtzigjährigen anders lauten als aus der des Fünfunddreißigjährigen?

Ich habe einen Roman vor vierzig Jahren gelesen. Wenn ich den Roman jetzt noch einmal lese, kann ich zu einem ganz anderen Ergebnis kommen. Aber dann sage ich nicht, daß ich mich damals geirrt habe. Ich kann sagen, ich habe den Roman vor vierzig Jahren so gesehen, jetzt sehe ich ihn anders. Ich kann Ihnen sagen, daß die Bücher, die Autoren, die mich sehr stark beeindruckt haben, als ich vierzehn, fünfzehn oder sechzehn Jahre alt war, eine enorme Rolle spielten für mich, die Schillerschen Dramen, Kleist natürlich. Aber ja, ich kann ein neues Urteil bilden.

Altert also auch die Fähigkeit zu lesen?

Das Lesen von Büchern hat mir immer Schwierigkeiten bereitet. Immer. Ich habe den falschen Beruf gewählt. Ich lese – immer! – sehr langsam. Entweder ist das Buch schlecht, es langweilt mich. Ich lese dann sehr langsam, weil ich mich nicht konzentrieren kann. Oder es ist gut, dann lese ich es auch wieder langsam.

Gab es das Buch, das auf den fünfundachtzigjährigen Reich-Ranicki gewartet hat, damit er es aufschlage und sage: Heute verstehe ich?

Ja. »König Lear«. Ich habe ihn nicht verstanden, bei all meiner Liebe für Shakespeare, den größten Schriftsteller der Welt. Die Figur eines eigentlich völlig vertrottelten Mannes, der alles, was er hat, wegschenkt, der ein armer Vagabund ist und herumläuft in der Steppe, auf der Heide – und zu allem Unglück regnet es auch noch. Schrecklich, ich konnte ihn nicht

leiden. Ich weiß nicht, wann sich mein Verhältnis zu Lear geändert hat. Ich glaube, es war ein Gedicht von Goethe. Warten Sie. (RW reicht ihm den blauen Band 1800–1832.)
Ja, hier, hab's gefunden: »Ein alter Mann ist stets ein König Lear! – Was Hand in Hand mitwirkte, stritt, ist längst vorbeigegangen; was mit und an dir liebte, litt, hat sich woanders angehangen. Die Jugend ist um ihretwillen hier; es wäre törig, zu verlangen: Komm, ältele du mit mir.« Ich weiß nicht, ob es ehrlich ist, daß dieses Gedicht mein Verhältnis zu Lear verändert habe. Aber als ich alt wurde, änderte es sich, und dann hab' ich das Gedicht gefunden.
Das setzt aber voraus, daß Sie in Lear sich selbst erkennen konnten.
Wir erkennen uns ja immer wieder in der Literatur und sind glücklich, wenn wir uns selber wiederfinden. Mein ganzes Verhältnis zu Thomas Mann begann damit, daß ich als Dreizehnjähriger »Tonio Kröger« las. An der Schule waren in meiner Klasse zwei Juden oder drei. Ich mußte ein Außenseiter sein, und deswegen habe ich mein Leben in Kröger, dem typischen Außenseiter, gespiegelt gefunden. Wo steht es (blättert), hier: »Ich sage Ihnen, daß ich es oft sterbensmüde bin, das Menschliche darzustellen, ohne am Menschlichen teilzuhaben …« Ich habe mich nicht bemüht, das Menschliche darzustellen. Aber ich war sterbensmüde, nur die Literatur und kein Mädchen lebend vor mir …
Krögers Aussage klingt ja fast nach einem alten Mann. Haben historische Umstände verhindert, daß Sie als junger Mensch am eigenen Leben teilnehmen konnten?
Nicht am eigenen Leben, am Leben der Epoche. Ich war ein sehr einsamer junger Mensch. Ich hatte einen einzigen Freund. Einen sehr interessierten Menschen, sehr an Literatur interes-

siert und an Mozart. Ich bin aus Deutschland deportiert worden, er blieb zurück. Dann emigrierte er mit seinen Eltern nach Australien, schrieb mir einen Brief, wie herrlich die Schiffsreise war. Dann brach der Krieg aus. Ich hab' ihn gesucht, aber nie gefunden. Ah, wie kommen wir darauf?

Wir haben festgestellt, daß schon der junge Reich-Ranicki letztlich nicht am Leben teilnehmen konnte.

Ich war unglücklich darüber. Und glücklich: Ich war im Dritten Reich im Gymnasium ausgeschlossen von allen Sportveranstaltungen – ich konnte zu Hause bleiben und lesen. Ich war an keiner Tanzschule. Übrigens: Es haben sich mehrere Frauen in meinem Leben bemüht, mir das Tanzen beizubringen, ohne Erfolg. Also, es ist zu spät. Es ist zu spät – merkt euch diese Worte, sagte mein Deutschlehrer. Das tragische »Zu spät«. Darum dreht sich die Menschheit.

Sie haben immer diese Position des Außenseiters gehabt, ob selbst gewählt oder unverschuldet. Welchen Niederschlag fand dies in Ihrem literarischen Urteil?

Selbst gewählt: nein. Auf keinen Fall, es ist kein Vergnügen, einer Minderheit anzugehören. Ich habe mein Leben lang volles Verständnis für die Schwulen gehabt. Obwohl ich nie im Leben schwul war. Nur, die Schwulen waren in einem gewissen Sinne in einer ähnlichen Situation wie ich. Da gibt's gewisse Parallelen.

Wird unterschätzt, wie dünnhäutig Reich-Ranicki eigentlich ist?

Selbstverständlich. Viele Leute halten mich für so robust. Wie reagiere ich, wenn ein Buch von mir enttäuscht, wurde ich gefragt. Ich halte den Kritiker für einen ahnungslosen Menschen, der nichts von Literatur versteht, der das Buch ganz falsch beurteilt. Das heißt, ich reagiere wie jeder andere. Natürlich.

Ist Ihre Autobiographie je verrissen worden?

Nein, aber es gibt auch negative Elemente in den Kritiken.
Nein, nein, darüber brauchen wir nicht zu reden.
Hat sich niemand revanchieren wollen?
Doch, aber ich weiß es nicht mehr.
Erinnern Sie sich denn eigentlich daran, daß Ende der siebziger Jahre ein junger, wilder Autor von Literaturkritiker zu Literaturkritiker zog, hier unten klingelte und sich auf ein Streitgespräch mit Ihnen einließ, über das Literaturkritikenschreiben. Der Mann hieß Rainald Goetz.
Ich erinnere mich an Rainald Goetz sehr wohl. Daß er hier unten an der Klingel war, ist frei erfunden.
Ach nein.
Oder er war es, und ich wußte es nicht. Das zentrale Erlebnis mit Goetz war doch, als er sich in Klagenfurt während der Lesung die Stirn aufschnitt. Als das passierte, saß ich zwei Schritte von Goetz entfernt. Ein Zufall, daß ich nicht mit Blut vollgespritzt wurde. Na ja, wissen Sie, Klagenfurt war so eine Sache. Mir hat's Spaß gemacht, auch die Rolle, die ich als Kritiker spielte …
Sie sagten: den Kritiker spielen Ist Ihnen die Rolle je angeboten worden?
Ja, ich glaube, man wollte, daß ich in einem Film mich selber spiele. Es war großer Quatsch, ich hab' ärgerlich nein gesagt, kommt nicht in Frage.
Hat sich Marcel Reich-Ranicki verändert im Augenblick, als er von einer publizistischen Institution, die viele sich anschaulich nicht vorstellen konnten, ins Fernsehen ging und wußte, ich muß zugänglicher argumentieren als in der »Frankfurter Allgemeinen Zeitung«?
Die Frage ist schwer zu beantworten. Als ich 1958 in die Bundesrepublik kam, fand ich, daß die meisten Kritiken für Kol-

legen geschrieben wurden, nicht für Leser. Ich sagte zu meiner Frau, ich will radikale Mittel anwenden, um Literatur zu besprechen. Insofern ist es nicht wahr, daß ich meinen Zugang zur Arbeit mit dem »Quartett« veränderte. Man sagte fünfundsiebzig Minuten. Nur vier Personen. Ich sagte, es darf nichts vorgelesen werden, keine Einblendung, keine Filmeinblendung, kein Striptease, keine Songs oder Chansons, sondern nur Diskussion über Literatur. Man wollte es dann schon nach zwei Sendungen wieder absetzen…

In Ihrem Lebensalter liegt vielen Kulturpessimismus nahe. Wo hat er recht?

Ich glaube, daß es nicht an meinem Alter liegt, wenn ich meine, daß in Deutschland das Theater heute so schlecht ist. Ich halte es für unerträglich, daß Faust als ein Trottel gezeigt wird, der an der Parkinsonschen Krankheit leidet, in einem Altersheim sitzt und mit der Fernbedienung nicht mehr zurechtkommt. (…)

Nehme ich alle Kritiken von Marcel Reich-Ranicki zusammen, was erfahre ich über ihn als Menschen?

Privat? Es gibt ein altes Wort, ich weiß nicht, von wem es stammt, vielleicht sogar von mir: Man kann nicht über andere schreiben, ohne über sich selbst zu schreiben. Wenn Sie mich fragen, wo das meiste über mich steht, antworte ich: in meinem Buch »Mein Leben«. An nächster Stelle nenne ich mein Buch, die »Anwälte der Literatur«.

Wäre es denn eigentlich ehrenrührig, wenn Sie sagten, bestimmte Kontinente der Literatur sind mir unzugänglich geblieben?

Nein, nein, das ist überhaupt nicht ehrenrührig. Es gibt eine Richtung der deutschen Poesie, die mir früher unzugänglich war. Die Expressionisten. Mit Rilke hatte ich nie Schwierigkeiten. Für einen überschätzten Lyriker halte ich nach wie vor Benn. Ich kenne bessere.

Na, was kommt jetzt?

Jetzt kommt ein Name, eine Entdeckung, die ich gemacht habe. Moment, Moment, ich war der erste, der das gebrüllt hat – das ist das Genie der Lyrik. Ich bewundere …

Oskar Loerke?

Nein, Brecht!

Ja, stimmt, ich erinnere mich, daß Sie das gebrüllt haben.

Ja, immer, immer. Mitte der fünfziger Jahre, wir saßen zu dritt im Ausländerhotel in Warschau, mit einer Dramaturgin vom Berliner Ensemble, Brecht hat natürlich mit ihr geschlafen. Und da habe ich schon sehr vorsichtig gesagt, ich bewundere den Lyriker Brecht!

Gut. Es gibt einen einzigen literarischen Text, eine Erzählung von Marcel Reich-Ranicki … Sie wollten einer Frau Eindruck machen?

Nein, nein. Ich brauchte dringend Geld. Ich hab' die Geschichte geschrieben, dem NDR gegeben, damals sehr viel Geld bekommen.

Was ist so schlecht an der Geschichte?

Große Sentimentalität, auch sprachlich etwas unbeholfen.

Haben Sie eigentlich Zeit gebraucht, um den Ton Ihrer Autobiographie zu treffen?

Darüber hab' ich mir überhaupt gar keine Gedanken gemacht, ich glaube, da ist nur ein einziger Ton angemessen, mein Ton.

Finden Sie eigentlich, es wird für einen Mann gefährlich, jenseits der siebzig über die Liebe zu schreiben?

Es ist nur die Frage, ob er's kann. Über die wichtigste Liebesgeschichte meines Lebens, von meiner eigenen Frau abgesehen, hab' ich nichts geschrieben. Hab' mich nicht getraut.

Sie werden Ihre Gründe gehabt haben.

Die Person kommt vor in diesem Buch.

Verschlüsselt?

Nein, drei oder fünf Zeilen.

Hinter denen ein ganzes Buch wäre?

Ja, ja, aber hab' ich nicht geschrieben, ich bin ein guter Ehemann!

(…)

Ich fragte nach den älteren Männern und den Liebesgeschichten, weil ich aus der jüngeren Zeit ein paar Titel weiß, wo Frauen im Stehen, selbst auf dem Parkplatz…

Ich weiß nicht recht, wir reden von Büchern?

Die Namen tu' ich Ihnen ungern an, sagen wir: Martin Walser, »Augenblicke der Liebe«.

Bei Walser, Sie sagten Parkplatz?

Er kommt aus Amerika, wo er seine Frau betrogen hat. Mit einer jungen Studentin. Seine Ehefrau holt ihn vom Flughafen ab, sie fahren auf den Rastplatz…

Sie wollen mich aufklären über Martin Walser?

Ungern. Klären Sie mich auf über die Gefahren des alternden Mannes, der über die Liebe schreibt.

Machen Sie den Vorwurf mir auch?

Um Gottes willen, Sie haben's nicht getan! Ich frage den Literaturkritiker nach der Darstellung der Liebe bei alten Männern.

Thomas Mann, »Felix Krull«, die Szene im Hotel…

Madame Hupflé.

Ja, Thomas Mann, der hat das gekonnt. Also: Kann ein Autor mit siebzig Sexuelles darstellen? Wenn er's kann, kann er's tun, aber ich glaube, in vielen Fällen soll der Autor vernünftig genug sein, es zu lassen.

Ich bin durch.

Ja, aber, Sie sind durch? Das Interview ist nicht da!

Doch, doch. Das Interview ist da.

Der Grösste seit Goethe

»Lübecker Nachrichten«, 7./8. August 2005
Das Interview führte Gisela Groth.

Herr Reich-Ranicki, Sie sind als strenger und scharfzüngiger Kritiker bekannt. Aber Thomas Mann ist Ihre große Liebe?
Ich liebe nicht ihn, ich liebe sein Werk. Er ist der bedeutendste deutsche Prosaschriftsteller seit 1832, das heißt, seit dem Tod von Goethe. Meine Meinung hat sich darin in den letzten zwanzig Jahren gar nicht geändert. Er hat einige ganz große, gewaltige, unvergeßliche und unvergleichbare Romane geschrieben, Erzählungen und Essays. Was wollen Sie von einem Schriftsteller noch verlangen?
Thomas Mann beschreibt eine bürgerliche, längst vergangene Welt in einer Sprache, die heute niemand mehr spricht. Was macht ihn so aktuell?
Also, die Sprache hat nie jemand gesprochen. Dieses Deutsch gab es auch um 1900, als die »Buddenbrooks« entstanden, nicht. Das ist eine von ihm geschaffene, herrliche, wunderbare Sprache. Die großen Romane von Thomas Mann behandeln Themen, die heute so aktuell sind wie vor achtzig oder hundert Jahren. Das sind in erster Linie die »Buddenbrooks«, der »Zauberberg«, der »Dr. Faustus«, alles hochbedeutende Werke, die keineswegs an eine Aktualität von vorgestern gebunden sind, sondern die allgemein menschliche Situationen und Fragen darstellen, die immer noch tief beeindrucken können.
Zu seinem fünfzigsten Todestag ist der Schriftsteller Thomas Mann in seiner Bedeutung unumstritten. 1975, zu seinem hun-

dertsten Geburtstag, sah das noch anders aus. Da haben namhafte Autoren der Nachkriegszeit wie Hans Erich Nossack erklärt, niemand sei ihnen gleichgültiger als Thomas Mann und sein Werk.

Sein Werk war so groß, daß man eigentlich gezwungen wird, als literarischer Mensch davor auf die Knie zu fallen. Das wollten die Autoren der nächsten Generation nicht. Sie rebellierten gegen Thomas Mann, so wie seinerzeit Börne und Grabbe gegen Goethe rebellierten. Es war eine ein bißchen lächerliche Meuterei, denn diese Autoren sind schon heute vergessen, und Thomas Mann feiert immer größere Triumphe.

Manche der älteren Generation in Deutschland verübeln ihm, daß er von Amerika aus Zustimmung für die Bombenangriffe auf deutsche Städte, auch auf seine Heimatstadt, zeigte.

Er wurde von den Nazis aus Deutschland vertrieben. Daran soll man denken und nicht, daß er dann von Amerika aus gesagt hat, alle Mittel sind recht, um Hitler zu beseitigen.

Thomas Mann und kein Ende. Kein anderer Autor wurde von Germanisten so analysiert und seziert wie er.

Das ist, davon bin ich überzeugt, auf die Tagebücher zurückzuführen, die das wahre Bild Thomas Manns zeigten und eine so sensationelle Wirkung hatten, daß viele Germanisten und Kritiker sich Thomas Mann zuwandten und ergriffen und begeistert waren.

Die jüngste Thomas-Mann-Forschung beschäftigt ja vor allem seine homoerotische Neigung. Eine neue Erkenntnis?

Wenn verschiedene Germanisten verblüfft waren, daß die Tagebücher mit aller Klarheit seine Homoerotik zeigten, dann waren das Leute, die den »Tod in Venedig« nicht gelesen oder überhaupt nicht verstanden hatten. Sein Werk weist immer wieder darauf hin. Er war, genauer gesagt, bisexuell. Schließlich hatte er sechs Kinder gezeugt. Das Wissen um seine homoerotische Veranlagung ist sehr wichtig für das Verständnis seines Werks.

In Ihrem neu aufgelegten Buch »Thomas Mann und die Seinen« schreiben Sie über den Menschen T M, daß er empfindlich war wie eine Primadonna und eitel wie ein Tenor.

Ich habe ihn nie persönlich kennengelernt, und vielleicht ist das gut so. Er war in persönlichen Kontakten, mit Schriftstellern, die ihn besucht haben, so wie ich es gelesen habe, recht unangenehm. Ein Autor hat geschrieben, nachdem er ihn in der Schweiz getroffen hatte: »Ich hatte den Eindruck, daß ich nicht mit einem Schriftsteller spreche, sondern mit dem Direktor und Verwalter eines Thomas-Mann-Museums.«

Wann hatten Sie die erste Begegnung mit seinem Werk?

Das waren a) die »Buddenbrooks« und b) »Tonio Kröger«, da war ich vierzehn, vielleicht dreizehn. Ich glaube, das ist ganz unoriginell, denn sehr viele Leser haben Thomas Mann mit den »Buddenbrooks« begonnen, und »Tonio Kröger« gehört irgendwie zu den »Buddenbrooks«. Es war schon bald die Zeit des Dritten Reiches, wo Thomas Mann nicht mehr behandelt wurde in den Schulen. Ich habe mich immer sehr für verbotene Autoren interessiert.

Welches Buch würden Sie Einsteigern in das Werk von Thomas Mann empfehlen?

Keine Frage, die »Buddenbrooks«, es ist der unterhaltsamste Roman und am besten geeignet für junge Menschen.

Der Festvortrag, den Sie am nächsten Sonnabend in der Marienkirche halten werden, trägt den Titel »Deutschlands Glück in Deutschlands Unglück«. Was erwartet uns?

Darüber kann ich jetzt nicht sprechen, ich arbeite noch daran. Ich werde aber auf die Rolle Thomas Manns in der Emigration und im Krieg eingehen.

Als der Wunsch an Sie herangetragen wurde, diesen Vortrag zu halten, was haben Sie empfunden?
Ich empfand es als große Ehre, aber ich wußte, es wird nicht einfach sein.

»Sind Sie fertig? Ich habe zu arbeiten.«

»Die Weltwoche«, 11. August 2005
Das Interview führte Julian Schütt.

Herr Schütt, ich möchte nicht indiskret sein, aber wie viel Platz haben Sie für das Gespräch mit mir?
Sind Sie schon ungeduldig?
Ja, ich bin ungeduldig. Schon mein ganzes Leben bin ich ungeduldig. Und ich hoffe, Ihr Aufnahmegerät funktioniert. Nicht daß Sie nachher sagen, das Band sei nicht in Ordnung gewesen. Wir werden diese Aktion nicht wiederholen. Also los!
Sind Sie unter Zeitdruck wegen Ihres auf fünf Kisten angelegten Kanons?
Ich bin immer unter Zeitdruck. Demnächst erscheinen die Gedichte. Sie können sich nicht vorstellen, wie viel ich lesen mußte, um am Ende 1450 Gedichte auszuwählen. Wenn Sie mich fragen, wie lange ich schon an diesem Kanon arbeite, sage ich: über siebzig Jahre. Mein ganzes Leseleben. Ich habe mich mit keiner Literatur so intensiv beschäftigt wie mit der deutschen.
Wieso brauchen wir diese Summa ewiger Werte?
Das sind doch keine ewigen Werte, da übertreiben Sie. Ich habe den Kanon gemacht, weil mir in meiner Jugend ein solches Projekt gefehlt hat. Ich wollte wissen, was sich zu lesen lohnt. Der Kanon ist weder eine Anordnung noch eine Verfügung, sondern eine Empfehlung für Leser. Finden Sie ihn gut?
Der Romankanon hat einen Fehler.
Was? Er hat Fehler?
Einen Fehler. Einen phänomenalen, fundamentalen Fehler. Es ist zu wenig drin. Es gibt dreißig, vierzig deutsche Romane,

die gut sind. Ich konnte aber nur zwanzig aufnehmen. (…)

Soviel zum Kanon.

Was? Wir haben ja noch gar nicht über den fünften Teil gesprochen. Er soll Essays, Reden, Feuilletons, Abhandlungen, Kritiken der Literatur, des Theaters, der Musik und der bildenden Kunst versammeln. Und nicht zu vergessen: Filmkritiken. Wiederum eine gigantische Arbeit.

Apropos Film: Man munkelt, Ihre Lebenserinnerungen werden verfilmt. Von einem Deutschen?

Polanski oder Spielberg wären mir natürlich lieber gewesen.

Stimmt es, daß Heinrich Breloer, der zuletzt mit »Speer und Er« Furore machte, im Gespräch ist?

Mein Unglück. Man hat ihm sowohl meine Autobiographie als auch die »Buddenbrooks« von Thomas Mann angeboten. Er hat sich für die »Buddenbrooks« entschieden und mir einen sehr schönen Absagebrief geschrieben. Ich muß sagen, vor diese Alternative gestellt, hätte ich ebenso entschieden.

Sie halten am 13. August die Festansprache zum fünfzigsten Todestag von Thomas Mann. Fällt Ihnen zu diesem Autor, über den Sie viel geschrieben haben, immer noch etwas ein?

Zunächst einmal ist das eine große Ehre, in der Marienkirche in Lübeck über den Schriftsteller meines Lebens reden zu dürfen, und dies in Anwesenheit des Bundespräsidenten Horst Köhler.

Ein richtiger Staatsakt.

Mal sehen, ob mir noch etwas Neues einfällt. Ich arbeite daran. Es gibt ein schnoddriges Wort: Es ist schon alles über Thomas Mann gesagt worden, aber nicht von allen.

Sie sehen in Thomas Mann den größten Autor nach Goethe. Aber nicht einmal bei ihm ist man gegen judenfeindliche Klischees gefeit.

Mein Lieber, auch das ist nun wirklich schon zur Genüge wissenschaftlich abgehandelt worden. Zu dem Thema gibt es ganze Bücher. Ich sage Ihnen nur eines: Die schönsten Äußerungen über Juden in der deutschen Literatur stammen von Thomas Mann. Daß es auch Antisemitisches von ihm gibt, geschrieben im Zorn, bestreite ich nicht. Oft sind es Äußerungen in den Tagebüchern und Briefen, also nicht für die Öffentlichkeit gedacht. Na ja, und es gibt Figuren, die man als Karikaturen von Juden lesen kann. Es wird nicht gesagt, daß es Juden sind, aber das ergibt sich aus dem Zusammenhang.

Sie haben damit leben gelernt?

Ich muß damit leben. Der größte Antisemit in der deutschen Kulturgeschichte war Richard Wagner. Und die bedeutendste Oper, die ich kenne, ist Wagners »Tristan und Isolde«.

Herr Reich-Ranicki, Sie sind in Deutschland wie in der Schweiz der bekannteste Mensch, der mit Literatur zu tun hat. Andererseits fühlen Sie sich immer noch als Außenseiter. Wie geht das zusammen?

Ein geschätzter Kollege, Wulf Segebrecht, Germanist in Bamberg, hat mir nach der Feier zu meinem fünfundachtzigsten Geburtstag in der Frankfurter Paulskirche gesagt: »Nun ist aber Schluß damit, daß Sie erzählen, Sie seien ein Außenseiter. Der sind Sie nun nicht mehr.« Ich hab's zur Kenntnis genommen.

Hatten Sie nie den Eindruck, man flattiere Ihnen deshalb so überschwenglich, damit Sie weniger beißen?

Überhaupt nicht. Ich habe einen anderen Eindruck. Mir kommt das Ganze wie ein Abschiedsgeschenk vor, bei einem Mann von fünfundachtzig Jahren naheliegend. Als ich vierundachtzig wurde und mir angedeutet wurde, man plane eine größere Sache zum fünfundachtzigsten Geburtstag, habe ich gleich gesagt: »Ich fürchte, ich werde es nicht erleben.« – »Oh, das werden wir noch sehen«, antwortete man mir. Nun, ich hab's erlebt.

Aber Sie wollen nicht noch im hohen Alter ernsthaft mit dem von Ihnen wenig geschätzten Ernst Jünger konkurrieren?

Natürlich will ich das. Herr Schütt, machen wir weiter!

Sie sorgten als Kritiker dafür, daß kein Schriftsteller sich zu wohl fühlen durfte, auch solche nicht, die Ihnen am Herzen lagen. Drückt man sich heute um diese Aufgabe?

Zweifellos, manche Kollegen schreiben eher für Kollegen. Das interessiert mich nicht. Ich habe immer für gewöhnliche Leser geschrieben. Aber es ist nicht wahr, daß heute nur gestreichelt wird.

Selbst Sie schreiben keine Verrisse mehr. Ist die deutsche Literatur so viel besser geworden?

Wissen Sie, ab einem bestimmten Alter sollte man keine Verrisse mehr schreiben. Der Verriß stand auch nie im Zentrum meiner Tätigkeit. Aber es gibt eine Erfahrung, die ich oft gemacht habe. Wenn von zehn Kritiken sieben lobend sind und nur drei Verrisse, dann sagen die Leute, er schreibt nur Verrisse. Das Negative bleibt haften, nicht das Positive. Ich brauche Ihnen nicht zu sagen, daß der Jago eine viel stärkere Figur ist als der Othello. Die interessanten Figuren der Weltdramatik sind negative Figuren. Die Deutschen haben das insofern auf die Spitze getrieben, als die interessanteste Figur auf der Bühne der leibhaftige Satan ist: Mephistopheles.

Hat Marcel Reich-Ranicki unter Schriftstellern Freunde?

Ich habe Freunde. Ich bin befreundet mit Siegfried Lenz. Ihn kenne ich seit 1957. Jetzt sehen wir uns selten. Er ist alt und krank, und ich bin alt und krank. Und wir wohnen ziemlich weit voneinander entfernt. Ich bin auch mit Eva Demski befreundet, die bei mir um die Ecke lebt. Wollen Sie weitere Namen hören?

Selbst wenn man unter den Autoren noch Freunde hat, kann man also ein guter Kritiker sein?

Na ja, das ist schon ein heikles Verhältnis. Der Schriftsteller George Bernard Shaw sagte einmal, es sei sehr schwer, ein Kritiker und ein Gentleman zu sein. Ich schreibe in der Regel nicht über Bücher von Freunden.

Warum veröffentlichten Sie Ihre erschütternde Autobiographie »Mein Leben« erst 1999? Wollte das vorher niemand wissen?

Nein, der Grund war ein anderer. Ich hatte Angst. Angst davor, mich an alle diese Dinge zu erinnern. Und die andere Angst, daß ich unfähig sein werde, dem Thema gerecht zu werden.

1958 siedelten Sie wieder nach Deutschland über. Wäre die Schweiz keine Alternative gewesen?

Als ich Polen verließ, habe ich davon geträumt, mich in Zürich niederzulassen. Aber glauben Sie im Ernst, man hätte einen unbekannten, mittellosen Menschen aus dem Ostblock in der Schweiz willkommen geheißen? Wovon sollte ich denn leben? Bei den Schweizer Zeitungen kannte mich keiner. Die Deutschen hingegen konnten mich nicht wieder rausschmeißen. Die mußten mich aufnehmen, nachdem sie mich Ende 1938 aus Deutschland rausgeschmissen hatten.

Sie haben dennoch einige Schweizer Autoren sehr gefördert, zum Beispiel Hermann Burger. Irritiert es Sie nicht, wie still es trotz Ihrer Würdigungen um ihn geworden ist?

Die Schweizer sind ein merkwürdiges Volk, ein sehr merkwürdiges Volk. Sie haben mir immer etwas vorzuwerfen. Entweder daß ich Schweizer Bücher zu wenig beachte. Oder daß ich Schweizer Autoren zu sehr lobe. Oder daß die Autoren in

Vergessenheit geraten, obwohl ich sie gelobt habe. Daß Burger heute niemand mehr liest, bedauere ich, schließe aber nicht aus, daß sich das wieder einmal ändert.

Sie nannten Peter von Matt den bedeutendsten lebenden Schriftsteller der Schweiz, worauf Adolf Muschg nach Berlin emigriert ist.

Eine hübsche Verkürzung. Glauben Sie nur nicht, daß ich sie nicht weitererzählen werde.

Max Frisch ging Ihnen immer besonders nahe, da er auch Ihre Leiden beschrieben habe. Aber sind Frischs Leiden im Vergleich zu dem, was Ihnen widerfuhr, nicht belanglos?

Ihre Frage ist absolut berechtigt. Natürlich, was ich im nationalsozialistischen Deutschland, während des Krieges im Warschauer Ghetto, dann im Untergrund und nach 1945 im kommunistischen Polen erlitten habe, hat Frisch nicht erlebt. Doch so schrecklich der zeitgeschichtliche Hintergrund war, ereigneten sich auch private, intime, erotische Dinge. Ich habe in »Mein Leben« geschrieben: »Auch im Ghetto wurde geliebt.« Von Frisch fühlte ich mich persönlich getroffen. Warum? Er hat als einer der ganz wenigen Schriftsteller die Intellektuellen unserer Epoche, also der zweiten Hälfte des zwanzigsten Jahrhunderts, wirklich dargestellt und deren Verhältnis zur Erotik wie kaum ein anderer beschrieben.

Im Romankanon ist Frisch mit »Montauk« vertreten, strenggenommen eine Erzählung.

Richtig. Leider trifft die von mir geliebte Romandefinition des britischen Schriftstellers E. M. Forster nicht immer zu, wonach ein Roman ein erzählerisches Werk von mehr als zweihundert Seiten Umfang sei. »Montauk« hat kaum zweihundert Seiten, aber der Reichtum an Figuren und Episoden macht diese Prosa, glaube ich, romanhaft. Ich habe bewußt nicht »Stiller«,

»Homo faber« oder »Gantenbein« gewählt. Ich denke, »Montauk« wird von Frischs Prosa am ehesten bleiben.

Er schreibt darin: »My greatest fear: repetition.«

Wer wiederholt sich nicht?

Haben Sie diese Angst vor Wiederholung auch als Kritiker?

Nein, nein. Meine Angst ist nur, daß ich als Kritiker, als Essayist etwas, was ich schon einmal gesagt habe, schlechter wiederhole.

Und daß es der Leser auch noch merkt.

O là là, das wäre das Allerschlimmste.

Je älter Richard Wagner wurde, desto intensiver dachte er, sehr zum Mißfallen seiner Cosima, an die Frauen und das »Weibsen«.

Wolfgang Wagner sagte mir, in »Tristan und Isolde« käme es dreimal zu einem Koitus. Und dreimal stünde in der Partitur eine Fermate, also ein Aushaltungszeichen.

Über Sie wiederum sagte Walter Jens: »Wenn ein Schriftsteller die alten Männer und die jungen Mädchen besingt, ist es um Marcel Reich-Ranicki geschehen.«

Ja, ich bin entschieden der Auffassung: Wenn sich ein Literaturkritiker nicht für Erotik interessiert, sollte er den Beruf wechseln.

Sie haben sogar ein Werk wie Grassens »Letzte Tänze« gelobt. Ist darin die Grenze zur Altherrenerotik nicht schon prekär überschritten?

Ja, wollen Sie den alten Herren die Erotik verbieten? Im übrigen habe ich es gern, wenn die Schriftsteller Prekäres schreiben.

Sie sind seit dreiundsechzig Jahren mit derselben Frau verheiratet und folglich ein Experte auf dem Gebiet: Was spricht heute noch für die Ehe?

Es gibt das Wort von Churchill: »Demokratie ist eine scheußliche Gesellschaftsordnung, aber eine bessere haben wir nicht.«

Vielleicht gilt das für die Ehe auch. Um auf die Literatur zurückzukommen: Die großen Eheromane, »Madame Bovary«, »Anna Karenina« oder »Effi Briest«, sind immer Romane über gescheiterte Ehen.

Sie haben sich sehr auf deutschsprachige Literatur spezialisiert. Wären Sie, was die Erotik betrifft, bei den Amerikanern nicht eher auf Ihre Rechnung gekommen?

Aber entschuldigen Sie. Kennen Sie mein Buch über amerikanische Literatur nicht?

Ich muß gestehen: nein.

Schrecklich. Ich schenke es Ihnen. Ich las schon in meiner Jugend nicht nur deutsche Autoren, sondern vor allem Russen und Amerikaner. Es gibt ein Foto von mir, wo ich mit einer Badehose am Strand sitze, etwa sechzehn Jahre alt, und ein Buch in der Hand halte. Ich weiß noch genau, was es war: »Babbitt« von Sinclair Lewis. Herr Schütt, ich muß wirklich noch arbeiten. Alles auf der Welt hat ein Ende. Sie wissen, was die Berliner sagen, so dumm, daß man darüber lachen muß: Alles auf der Welt hat ein Ende, nur die Wurst hat zwei.

Ich weiß, Sie langweilen sich schnell, wovor sich alle fürchten, die Sie kennen.

Mein Lieber, Sie haben diese Furcht hoffentlich auch.

Selbstverständlich. Nur noch eine Frage.

Die letzte?

Die allerletzte.

Ich glaube Ihnen nicht. Los!

Sie hatten im Ghetto den Tod vor Augen. Ist er jetzt noch bedrohlich? Oder ängstigt er Sie …

… sind Sie fertig? Ich habe schon verstanden. Der Tod ist für mich, und ich halte das für normal und natürlich, immer bedrohlicher geworden. Man stellte mir neulich die törichte Frage, ob ich an den Tod denke, ich kann nur sagen: täglich.

Elias Canetti reagierte darauf mit verzweifelten verbalen Attakken gegen den Tod. Und Sie?

Wie Canetti sagen konnte, er hasse den Tod, verstehe ich nicht. Man kann sich davor fürchten, aber wie kann man den Tod hassen?

Bücher klauen? Nur gute

»Bunte«, 20. Oktober 2005
Das Interview führte Paul Sahner.

Südkorea ist in diesem Jahr Gastland der Frankfurter Buchmesse. Welches Buch dieses Landes empfehlen Sie?
Ich bitte um Entschuldigung: Von koreanischer Literatur habe ich keine Ahnung. Ich habe noch nie ein koreanisches Buch gelesen. Natürlich habe ich gelegentlich – sehr selten – auch Exotisches zur Kenntnis genommen, doch im Grunde bin ich eurozentrisch veranlagt und schäme mich dessen nicht. Daß Südkorea jetzt Gastland der Messe ist, hat vielleicht irgendwelche finanziellen Gründe. Doch mich geht das nichts an.
Was empfehlen Sie als deutschsprachiges Werk?
Ich empfehle, und zwar nachdrücklich, die Erinnerungen des großen Berliner Germanisten Peter Wapnewski, Jahrgang 1922. Vorerst haben wir den ersten Band erhalten, der vom Ende der zwanziger Jahre bis zu den fünfziger Jahren reicht. Der zweite Band folgt im nächsten Jahr. Wapnewski bietet ein glänzend formuliertes, ein geistreiches und aufschlußreiches Bild der Epoche. Den Gang der Dinge kennt man ja, gleichwohl ist es ein spannendes Buch. Mehrere Kapitel habe ich mit Tränen in den Augen gelesen.
Es gibt in der Literatur auch wieder einen österreichischen Trend.
Ich schätze außerordentlich meinen Wiener Kollegen Ulrich Weinzierl. Von ihm ist ein sehr wichtiges literarhistorisches Buch erschienen. Titel: »Hofmannsthal. Skizzen zu seinem Bild«. Die Lyrik des jungen Hofmannsthal gehört zu den gro-

ßen literarischen Erlebnissen meiner Jugend. Ich wußte viel über Hofmannsthal, aber erst Weinzierl hat mir gezeigt, wie wenig ich doch wußte. Ich habe von ihm sehr viel über die Schwächen Hofmannsthals und natürlich auch über seine Stärken erfahren. Das Buch ist interessanter als die meisten heutigen Romane.

Und die hochgelobte Friederike Mayröcker?

Ihre Bücher waren meist unverständlich. Jetzt hat sie ein Buch über ihren verstorbenen Lebensgefährten Ernst Jandl veröffentlicht. Da versteht man sie plötzlich – und rührend ist das Buch auch.

Demnächst wird es zwei neue politische Memoirenschreiber geben. Sind Sie auf Joschka Fischer gespannter oder auf Gerhard Schröder?

Auf jeden Fall auf das Buch Joschka Fischers, sein Leben war ungleich interessanter als das Schröders, überdies halte ich Fischer für noch intelligenter als Schröder.

Bedauern Sie, daß Ihr Freund-Feind-Freund Grass kaum noch schreibt?

Er hat mir anvertraut, daß er an einem Prosabuch arbeitet. Ein Stoff, der mich interessiert. Verraten werde ich ihn nicht.

Dann verraten Sie uns doch, ob Sie Gedichte schreiben.

Niiieee! Nie versucht, weil ich es nicht kann. Und weil Tausende von Menschen in diesem Land, die es auch nicht können, es immer wieder tun. Weder als Jüngling noch als Alter habe ich auch nur vier Verse geschrieben.

Sie haben in dreiundsechzig Jahren Ehe Ihrer wunderbaren Ehefrau nie einen Liebesreim gewidmet?

Nie. Aber gelegentlich habe ich ihr Gedichte von Goethe, von Heine oder von Brecht vorgetragen.

Auswendig?

Selbstverständlich.
Ihr Lieblingsgedicht?
Klärchens Lied aus Goethes »Egmont«. Wollen Sie's hören? Na schön: »Freundvoll und leidvoll, gedankenvoll sein, langen und bangen in schwebender Pein, himmelhoch jauchzend, zum Tode betrübt; glücklich allein ist die Seele, die liebt.«
(…)
Welches Buch empfehlen Sie für die ewige Reise?
Nach dem Tod kann man nichts lesen. Aber schön, wer an das Jenseits glaubt, dem empfehle ich meinen Gedichtekanon, für den ich 1400 Gedichte ausgewählt habe.
Koran, Talmud oder die Bibel – aus welchem Religionsbuch können wir am meisten lernen?
Weder den Koran noch den Talmud habe ich gelesen, dafür in der Bibel einiges Interessante gefunden, zum Beispiel die überaus moderne Geschichte »Amnons Schandtat an Absaloms Schwester« im zweiten Buch Samuel, Kapitel 13. (…)
Wie verhalten Sie sich gegenüber einem Buchmessebesucher, den Sie in flagranti beim Buchklau erwischen?
Ich prüfe erst einmal, was für ein Buch der Mensch geklaut hat. Wenn es ernste und gute Literatur ist, spreche ich ihn frei.

»Ich lese keine Repräsentanten einer Nation«

»Das Magazin«, 3. Dezember 2005
Das Interview führte Peer Teuwsen.

Herr Reich-Ranicki, lesen Sie als Deutscher gerne Schweizer?
Das ist eine provozierende Frage. Ich lese keine Repräsentanten einer Nation, ich lese Individuen, die mich interessieren. Natürlich sind für einen, der sich sein ganz Leben lang mit der deutschsprachigen Literatur beschäftigt hat, die Schweizer von außerordentlicher Bedeutung. Schon in meiner Jugend haben Gottfried Keller und Conrad Ferdinand Meyer eine enorme Rolle gespielt, auch Spitteler habe ich viel gelesen. Und natürlich habe ich mich mit einzelnen Schweizer Autoren genau und gründlich beschäftigt, aber ich beschäftige mich nicht mit nationalen Mannschaften.
Aber Sie wollen nicht bestreiten, daß es nationale Merkmale einer Literatur gibt?
Mich stört das Wort »national«. Aber es gibt etwas spezifisch Schweizerisches in der Literatur, wie es etwas spezifisch Österreichisches gibt. Mir fiel vor etwa dreißig Jahren eine Eigenart auf: Viele Schweizer Autoren unterschieden sich von den deutschen dadurch, daß sie mit beiden Beinen auf der Erde standen, daß sie ein Gefühl hatten für das Pragmatische, aber auch das Urbane. Ich habe nicht zufällig Frisch besonders geliebt und auch Dürrenmatt. Eine Zeitlang bin ich von der Stockholmer Akademie gebeten worden, Kandidaten für den Nobelpreis vorzuschlagen. Ich habe Frisch vorgeschlagen, und ich habe Dürrenmatt vorgeschlagen. Leider haben beide den Preis nicht bekommen.

Hätten sie ihn verdient?

Keine Frage! Das waren Autoren, die Weltliteratur geschrieben haben, von großer Originalität und hoher Qualität. Interessant, daß die Schweiz gleichzeitig zwei so unterschiedliche hervorragende Schriftsteller hatte. Um es kurz zu sagen: Dürrenmatt war ein äußerst aggressiver Autor und Frisch ein äußerst defensiver.

Frisch hatte doch im Gegensatz zu Dürrenmatt die Eigenschaft, daß er mit seinem Schreiben etwas bewirken, etwas zeigen wollte. Er hatte etwas Pädagogisches, das auch bemüht wirken konnte.

Sie haben schon recht. Frischs Œuvre will etwas bewirken, den Lesern etwas zeigen, sie von etwas überzeugen. Aber man kann auch nicht sagen, daß Dürrenmatt nur eins wollte: erfolgreich sein. Das wäre ungerecht. Dürrenmatts Werk ist insofern wichtig, da bei ihm keine Ideologien vorkommen, aber es doch eine Kritik der Gegenwart formuliert, im »Besuch der alten Dame«, in den »Physikern«, und zwar wie kaum bei einem anderen Autor jener Epoche. Ich glaube, daß Dürrenmatt ein äußerst origineller Schriftsteller war, auch wenn er manchmal in seiner Originalität und seiner Figurenwahl zu weit gegangen ist. Wenn »Der Besuch der alten Dame« heute noch gespielt wird, muß man doch einige beinahe unerträgliche Momente oder Motive streichen. Von Frisch spielt man erfreulicherweise immer noch den »Biedermann«.

Und »Andorra«.

Ja, aber »Biedermann und die Brandstifter« ist das bessere, bedeutendere Stück als »Andorra«.

Ich wundere mich, daß Sie in Ihren Erzählkanon »Montauk« und nicht wie wir »Der Mensch erscheint im Holozän« aufgenommen haben.

Habt ihr euch für »Holozän« entschieden, weil ihr für die anderen Frisch-Bücher die Rechte nicht bekommen konntet?
Nein, das war unser Wunschtitel.
Ich jedenfalls bin kein Anhänger des Buches »Holozän«, es hat mich nicht überzeugt, ich habe mir viel Mühe damit gegeben, weil ich weiß, daß es von vielen sehr hochgeschätzt wird. »Montauk« ist wohl das Beste, was er je geschrieben hat, weil dort das Thema, das ihn so faszinierte, so ganz im Vordergrund steht: die Liebe.
Die auch Ihr ewiges Thema ist.
Es ist das Thema der Literatur, auch der deutschsprachigen, von Walther von der Vogelweide bis heute. Sie können mir nicht vorwerfen, daß ich mich oft mit dem Liebesthema beschäftige, die Literatur tut es. Also muß ich mich dieses Themas immer wieder annehmen.
Aber die Liebe – oder sagen wir die Erotik – spielt in »Montauk« eine so große Rolle wie sonst nie bei Frisch.
Was erzählen Sie da! »Stiller« und »Homo faber« sind doch erotische Romane!
Das ist mir nicht so aufgefallen.
»Homo faber«? Was denn sonst!
»Homo faber« ist vor allem ein Roman über den Technikglauben des Menschen.
Gewiß. Aber es ist zugleich eine große Liebesgeschichte zwischen einem reifen Mann und einem jungen Mädchen. Lieber, wir haben »Homo faber« im »Literarischen Quartett« besprochen, als der Film kam. Wir waren alle, in unterschiedlichem Maße, enttäuscht. Natürlich ist das Buch nicht mehr so stark wie bei seinem Erscheinen. Aber es ist manches immer noch sehr gut.
Ich verstehe immer noch nicht, warum Sie »Holozän« nicht mögen.

Ich möchte mich dazu nicht im Detail äußern, weil ich es nicht kann. Ich habe das Buch nicht mehr präsent. Ich weiß nur: Es hat mich nicht berührt.

Kennen Sie die Schweiz?

Nehmen Sie doch ein paar Plätzchen! Ob ich die Schweiz kenne? Ich habe nie in der Schweiz gelebt, aber ich war sehr oft in Zürich, meinen Urlaub habe ich oft im Tessin oder in Bad Ragaz verbracht. Wer kann schon sagen, daß er ein Land gut kennt? Ich habe mich aber immer in der Schweiz gut gefühlt.

Auf diesen Reisen haben Sie auch Autoren kennengelernt?

Alle, mit denen ich mich beschäftigt habe. Frisch, Dürrenmatt, Burger, Bichsel, Muschg, Peter von Matt, auch Loetscher.

Entstanden da Freundschaften?

Nein, das wäre stark übertrieben. Ich bin nur mit ganz wenigen Schriftstellern befreundet. Für einen Kritiker ist das schwierig.

Haben Sie sich Dürrenmatt nie nahe gefühlt?

Nein. In seiner radikalen Negativität, seiner Albernheit ist er mir fremd, er kam ja aus einer protestantischen Welt. Aber es gibt eine Sache von ihm, die ich wohl als einziger so hoch schätze: seine Erzählung »Die Panne«, mit dem schlimmstmöglichen Ausgang. Die habe ich auch in meinen Kanon aufgenommen, wie auch den »Orchesterdiener« von Hermann Burger. Ich habe Burger für Deutschland entdeckt. Ich habe viel über ihn geschrieben, viel um sein Heil gekämpft. Burger war ein schwieriger Fall, ein psychisch gefährdeter Mensch, sein Tod ist, glaube ich, nie ganz geklärt worden.

Es war wohl Selbstmord.

Nein! Das war kein Selbstmord. Sein neues Buch sollte ein paar Tage später vorgestellt werden, da begeht kein Schriftsteller Selbstmord. Er hat wohl Schlafmittel genommen, dann Alkohol, und wohl vergessen, daß er schon Schlafmittel genommen hatte, er hat sie nochmals genommen, es war eher ein Unfall. Aber mit Sicherheit kann man es nicht sagen. Ich habe versucht, ihm zu helfen, ihn womöglich zu retten.

Wie haben Sie das gemacht?

Indem ich über ihn geschrieben, ihn eingeladen habe, wo immer möglich. Ich habe mich einfach sehr um ihn gekümmert. Ein ähnlicher Fall war Wolfgang Koeppen. In beiden Fällen ist es mir nicht richtig gelungen.

Burgers Bücher sind fast alle vergriffen, er interessiert offenbar nicht mehr so.

Das darf nicht sein! Da sollte die Schweizer Literaturkritik mal ein Wort dazu schreiben!

Die jungen Schriftsteller kümmern sich heute eher um Sex als um Erotik.

Ich weiß es nicht, ich habe wenig von den Jungen gelesen, ich war die letzten Jahre zu sehr mit meinem Kanon beschäftigt, fünf Teile. Jetzt erscheinen die Essays.

Kommt da auch ein Schweizer vor?

Sie scherzen wohl. Aufgenommen habe ich natürlich Jacob Burckhardt und Heinrich Wölfflin, ferner Frisch und Dürrenmatt. Und natürlich Peter von Matt.

Sie haben von Matt mal den »besten Schweizer Schriftsteller« genannt. War das polemisch?

Es ist genauso verstanden worden, wie ich es gemeint habe. Man sagte ironisch, nach diesem Interview sei Adolf Muschg nach Berlin emigriert. Das dürfte eine Verkürzung gewesen sein. Ich schätze Peter von Matt sehr, er gehört zu den besten deutschen Kritikern. Er war ja völlig unbekannt, ein Schweizer Professor, ich habe ihn, als ich etwas von ihm gelesen hatte, sofort um Mitarbeit für die »Frankfurter Allgemeine Zeitung« gebeten. Ich glaube, es war ein guter Schachzug. Es war gut für die »Frankfurter Allgemeine Zeitung« und gut für von Matt. Er kam von der Bühne, die bis Winterthur und St. Gallen reichte, auf die große Bühne, wo er sich vorzüglich bewährt hat.

Es kam natürlich einer Beleidigung gleich, einen Literaturprofessor zu loben und die Schriftsteller nicht zu erwähnen. In dieser Zeit war Peter Weber mit seinem »Wettermacher« erschienen.

Och ja, nicht sehr aufregend. Warum sollte ich in der Literatur eines Volkes nicht einen Essayisten besonders schätzen?

Sie haben mit dieser Bemerkung implizit auch gesagt, daß für Sie nach Frisch und Dürrenmatt in der Schweiz nichts mehr Gutes nachgewachsen ist.

Ich sage einfach, daß ich keinen Schweizer Lyriker, Romancier, Dramatiker sehe, der auf dem Niveau des Essayisten Peter von Matt ist. Schluß. Wir sollten übrigens Thomas Hürlimann nicht vergessen.

Mit ihm haben Sie sich gestritten. Sie haben sein Buch »Fräulein Stark« in die Nähe des Antisemitismus gerückt.

Nein, aber: Es ist so geschrieben, daß es antisemitisch verstanden werden kann. Das ist ein großer Unterschied.

Trotzdem ein ungeheurer Vorwurf, den Sie damals auch schlecht begründet haben. Bedauern Sie das heute?

Lieber, das kann ich nicht. Ich müßte den Roman neu lesen, sehr möglich, daß ich dann zu einem anderen Urteil käme.

Sie haben damals einen sehr gemeinen Satz über Hürlimann gesagt: »Hürlimanns erzählerisches Talent ist sehr groß, so groß, daß es seine Intelligenz übersteigt.«

Das habe ich gesagt? Aber es stimmt ja auch. Die Intelligenz kann bisweilen all den Einfällen, die man hat, nicht gewachsen sein. Aber grundsätzlich ist Hürlimann ein ernsthafter, talentierter Autor, er hat dieses große Thema, der Bruder, die Familie. Sagen Sie mal, Sie haben gesagt, man höre in der Schweiz immer noch, nach Dürrenmatt und Frisch sei die Schweizer Literatur tot?

Ja.

Das ist Unsinn, aber daß seit ihrem Tod keiner mehr von ihrem Format da ist, unterliegt keinem Zweifel.

Das ist in Deutschland nicht anders.

Da haben Sie recht. Auch bei uns werden vor allem Autoren diskutiert, die schon seit vierzig, fünfzig Jahren auf der Bühne stehen: Grass, Walser, Handke, Lenz, Dorst, Enzensberger. Das ändert sich langsam. Jetzt kommt eine neue Generation.

Sie haben nie einen Beruf gelernt. Haben Sie das je bedauert?

Ich bedaure nur, daß ich nie die Möglichkeit hatte, Germanistik zu studieren. Ich hätte vielleicht anständig Mittelhochdeutsch gelernt. Nehmen Sie doch noch ein Plätzchen!

(...)

Kritiken, Streit, Zerwürfnisse bedauern Sie nicht?

Manchmal lese ich meine Kritiken wieder und denke mir im stillen: Da warst du zu heftig, zu scharf.

Sind die Geschäftsbeziehungen in Ihrer Branche heikler als in anderen?

Unbedingt. Kritiker und Romanciers sind Schriftsteller, sie arbeiten beide mit der Sprache, die einen beurteilen die andern in aller Öffentlichkeit. Das haben Sie bei Ärzten, Ingenieuren, Architekten nicht.

Sie haben mal gesagt, Sie verfügten in der Beurteilung von Literatur über keinen »Kodex«.

Dazu stehe ich. Ich kenne nur eine Grundbedingung für mein Urteil: Das Buch darf mich nicht langweilen. Wenn es mich

nicht langweilt, werde ich schon Gründe finden, es zu loben.
Gibt es eigentlich einen Schweizer Autor, der Sie immer wieder überrascht hat, weil er immer wieder mit etwas Neuem kam?
Ja, Urs Widmer, ein beachtlicher Autor. Die Schweiz hat wirklich erstaunlich viele beachtliche Autoren, Markus Werner gehört auch dazu, eine starke Sprache.
Welchen Schweizer Text haben Sie verrissen?
Den Roman »Albissers Grund« von Adolf Muschg, er ist nicht gelungen. Ich habe Dürrenmatts »Justiz« verrissen, ein schreckliches Buch, und auch seinen Roman »Durcheinandertal«. Und von Frisch habe ich diese Blaubart-Sache abgelehnt, das war sehr unangenehm. Ich war bei Frisch zu Hause in Zürich, und er erzählte mir von seinem geplanten »Blaubart«-Roman. Das, was er erzählt hat, war fabelhaft. Wenn da ein Tonband mitgelaufen wäre, und man hätte das gedruckt …
… es wäre ein besseres Buch geworden …
… es wäre ein glänzendes Buch geworden. Als das Buch erschien, war ich entsetzt. Kehren wir noch zu Muschg zurück. Ich schätze und bewundere vor allem seine Erzählungen, die in den siebziger Jahren erschienen sind: »Liebesgeschichten« und »Entfernte Bekannte«. In meiner Kanon-Bibliothek ist er im Erzählungsteil mit zwei Geschichten vertreten: »Der Ring« und »Der Zusenn oder das Heimat«. Diese »Zusenn«-Erzählung zumal ist mir unvergeßlich. Leider verübelt mir Muschg – aber vielleicht hat er es inzwischen längst verschmerzt –, daß ich mich geweigert habe, seinen Parzival-Roman »Der Rote Ritter« zu lesen. Der Grund: Der Roman umfaßt, wenn ich mich recht entsinne, rund tausendzweihundert Seiten. Einen Roman in diesem Umfang kann nur ein Genie zustande bringen. Apropos Genies: Die berühmten Romane von Tolstoi und Dostojewski sind auch natürlich zu

lang. Jede Generation überlegt sich, ob man sie nicht kürzen sollte, was man aber zu unterlassen hat.

Warum haben Sie in diesem Gespräch Peter Bichsel nie groß erwähnt?

Sein bestes Buch liegt schon so lange zurück. Es war auf einem Treffen der Gruppe 47, als er aus »Eigentlich möchte Frau Blum den Milchmann kennenlernen« las. Er las und hatte gesiegt und gewonnen, bevor auch nur ein Mensch unter den Versammelten ein Wort gesagt hatte. Der Sieg war hörbar, denn hörbar war die Stille, eine unglaubliche Stille. Das bewies die Qualität der Gruppe 47. Ich möchte Bichsel kein Unrecht antun, aber es gibt Autoren, die mit dem ersten Buch ein Niveau erzielen, etwas leisten, was sie später nicht mehr vermocht haben. Der große Eindruck seines ersten Buches hat sich nicht mehr wiederholt.

Aber den Schweizer Autor, dessen neues Buch Sie jedesmal mit Ungeduld erwartet haben, gab es nicht.

Doch, Frisch und Dürrenmatt. Denn Max Frisch hat meine eigenen Probleme dargestellt, er hat wie kein anderer Autor die Probleme der Intellektuellen in der bürgerlichen europäischen Gesellschaft gezeigt. Das hat Grass nicht gezeigt – und er hat es auch nicht gewollt.

Was sind denn die Probleme des Intellektuellen?

Die politische Verantwortung, die gesellschaftliche Rolle, die erotischen Neigungen, das Leben des Intellektuellen halt. Mich interessiert in der Literatur am meisten der Intellektuelle, also beispielsweise der »Faust« und der »Hamlet«, wo denkende, intellektuelle Menschen im Mittelpunkt stehen.

Ist die Erotik ein spezifisches Problem des Intellektuellen?

Ein Intellektueller erlebt ein Verhältnis mit einer Frau anders als ein Schlossermeister.

Weil er es formulieren kann?

Es gibt eine Stelle bei Frisch, wo ein Mann mit einer Frau im Bett liegt. Die Frau ist verheiratet. Während sie ihn mit einer Hand umfaßt, hat sie in der anderen Hand den Telefonhörer und spricht mit ihrem Mann. Und da steht im inneren Monolog des Ich-Erzählers, der mit ihr im Bett liegt, sinngemäß: »Das ist nicht meine Sache, wie sie unsere Beziehung in ihre Ehe einbaut.« Das ist eine typische Überlegung eines Intellektuellen. Das habe ich vor fünfundzwanzig Jahren gelesen, ich habe es im Gedächtnis behalten.

Das hat Sie berührt, weil Sie die Situation kennen.

Vielleicht, ja.

Sonst hätte sich das doch nicht so in Ihr Hirn eingegraben.

Es gibt bei Thomas Mann den Satz, sinngemäß: »Wenn wir uns in einem Buch wiederfinden, sind wir glücklich und halten das Buch für gut.« Da ist was dran. Lieber, worin besteht der unheimliche Erfolg des »Hamlet«? Weil das Stück die Probleme des Intellektuellen zeigt. Jede Generation erkennt sich im Hamlet wieder. Wenn ich Frisch lese, dann interessiert mich mehr die Identitätssuche seiner Hauptfiguren: »Ich bin nicht Stiller!« Das hat mich geradezu geärgert. Ich kann mich bis heute nicht damit abfinden. Daß er nicht Stiller sein will, verstehe ich. Daß er flieht, nach Uruguay oder Peru, verstehe ich. Er will also nicht Stiller sein, aber warum kehrt er ausgerechnet in das einzige Land zurück, in dem man ihn als Stiller kennt! Und dann sucht er auch noch die Leute, die ihn kennen! Ich habe mich immer gefragt: Warum reist du dann nicht nach Chile oder Japan? Was? Warum lachen Sie so laut?

Weil es stimmt, was Sie sagen.

Eben, das konnte ich Max Frisch nie abnehmen.

Haben Sie ihm das auch persönlich gesagt?

Nein, man mußte ihn doch schonen.
Man kann also sagen: Von allen Schweizer Autoren lieben Sie am meisten Max Frisch.
Ja, er war mir immer am nächsten. Ich verheimliche es nicht. Was ich übrigens überhaupt nicht kenne, ist die Schweizer Literatur in französischer und italienischer Sprache.
Und schreibende Schweizer Frauen kennen Sie auch keine.
Ihr habt da eine Lyrikerin, Erika Burkart, die beeindruckt mich überhaupt nicht, sehr schwach. So furchtbar viele schreibende Frauen habt ihr nicht.
Haben wir schon, Sie kennen sie aber nicht.
Na ja, die geschlechtsspezifische Unterscheidung der Literatur interessiert mich nicht.

»Für diese Geste habe ich Brandt persönlich gedankt«

»B.Z. am Sonntag«, 4. Dezember 2005
Das Interview führte Christiane Braunsdorf.

Herr Reich-Ranicki, erinnern Sie sich an den Tag, als Sie das Foto vom Kniefall Willy Brandts in Warschau das erste Mal sahen?
Ich habe das Bild am nächsten Tag in der Zeitung gesehen. Ich war beeindruckt und erschüttert von dieser Geste. Brandt kniete auf dem Platz, an dem sich mein Schicksal und das meiner Frau entschied. Es ist der Platz, auf dem ich meine Eltern zum letzten Mal gesehen habe.
Wann war das?
Am 6. September 1942. Ich bin 1938 aus Berlin nach Warschau deportiert worden. 1942 war ich zweiundzwanzig Jahre alt und arbeitete als deutsch-polnischer Übersetzer beim von den Nazis eingesetzten »Judenrat« im Ghetto. Ständig gab es neue Verordnungen. Anfang September 1942 kam die Anordnung: Alle noch im Ghetto lebenden Juden hätten sich auf einem bestimmten Platz einzufinden. Hier begann die »Große Selektion«. Sogenannte »nützliche Juden« erhielten eine »Lebensnummer«, alle anderen sollten sich bereitmachen zur »Umsiedlung«, die Umschreibung für den Transport in den Tod nach Treblinka. Ich wurde als Übersetzer noch gebraucht. Meine Frau und ich bekamen eine »Lebensnummer«, meine Eltern jedoch waren zu alt. Meine Mutter war achtundfünfzig, mein Vater zweiundsechzig Jahre alt. Ihnen fehlte die Kraft, sich noch im Ghetto zu verstecken. So kamen sie am 6. September auf den bezeichneten Platz.

Welche Erinnerungen haben Sie an diesen Tag?
Mein Vater war hilflos, meine Mutter erstaunlich ruhig. Sie trug einen hellen Regenmantel, als sie sich in die Schlange einreihte. Die letzten Worte, die wir von ihr hörten, sprach sie zu meiner Frau: »Kümmere dich um Marcel.« Ich wußte, daß ich sie zum letzten Mal sah. Ein SS-Mann trieb sie davon zum Zug ins Todeslager.
Wie entkamen Sie selbst dem Ghetto und dem Tod?
Kurz vor der Vernichtung des Ghettos gelang mir und meiner Frau im Februar 1943 die Flucht. Bis Kriegsende lebten wir in Warschau im Untergrund.
Brandts Kniefall hat für Sie eine ganz besondere Bedeutung…
Ja, ich wußte, daß ich ihm bis zum Ende meines Lebens dankbar sein würde für diese Geste. 1990 habe ich ihn getroffen. Ich wollte ihm persönlich danken. Brandt bat mich, meine Geschichte zu erzählen. Am Ende hatte einer von uns beiden Tränen in den Augen. Ich weiß nicht mehr, wer. Aber ich weiß: Beim Anblick des Bildes des vor dem Ghetto-Mahnmal knienden Kanzlers dachte ich mir, daß meine Entscheidung, 1958 nach Deutschland zurückzukehren, um in der Bundesrepublik zu leben, doch nicht falsch gewesen war. Bis heute war es die richtige Entscheidung, als Jude wieder in Deutschland zu leben.

2006

»Der Kanon ist eine Art Lebenswerk«

»Focus«, 9. Januar 2006
Das Interview führten Jobst-Ullrich Brand
und Stephan Sattler.

Herr Reich-Ranicki, wir zählen mal auf: Verleihung des Ehrendoktors der FU Berlin, des Ehrendoktors der Universität Tel Aviv, des Staatspreises von Nordrhein-Westfalen, ein »Literarisches Quartett« zum hundertfünfzigsten Todestag von Heinrich Heine – das ist Ihr Programm für die nächsten Wochen. Dazu schreiben Sie regelmäßig für die »Frankfurter Allgemeine Zeitung«, redigieren die »Frankfurter Anthologie«, haben gerade den »Lyrikkanon« herausgegeben und lassen im März den Kanon mit Essays folgen. Sind Sie eigentlich irgendwie müde zu kriegen?
Wann die Kraft für solch ein Programm ausgehen wird, das kann ich heute noch nicht sagen. Meine Fernsehauftritte haben leider zur Folge, daß mich die verschiedensten Leute für gesund und arbeitsfähig halten. Sie meinen, wenn der Mann im Fernsehen redet, dann kann er zum Beispiel auch auf der Großkonferenz der Sexualforscher sprechen. Zu allem Möglichen bekomme ich Einladungen. Ich muß unentwegt absagen.
In den vergangenen Jahren haben Sie sich auf den Kanon konzentriert, fünf Buchkassetten mit den nach Ihrem Dafürhalten

wichtigsten Texten der deutschen Literaturgeschichte. Sind diese Kartons Ihr Vermächtnis?

Der Kanon ist sicherlich eine Art Lebenswerk. Ich habe mehr als siebzig Jahre daran gearbeitet. Er ist das Resultat einer lebenslänglichen Beschäftigung mit der deutschen Literatur.

Eine grandiose Idee: die klassischen Texte von Lessing, Goethe, Schiller, Kleist, Thomas Mann, Kafka noch einmal gewinnbringend unters Volk zu streuen.

Ausgangspunkt war ein Unbehagen darüber, was heute in den Schulen an deutscher Literatur gelesen wird – nämlich wenig. Die Abiturienten kennen die deutschen Klassiker nicht; die Germanistikstudenten übrigens auch kaum. Mir hat mal ein Professor erzählt, daß, wenn er in einer Prüfung nach »Effi Briest« frage und der Kandidat zu sprechen beginne, sofort klar werde, welche der drei Verfilmungen der »Effi« der Student gesehen hat. Also: Ich wurde gebeten, einen Lehrplan deutscher Literatur zu entwerfen, und dann lag die Idee natürlich nahe, die entsprechenden Werke in einer preisgünstigen Ausgabe zugänglich zu machen.

Das heißt, in den Kanon kam herein, wofür die Verlage die Rechte hergaben?

Wir haben für alle Autoren, die ich wollte, die Rechte bekommen, sonst hätte ich nicht mitgemacht. Überrascht und erfreut hat mich, daß alle Verlage mich als Herausgeber akzeptiert haben. Offenbar haben die verschiedenen Verlage eins begriffen: Mit dem Kanon besteht die Chance, daß ihre Autoren noch eine Weile weitergelesen werden. Bei den Essays reicht die Skala von Luther bis Durs Grünbein.

Bei der Auswahl der Essays stehen wiederum die Chancen nicht schlecht, daß Sie sich in die Nesseln setzen, weil sich einige übergangen fühlen. Wer fehlt?

Er ist sicher der Teil, der am meisten Kontroversen auslösen wird. Viele fehlen, notgedrungen. Die Schwierigkeiten fangen ja schon beim Begriff an. Die Bezeichnung »Essay« ist eine Notlösung, aber es gibt keine bessere. In diesem Teil stehen neben Essays auch Abhandlungen, Reden, Feuilletons, Kritiken. Nicht drin sind Briefe und Tagebücher, es wäre sonst ins Uferlose gegangen.

Wer ist der größte Essayist deutscher Sprache?

Am häufigsten vertreten, mit je sechs Texten, sind Schiller und Thomas Mann. Ich halte sie für die besten Essayisten. Erst an dritter Stelle kommt Goethe. Warum? Weil er sich wahrscheinlich als Essayist nie so richtig Mühe gegeben hat. Aber Goethe geschieht kein Unrecht: Er ist in den anderen vier Teilen des Kanons – Romane, Erzählungen, Dramen und Gedichte – natürlich sehr stark vertreten.

Welche zeitgenössischen Autoren haben Sie berücksichtigt?

Ich habe einunddreißig lebende Autoren aufgenommen, allerdings jeden nur mit einem Beitrag. Mehr war nicht möglich.

Und Ihre Feinde? Gibt es etwas von Joachim Fest?

Selbstverständlich. Er mag mir nach wie vor ein klärendes Gespräch verweigern und über mich verbreiten, was er will. Aber er gehört in den Kanon der deutschen Essays. Ich habe eine glänzende Rede über Horst Janssen ausgewählt.

Was ist mit Martin Walser?

Natürlich ist es mir immer noch unbegreiflich, daß ein intelligenter und im Grunde doch anständiger Schriftsteller wie Martin Walser ein so törichtes und unanständiges Buch wie »Tod eines Kritikers« schreiben konnte. Aber er gehört, kein Zweifel, zum Kanon der deutschen Essays. Ich habe mich für seine von mir besonders geschätzte Heine-Rede »Heines Tränen« entschieden.

Heine ist einer Ihrer erklärten Favoriten. Zu seinem hundertfünfzigsten Todestag werden Sie noch einmal das »Literarische Quartett« zusammenrufen. Warum soll man heute Heine lesen?

Weil er der größte deutsche Lyriker ist, nach Goethe. Im doppelten Sinn: nach Goethes Tod, aber auch in qualitativer Hinsicht rangiert er gleich hinter Goethe.

Was zeichnet ihn aus?

Heine hat die Romantik auf außerordentliche Weise reformiert. Er hat sie für eine neue Generation von Lesern erträglich und liebenswert gemacht. Es gibt ja den berühmten Verriß von Karl Kraus, wo er schreibt, Heine habe der deutschen Dichtung das Mieder so geöffnet, daß jeder Kommis an ihr herumfingern konnte. Gerade darin liegt sein Verdienst. Deswegen liebe und bewundere ich Heine. Weil er dieses enge Mieder gelöst hat, weil er die Poesie demokratisiert hat.

Sie haben mal geschrieben, in Deutschland über Heine zu sprechen sei heikel. Bezieht sich das auf sein Judentum?

Vorwiegend, ja. Daß Heine Jude war, ist ganz entscheidend für das Verständnis seiner Dichtung. Heine war ein hoch erfolgreicher Autor, aber auch ein Ausgestoßener. Eines seiner Hauptthemen ist das Leiden am Nichtdazugehören zur deutschen Gesellschaft, der Kampf um Anerkennung. Er drückt dieses Thema in der unglücklichen Liebe aus. Das ganze »Buch der Lieder« erzählt von unerfüllter, unerwiderter Liebe. Eigentlich aber spricht Heine hier über Heimatlosigkeit – ein spezifisch jüdisches Problem.

Warum aber hat gerade das »Buch der Lieder« in Deutschland so ungeheuer großen Erfolg gehabt?

Die meisten Leser haben gar nicht bemerkt, daß es ihm um dieses jüdische Problem ging. Es war ihnen aber auch nicht wichtig. Alle Zukurzgekommenen, alle Verschmähten, alle Unglücklichen haben sich in diesen Gedichten wiedererkannt.

Er hat den Deutschen doch auch immer wieder gehörig die Leviten gelesen.

Heine war natürlich ein aggressiver Autor, auch das hängt mit seinem Judentum zusammen. Vor allem aber war er geistreich, witzig und intelligent. Er hat Poesie und Intellekt versöhnt wie vor ihm nur Goethe und nach ihm erst wieder Brecht.

Der in diesem Jahr ebenfalls gefeiert wird. Er hat im August fünfzigsten Todestag. Haben Sie ihn noch persönlich erlebt?

Ja, in Warschau. Brecht interessierte im Gespräch nur eins: Was kein sein Gegenüber tun, um sein Werk zu verbreiten?

Sie schätzen Brecht als Lyriker sehr, als Dramatiker weniger.

Brecht hat – wie Goethe, wie Heine – gezeigt, daß die Dichtung hochintelligent und die Vernunft hochpoetisch sein kann.

Seine Stücke sind theorielastig. Stand ihm sein Intellekt da im Weg?

Von Robert Neumann stammt der Satz: Man muß dumm sein, um gute Dramen zu schreiben. So weit würde ich nicht gehen. Aber als Dramatiker muß man fähig sein, primitiv und klar zu denken. Das Drama erfordert ungeheure Reduktionen. Brecht hat sein theoretischer Überbau sicher geschadet. Auch Schiller hat mit dem Zwang zur Vereinfachung seine Schwierigkeiten gehabt. Deshalb sind seine bedeutendsten Dramen so schwer zu spielen: »Don Carlos«, »Wallenstein« – alles viel zu lang.

Mit Heine teilen Sie die Lust an der unterhaltsamen Provokation. Haben Sie – der vor den Nazis geflohene Jude, der Überlebende des Warschauer Ghettos – sich auch in seinem Leid an der Heimatlosigkeit wiedergefunden?

In gewissem Sinne. In einem Brief schreibt Heine: Ich bin kein Deutscher. Dasselbe habe ich immer von mir gesagt. Ich verwende für mich das Wort deutsch nur als Adjektiv. Ich bin ein deutscher Literaturkritiker. Ich bin Bürger der Bundesrepublik, aber ein Deutscher bin ich nicht. Menschen fragen mich oft: Was sind Sie? Ich antworte: ein halber Deutscher, ein halber Pole, ein ganzer Jude. Das ist effektvoll, aber falsch. Ich bin kein ganzer Jude. Es fehlt mir zum ganzen Juden die Religion. Ich bin völlig areligiös. Ich kann nur sagen: Meine Heimat ist die deutsche Literatur. Wie es für Heine die deutsche Sprache war.

Welches Gedicht von Heine liegt Ihnen besonders am Herzen, welches zitieren Sie gern?

»Keine Messe wird man singen,/Keinen Kadosch wird man sagen,/Nichts gesagt und nichts gesungen/Wird an meinen Sterbetagen.« Das soll auch für mich gelten: Ich möchte nicht, daß bei meiner Beerdigung ein Kadosch gesprochen oder eine Messe gesungen wird, das muß nicht sein.

Aber daß jemand auf Ihr Grab einen Stein legt, so wie Sie es nach jüdischer Tradition in Paris bei Heine taten, das wäre schon schön?

Ja. Das ist eine schöne alte Sitte. Ein Zeichen: Man war da, und man denkt an den hier Begrabenen. Man erinnert sich an ihn.

»Die meisten Werke der Literatur verschwinden allmählich«

»Cicero«, Nr. 6, 2006
Das Interview führte Jürgen Busche.

Herr Reich-Ranicki, Sie können in diesen Tagen auf den ganzen Kanon der deutschen Literatur blicken, wie Sie ihn zusammengestellt haben: fünfzig Bände – Romane, Erzählungen, Dramen, Gedichte, Essays. Das ist ein großes Werk. Aber es ist auch ein einzigartiges Werk. Wie fühlen Sie sich jetzt?
Als ich das begann, war ich mir nicht sicher, ob ich den Schluß noch erleben werde. Es ist sicher, ich habe es noch erlebt. Der letzte Teil ist soeben erschienen. Wie bei jeder größeren Arbeit, und diese ist ja nun besonders groß, muß man damit rechnen, daß das Echo viel kleiner ist als ursprünglich gehofft. Man glaubt immer, die Sache wird ein starkes Echo haben. Na ja, bisher ist das Echo auf den Kanon eher dürftig oder doch schwach. Wie ich mich fühle? Ich habe mein Möglichstes getan. Der Kanon hat natürlich Fehler und Schwächen. Die wichtigste Schwäche ist eine, die mir nicht erst im nachhinein bewußt wurde, sondern von der ich von Anfang an wußte: daß die Verteilung auf die einzelnen fünf Gattungen nicht richtig funktionieren würde. Dabei ist es sehr einfach zu erklären, warum sie nicht funktionieren kann. Beginnen wir mit dem ersten Teil, den Romanen. Ich habe zwanzig Romane ausgewählt, das ist viel zu wenig, das ist nicht gut. Ich hätte dreißig oder vierzig, mindestens aber fünfundzwanzig nehmen müssen.
(…)

Können Sie einen Roman nennen, der drin sein sollte und jetzt fehlt?
Gar keinen. Ich habe im Moment keinen Roman im Auge. Ich habe mir darüber keine Gedanken gemacht, weil ich mir so lange darüber Gedanken gemacht habe, als ich den Kanon zusammenstellte. Jetzt, hinterher, wo die Kinder in den Brunnen gefallen sind, hat es keinen Zweck, sich Gedanken zu machen. Es gibt eine Sache natürlich, die man beanstanden kann. Ich habe ja nur einen einzigen lebenden Autor im Kanon. Das ist Günter Grass (»Die Blechtrommel«). Er ist nicht der Jüngste, Thomas Bernhard (»Holzfällen«) ist jünger. Aber Thomas Bernhard lebt nicht mehr. Vielleicht hätte man einen unserer großen Unterhaltungsschriftsteller berücksichtigen sollen, Hans Fallada, vielleicht mit seinem Roman »Kleiner Mann, was nun?«. Auch im neunzehnten Jahrhundert gab es einiges davon. Ich wohne hier in Frankfurt in der Gustav-Freytag-Straße. Aber ich wollte keinen Roman von dem im Kanon. Auch keinen Immermann. Nein, das Problem war ja, ich wollte einen Kanon machen, der es aus heutiger Sicht sein sollte. Und nicht die mitgeschleppten Romane, die über Hunderte Jahre alt sind. Die man immer und immer wieder abdruckt. Man muß sich damit abfinden, daß die meisten Werke der Literatur allmählich verschwinden. Manche existieren fünfzig Jahre, manche sogar hundert Jahre, aber ganz wenige länger. Das soll heißen, sie existieren wohl für die Philologie, aber eben nicht mehr für die Leser. Ich habe im Grunde genommen – das ist ja das Interessante am Romankanon – zwanzig Romane genommen, aber nur von drei Autoren je zwei Romane, die drei sind Goethe, Fontane und Thomas Mann, von den anderen jeweils einen Roman.
Sie werden demnächst sechsundachtzig Jahre alt, Sie lesen seit

etwa siebzig Jahren Romane, das ist mehr als ein Viertel der Zeit von Goethes »Werther« (1774) bis heute. In ihrem Kanon sind jedoch die Hälfte der Romane zu Ihren Lebzeiten erschienen. Weshalb diese Ungleichverteilung? Finden Sie die neueren Romane besser?

Es geht doch zunächst darum, daß es Romane sein müssen, die noch lesbar sind. Ich habe irgendwo einen Satz gesagt, ich weiß nicht mehr, wo, aus dem der Verlag einen Slogan gemacht hat: »Dies ist ein Kanon für Leser.« So war er gedacht. Historiker mögen sich mit den Romanen von Wieland beschäftigen und von Ludwig Tieck. Ich glaube, die gehören in einen Kanon für Leser nicht rein. Der Kanon für Leser beginnt mit Goethe, hat seinen Höhepunkt mit Fontane und sein Ziel mit Thomas Mann und schließlich mit Grass. Zweierlei war zu berücksichtigen. Ich wollte einen Kanon machen, der objektiv und subjektiv in Ordnung ist. Objektiv soll heißen: Er soll das, was literarisch wirklich wichtig ist und was bis heute lebendig ist, sein. Subjektiv: Der Kanon soll meinen persönlichen Geschmack erkennen lassen, mein Gesicht und meine Perspektive wiedergeben. Und dann gibt es noch einen anderen Aspekt, der wichtig ist: Das ist kein Kanon der Literatur der Deutschen, vielmehr ein Kanon der deutschen Literatur; das soll heißen: ein Kanon der Literatur der Deutschen, der Österreicher und der Schweizer. So sind wahrlich Titel drin, die verwundern. Das tut vielleicht die »Strudlhofstiege«. Aber ich habe den Roman von Doderer reingenommen. Ich bin sicher, daß die Österreicher ihn für sehr wichtig halten. Manche Deutsche wahrscheinlich weniger wichtig. Mir erschien es richtig.

Sie haben in einer Ihrer Antworten auf fragende Leser in der »Frankfurter Allgemeinen Sonntagszeitung« Fontanes »Stech-

lin« als einen von drei Romanen bezeichnet, den Sie mit auf eine einsame Insel nehmen würden. Der fehlt im Kanon. Gibt es statt dessen dort einen Roman, den Sie umgekehrt nicht mehr notwendig in Ihrer Nähe haben müßten?

Ja also, ich habe als junger Mensch natürlich sehr den »Grünen Heinrich« von Gottfried Keller geschätzt. Aber daß ich den Roman so furchtbar geliebt hätte, das wäre übertrieben. »Effi Briest« und der »Stechlin« standen mir viel näher als Keller. Es war dann aber doch nötig, den »Grünen Heinrich« mit hineinzunehmen.

Und bei den Dramen?

Nun, bei den Dramen gilt das ganz bestimmt. Wollen wir mal sehen.

Bei der Durchsicht der dreiundvierzig Stücke Ihres Kanons – von dreiundzwanzig Autoren – kann man den Eindruck gewinnen, das deutsche Theater sei alles in allem der Aufklärung verpflichtet, mit leichter Tendenz nach links.

Ich weiß nicht, ob man das so formulieren kann, es gibt ja verschiedene Aspekte, die mich dazu gebracht haben, dieses oder jenes Drama aufzunehmen. Ein Dramatiker, bei dem ich lange überlegt habe, ob ich ihn noch aufnehmen soll oder nicht, war Friedrich Hebbel. Schließlich habe ich »Maria Magdalena« aufgenommen, aber Hebbel ist ein Dramatiker, der, wie ich glaube, in Vergessenheit geraten wird. Ich habe auf die Grillparzer-Dramen verzichtet, einige Österreicher mögen die. Botho Strauß ist der einzige lebende Dramatiker, den ich berücksichtigt habe. Neuere Dramatiker wie Peter Hacks, Heiner Müller und Thomas Bernhard sind ja schon tot.

Es gibt eine Linie von Lessing zu Schnitzler und Bert Brecht.

Ja, aber ist Raimund ein linker Aufklärer?

Der nun wohl gewiß nicht.

Und Nestroy? Doch, der wohl auch. Ich habe ja von Arthur Schnitzler den »Professor Bernhardi« genommen. Und den »Reigen« und »Liebelei«. Meiner Ansicht nach sehr wichtige Stücke.

Autoren von Gedichten! Das muß Herzenssache sein bei der Auswahl.

Gar nicht schwer. Aus einem ganz einfachen Grund: Bei der Lyrik kann ich etwas tun, was ich bei einem Roman überhaupt nicht tun kann. Und beim Drama eigentlich auch nicht. Ich kann kürzere Gedichte wählen, ich kann ja so viele Gedichte auswählen. Das ist ja das Ungleichmäßige bei diesem Kanon. Ich wollte nicht nur die Lyriker aufnehmen, die man von Generation zu Generation schleppt. Bei den großen Lyrikern des neunzehnten Jahrhunderts und auch bei denen des achtzehnten Jahrhunderts habe ich sehr aufgepaßt, wen ich nehme. Und habe festgestellt, daß manche Dichter eigentlich besser sind, als ich gedacht hatte. Ich habe gern viele Gedichte von Mörike genommen. Natürlich steht an erster Stelle Goethe und dann Heine und Brecht. Ich habe mich bemüht, alles zu prüfen. Herausgekommen ist dabei auch eine besondere Wertschätzung für Matthias Claudius, der doch nur wenig geschrieben hat.

Neben dem großen Werk Ihres Kanons gibt es auch das gewaltige Unternehmen der »Frankfurter Anthologie«, eine Reihe von Gedichtinterpretationen in der »Frankfurter Allgemeinen Zeitung«, die nächstes Jahr mit dem dreißigsten Band erscheint. Wie verhält sich die Gedichtauswahl hier und dort zueinander?

Na ja, ich habe sämtliche Gedichte, die in der »Frankfurter Anthologie« waren, geprüft, ob sie in den Kanon gehören oder nicht. Es sind in der »Frankfurter Anthologie« Gedichte manchmal nur deshalb gebracht worden, weil ein Interpret etwas darüber schreiben wollte. Der Interpret hatte auch etwas Bemerkenswertes zu sagen. Aber deshalb mußte das Gedicht nicht in den Kanon. Das sind zwei sehr verschiedene Werke. Aber es gibt noch einen dritten Aspekt, der sehr wichtig ist für den Vergleich mit dem Kanon. Es gibt in einem Band von mir »Meine Gedichte« von Walther von der Vogelweide bis heute. Darin sind nur Gedichte, die mir sehr nahestehen oder mir besonders gefallen. Es gab nur ein Gedicht, das ich reingenommen habe in »Meine Gedichte«, aber auf gar keinen Fall in den Kanon. Das ist Hans Leips »Lili Marleen« …

»Von der Kaserne, vor dem großen Tor« …

Deutsche und englische Soldaten haben es im Zweiten Weltkrieg gleichermaßen geliebt. Ich habe eine Schwäche dafür. Das geht aber im Kanon nicht.

Gibt es das umgekehrt auch? Sie nehmen in den Kanon, was Sie eigentlich nicht mögen?

O ja, viele. Ein anderes Problem. Ich habe bei Goethe mehrere Gedichte, die ich nicht mag. Dennoch sind sie zum Teil mit reingenommen. »Schatzgräber« ist etwas, was ich gar nicht mag, das aber reinmuß. »Saure Wochen, frohe Feste«, das geht gar nicht. Ich habe ab und zu Gedichte genommen, die ich nicht gerade liebe, die aber zur Geschichte der deutschen Poesie gehören und berücksichtigt werden müssen. Das gilt auch für Schiller, denken Sie an die »Glocke«.

Ist es ein Kriterium für gute Lyrik, daß man sie leicht auswendig lernt?

Nein. Es gibt Gedichte, die sich leicht auswendig lernen lassen, ohne bedeutend zu sein. Es gibt Gedichte, die schwer auswendig gelernt werden können, aber sehr gut sind. Nein, das muß nichts heißen.

Jetzt ist mit dem Erscheinen der Essaykassette …

… von Martin Luther bis Durs Grünbein. Es ist das erste Mal, daß es eine solche Sammlung in Deutschland gibt …

… Ihre Arbeit am Kanon beendet, und Sie können darauf nur noch zurückblicken. Was empfinden Sie dabei? Glück? Zufriedenheit?

Zufriedenheit ist das bessere Wort. Ich bin zufrieden, denn als ich den Kanon begonnen habe, habe ich sehr daran gezweifelt, ob ich ihn zu Ende bringen werde. Es hat Jahre gedauert. Aber er ist fertig. Er ist da. Wann der nächste Kanon der deutschen Literatur so vorgelegt wird, weiß ich nicht.

Und welches Schicksal wünschen Sie Ihrem Kanon?

Natürlich wünsche ich mir, daß der Kanon möglichst viele Leser findet. Und daß er den Lesern so viel Freude gibt, wie er sie mir bei der Arbeit jahrelang bereitet hat. Der Kanon macht den Reichtum des deutschen Romans bewußt; er zeigt, daß viele herrliche deutsche Erzählungen längst vergessen sind; er präsentiert uns die deutschen Dramen, wie sie geschrieben wurden, worum sich ja das heutige Theater wenig kümmert; er beweist, daß die deutsche Lyrik auch ohne Schubert, Schumann oder Mendelssohn unübertroffen ist.

Und der nun erschienene letzte Teil? Die Essays?

Der Titel ist nicht sehr glücklich. Denn hier werden auch Reden und Abhandlungen, Feuilletons und Kritiken, Aufsätze und Artikel geboten. Kurz: nichtfiktionale Prosa von hoher Bedeutung. Das wäre allerdings ein abscheulicher Titel. Der Titel »Essayistisches« käme der Sache schon näher, doch schön klingt er nicht. Also blieb es beim Arbeitstitel »Essays«.

»Ich will Bedürfnisse wecken«

»Die Tageszeitung«, 2. Juni 2006
Das Interview führte Gerrit Bartels.

Herr Reich-Ranicki, mit den Essays liegt nun der fünfte und letzte Teil ihres Kanons der deutschen Literatur vor, an dem sie über fünf Jahre gearbeitet haben. An sich ein Grund zur Zufriedenheit. Trotzdem haben Sie vor kurzem die fehlende kritische Würdigung dieser Arbeit beklagt und sich auch selbstkritisch über den Kanon geäußert. Warum?
Zunächst: Ich bin glücklich, daß die Arbeit am Kanon beendet ist. Ich kenne keine vergleichbare Edition, die auf fünfzig Bänden das Wichtigste der deutschen Literatur an Lyrik, Dramen, Romanen, Erzählungen und Essays zusammenfaßt. Natürlich sind die einzelnen Teile für unterschiedlichste Leser geeignet. Der Romanteil enthält zwanzig Romane, zum größten Teil solche, die einigermaßen gebildete Leser schon kennen. Ich konnte aber keinen Romankanon zusammenstellen, ohne den »Grünen Heinrich«, die »Buddenbrocks«, den »Zauberberg« oder die »Blechtrommel« zu bringen. Das sind naturgemäß bekannte Romane. Der Essaykanon wiederum bietet zum großen Teil Essays, die viele Leser gar nicht kennen, das gilt teilweise auch für den Erzählungenkanon. Aus meiner Sicht ist das Echo der Kritik auf so eine bislang unvergleichbare Kanonbibliothek ein bißchen spärlich. Aber das war mein ganzes Leben so: Man arbeitet lange an bestimmten Sachen und glaubt etwas Tolles getan zu haben, und dann erscheint das Werk und die Kritik schweigt. Dann sagt sie zwar was, am Ende aber nicht viel, und man ist enttäuscht.

Was haben Sie denn erwartet?

Natürlich hatte ich etwas Anderes erwartet, ein größeres Echo. Ich bin mir auch sicher, daß irgendwelche Stellungnahmen dazu noch kommen werden. Die Kritik aber, die bisher erschienen ist, hat ein Spiel gespielt, das mich langweilt. Vielen Kritikern fällt nichts anderes ein, als die Löcher im Schweizer Käse zu suchen: Der fehlt und jener fehlt und der auch noch. Natürlich, es sind nicht alle drin, es können nicht alle drin sein. Doch gerade der Essaykanon enthält für die Kenner der Materie viele Überraschungen. Beispielsweise möchte ich darauf aufmerksam machen, daß der Autor, der einen antisemitischen Roman gegen mich geschrieben hat, Martin Walser, keineswegs übersehen wurde und sowohl bei den Erzählungen als auch mit einem Essay vertreten ist. Auch meinen früheren, langjährigen Freund, Joachim Fest, habe ich bei allem, was er gegen mich zu schreiben beliebt, sehr wohl berücksichtigt.

Was fehlt Ihnen selbst, wenn Sie jetzt auf Ihre Arbeit zurückblicken? Gibt es Entscheidungen, die Sie bereuen, denken Sie manchmal, den hätte ich doch besser noch mit hereingenommen und jenen nicht?

Nein, überhaupt nicht. Zunächst einmal: Es gibt selbstverständlich größere Löcher im Schweizer Käse. Ein Kritiker hat gefragt: »Warum fehlen Tagebücher im Kanon?« Natürlich gehören die zur deutschen Literatur. Das betrifft genauso Briefe. Also Briefe und Tagebücher, etwa von Lessing, Goethe, Schiller, Heine oder Thomas Mann; ja, von Thomas Mann gibt es unendlich viele Bände mit Tagebüchern und Briefen. Das aber soll einer anderen Edition vorbehalten sein, die mag ein anderer machen.

Und die kleinen Löcher?

Die werden entdeckt, wenn es um einzelne Autoren geht. Aber das hat doch keinen Zweck. Da schreibt einer, Gotthelf ist nicht drin, Stifter nicht, und natürlich sind Gotthelf und Stifter dabei, beide bei den Erzählungen. Manche Autoren sind eben als Erzähler repräsentiert. (...)

Nach was für Kriterien haben Sie ausgesucht?

Nach der Qualität, wonach sonst? Das war eine unerhört mühselige Arbeit, auch eine sehr amüsante, weil es für so was überhaupt keine Vorbilder gibt. Bei der Arbeit am Kanon dachte ich an viele Anthologien, die im Lauf der letzten fünfzig Jahre erschienen sind, mit Gedichten, Erzählungen, verschiedene Gattungen. Diese Anthologien haben oft einen großen, ernsten Fehler, den ich unbedingt vermeiden wollte: Von Generation zu Generation wird dasselbe mitgeschleppt. Ihre Herausgeber machen sich nicht die Mühe, die Texte, die seit fünfzig bis hundert Jahren gedruckt werden, noch einmal zu lesen und sich zu überlegen, wie sie heute wirken. Das habe ich sehr wohl getan und genauestens ausgewählt. Was übriggeblieben ist, was da oft einfach mitgeschleppt wird, habe ich nicht mitgeschleppt. Meine Lektüre hat manchmal überraschende Ergebnisse gezeitigt. So habe ich genau geprüft, was mit Mörike passieren soll. Von Möricke gibt es sehr viele gute Gedichte. Ich hatte nicht geahnt, daß es so viele sein werden. Andererseits ist natürlich Klopstock dabei. Doch das weitaus meiste von Klopstock ist vollkommen verstaubt. Nicht überflüssig, das nicht, aber eben nur noch Gegenstand der Forschung. Mit anderen Worten: Mein Kanon ist für Leser, weshalb Klopstock nicht so stark vertreten ist, dafür aber Erich Kästner.

Sind denn ausgerechnet »Montauk« von Max Frisch und »Holzfällen« von Thomas Bernhard Romane für Leser? Bei beiden

Autoren fallen einem sofort andere, möglicherweise wichtigere, möglichweise leserfreundlichere Romane ein.

Es ist ja naheliegend von Frisch »Stiller« zu nehmen, eventuell auch »Homo faber«. Ich habe »Homo faber« vor zwei Jahren wiedergelesen, und vor allem habe ich »Stiller« wiedergelesen und weiß, wie viele langweilige Passagen darin vorkommen. Ich glaube, die beste Erzählung von Max Frisch ist »Montauk«. Ich war sehr erfreut, als ich neulich von einem namhaften Kritiker einen Artikel gelesen habe, in dem stand: »Montauk« sei die unzweifelhaft stärkste Erzählung von Max Frisch. Das setzt sich allmählich durch. Joachim Kaiser, der sich über meinen Kanon geäußert hat, hat beanstandet, daß allerlei Romane fehlen. Doch er meint meistens Geschichten von zwanzig, dreißig Seiten, die in den Erzählteil gehören, »Tristan« von Thomas Mann zum Beispiel fehlt ihm. »Tristan« ist natürlich im Erzählteil des Kanons. Kaiser rühmt »Stiller« seit vierzig Jahren. Der fehlt ihm auch. Ich aber glaube, für Leser ist »Montauk« viel besser geeignet.

Und »Holzfällen« von Thomas Bernhard?

Ach, hören Sie, über Thomas Bernhard ist die Diskussion schrecklich, sie ist endlos. Worüber sollen wir da reden? Ein großer Schriftsteller, der ein großes Werk geschrieben hat. Das sind alles Kapitel eines Werkes, die mehr oder weniger in einem Ton, einem Stil geschrieben worden sind. Eine enorme Litanei besonderer Art. Mich hat »Holzfällen« am meisten überzeugt. Ich hätte auch »Auslöschung« nehmen können, und dann hätte es wieder geheißen: Warum nicht »Holzfällen«? Man hat mich übrigens auch gefragt: Warum ist von Theodor Fontane der »Stechlin« nicht drin …

Das Buch, was sie gern auf eine einsame Insel mitnehmen würden.

Das habe ich mal gesagt?

Ja, das haben Sie einmal einem Leser der »Frankfurter Allgemeinen Sonntagszeitung« geantwortet, zusammen mit dem »Zauberberg« und den »Gebrüdern Karamasow« von Dostojewski.

Gut, ich hatte drei Fontane-Romane zur Auswahl: »Stechlin«, »Effi Briest« und »Frau Jenny Treibel«. Ich habe die beiden letzteren genommen, weil Fontane selbst einmal über den »Stechlin« gesagt hat: Da passiert gar nichts. Zwei verlieben sich, dann heiraten sie, dann stirbt einer, das war's. Der »Stechlin« ist ein Konversationsroman. »Frau Jenny Treibel« und »Effi Briest« sind Romane mit viel mehr Handlung und deshalb für junge Leute viel besser geeignet.

Zwei Romane mit Frauen als Heldinnen. Auffallend ist, daß sehr, sehr wenige Frauen in Ihrem Kanon vertreten sind, bei den Romanen ist es eine, Anna Seghers mit »Das siebte Kreuz«, bei den Essays sind es gerade mal neun von 166.

Mein Kanon entspricht den Leistungen der Autoren, die nicht nach ihrer Geschlechtszugehörigkeit ausgewählt wurden. Die Zahl der Lyrikerinnen beträgt im Kanon zweiunddreißig, die der Erzählerinnen dreiunddreißig. Reicht das?

Bei 1370 Gedichten von 270 Autoren und 180 Erzählungen.

Die Frage nach der Rolle der Frauen in der deutschen Literatur gehört seit Jahrzehnten zum Standardrepertoire aller Journalisten, die mich interviewen. Nur einmal hat man mich mit dieser Frage in Ruhe gelassen – als 1998 der von mir herausgegebene Band »Frauen dichten anders« erschien, der 181 Gedichte mit Interpretationen enthält. Das Buch wurde totgeschwiegen, weil es nicht in das blöde Klischee, ich sei ein Feind der Literatur von Frauen, passen wollte. Was steckt dahinter? Es müssen irgendwelche Komplexe sein. Jedenfalls gibt es in Europa Länder, in denen man sich mit dieser Frage nicht befaßt, beispielsweise Polen. Denn die Rolle der Frauen in der polnischen Literatur ist seit etwa hundertdreißig Jahren sehr groß. Dort beschweren sich die Frauen nicht, daß die Männer sie nicht zu Wort kommen ließen.

Haben Sie den Eindruck, daß es in den letzten zehn Jahren mehr Kanones und Versuche von kurzen, schnellen, ausgwählten Literaturgeschichten als je zuvor in der deutschen Literaturgeschichte gegeben hat?

Nein, das glaube ich nicht. Dieser Kanon ist der erste, der auf diese Art gemacht wurde. Es werden Nachschlagwerke veröffentlicht, so wie das von Joachim Kaiser, »1000 Werke der Literatur«, aber da haben fünfzig oder achtzig Leute mitgemacht und jeder von denen hat eine Inhaltsangabe geliefert von irgendeinem Werk von Balzac über Dostojewski bis Gottfried Keller. Das hat nichts mit einem Kanon zu tun.

Andersherum gefragt: Gibt es beim Publikum ein größeres Bedürfnis nach mehr Orientierung, gerade bei der Flut von Neuerscheinungen jedes Frühjahr und jeden Herbst, nach Orientierung in Form eines Kanons oder von Literaturgeschichte?

Wissen Sie, ich war als Kritiker immer daran interessiert, nicht Bedürfnisse zu befriedigen, sondern Bedürfnisse von Lesern zu wecken. Das ist auch jetzt der Hintergrund des Kanons. Einer der Gründe für mich, diesen Kanon zusammenzustellen, ist folgender: Ich habe als junger Mensch, als Gymnasialschüler, die großen Romane der Franzosen und der Russen kennenlernen wollen, aber mir hat ein Kanon gefehlt. Ich hätte gern gewußt: Was soll ich denn von Dostojewski, Tolstoi oder Balzac lesen?

Mangelt es möglicherweise auch an einer immer schlechter werdenden Vermittlung durch die Literaturkritik? Steckt diese gar in einer Krise?

Nein, in einer Krise steckt die deutsche Literatur. Die Krise beginnt mit dem Nibelungenlied. Nein, Spaß beiseite, von einer Krise redet man in der Literatur immer. Als Goethe und Schiller um 1800 schrieben, Lessing gerade tot war, Hölderlin nicht mehr arbeitete – die meisten großen deutschen Schriftsteller lebten ja in einem Zeitraum von vierzig Jahren –, hat man schon von einer Krise gesprochen. Schon damals haben die Gebrüder Schlegel spöttisch über einen völlig überschätzten Autor gesprochen: Friedrich Schiller.

Aber werden Bücher inzwischen nicht mehr über das Fernsehen und dessen bescheidenen kritischen Mittel an das Publikum gebracht als über die Literaturkritik in den Printmedien? Begonnen mit dem »Literarischen Quartett«, fortgeführt von Elke Heidenreich?

Ich habe fünfzehn Jahre lang das Literaturressort der »Frankfurter Allgemeinen Zeitung« geleitet, und zwar so, wie ich meinte es leiten zu müssen. Ich hatte das Gefühl, viel Einfluß zu haben und ganz starke Wirkung auszuüben. Das »Literarische Quartett« war meine Idee, ich wollte den Einfluß der Kritik noch vergrößern. Die Leute vom ZDF kamen zu mir und fragten mich, wie ich mir eine Sendung vorstelle über Bücher, die auch viele Leser erreichen kann. Ich war sicher, daß sie meine Bedingungen nicht akzeptieren würden. Sie haben mich dann aber verblüfft und mich machen lassen. Joachim Kaiser hat ja gleich bei der zweiten Sendung geschrieben, daß das »Literarische Quartett« eine Totgeburt sei. Die Sendung läuft weiter, im August machen wir wieder eine Ausgabe, und zwar über Brecht. Vorausgesetzt, ich bleibe arbeitsfähig und meine Gesundheit spielt mit. Man muß aber das »Literarische Quartett« und Elke Heidenreichs Sendung strikt auseinanderhalten. Elke Heidenreich schätze ich sehr, sie ist mir sehr lieb, und sie ist sehr gut, aber sie macht keine Literaturkritik. Das hat sie noch nie gemacht. Sie macht etwas ganz anderes: Sie zeigt ein Buch und sagt: »Diesen Roman von Helga Schulz empfehle ich Ihnen, kaufen Sie den, nicht morgen, sondern heute! Lesen Sie, Sie werden sich nicht losreißen können, und dann habe ich noch einen Novellenband, den ich Ihnen unbedingt ans Herz legen möchte.« Ihre Sendung ist eine Empfehlungssendung. Als solches ist das eine besondere Gattung. Ich finde das legitim, die Sendung hat eine starke Wirkung. Das »Literarische Quartett« aber war etwas ganz anderes. Wir haben diskutiert und gestritten, immer mit dem Tenor, daß die Leute dem Hellmuth Karasek oder mir nicht glauben und dann am nächsten Tag in den Buchladen gehen und sich selbst von unserer Kritik überzeugen wollten.

Es gab vor kurzem einen Streit in der Literaturkritik um eine kurze Literaturgeschichte, Volker Weidermanns »Lichtjahre«, einen Streit, der in seinem Subtext auch mit der zunehmenden Bedeutungslosigkeit von Buchrezensionen in den Feuilletons für den Markt zu tun hatte. Hauptsächlich ging es darum, wieviel Biographisches eine Literaturgeschichte enthalten darf und muß und ob in Weidermanns Literaturgeschichte nicht zuviel Biographie und zuwenig Analyse der Texte enthalten war, zum anderen, in was für einem Verhältnis Leidenschaft und Erkenntnis in der Literaturkritik stehen müssen.

Es gibt verschiedene Arten von Literaturkritik. Ich bin strikt dagegen, daß man bestimmte Modelle der Literaturkritik von vornherein verbietet. Das ist nicht zulässig. Ich halte es für absolut unmöglich, ernste Literaturkritik zu machen und die Umstände, die Geschichte des Autors, seine Biographie, in manchen Fällen mehr, in manchen weniger, nicht zu berücksichtigen. Man kann ein literarisches Werk ohne den zeitgeschichtlichen, biographischen Hintergrund nicht beurteilen

Nach welchen Kriterien sind Sie früher vorgegangen, und wie machen Sie das heute?

Wenn ich zum Beispiel über Philip Roth die vierte Kritik geschrieben habe, habe ich natürlich nicht zum vierten Mal Roths biographischen Hintergrund gezeigt und erörtert, das ist doch klar. Ich möchte keine Regeln aufstellen. Aber wenn ich, um nicht immer wieder Fontane als Beispiel zu nehmen, etwa über einen Roman von Eduard von Keyserling schreibe, muß ich doch die Fragen stellen: Wann ist dieser Roman entstanden? In welcher Situation war der Autor? Wie war der geschichtliche Hintergund in Deutschland, als dieser Roman geschrieben und veröffentlicht wurde? Das gilt für amerikanische Romane genauso, in Abwandlungen natürlich. Im übrigen habe ich Rezensionen über amerikanische Autoren immer wieder zum Anlaß genommen, darauf hinzuweisen, daß die Amerikaner seit vielen, vielen Jahren viel mehr als deutsche Autoren für die Leser schreiben und sich um diese kümmern. Es ist ja kein Zufall, daß es einen amerikanischen Mainstream gibt, mit Melville, Mark Twain und anderen. Die haben für das Publikum geschrieben, aber auch ohne diesem Publikum zu große Zugeständnisse zu machen. Sie haben aber die Möglichkeiten des Publikums berücksichtigt, was bis heute gilt: Roth, Updike, Ford, auch Ernest Hemingway kommen von dieser Tradition. Die Amerikaner waren immer der Ansicht, Literatur ist für Leser.

Und auf der Seite der Literaturkritik? Wie sehr muß die an den Leser denken, an den Autor, an die literaturwissenschaftliche Analyse des jeweiligen Romans, in was für Proportionen?

Ich kann das überhaupt nicht trennen. Wenn ich über einen Roman schreibe – naturgemäß schreibe ich in meinem Alter nur noch wenige Kritiken –, egal ob der vor hundert Jahren erschienen ist oder vor zehn Tagen, dann muß ich erstmal eine Analyse dieses Romans vorlegen, erklären, um was es hier geht, was das Gute und was das Schwache ist. Man kann das alles gar nicht voneinander trennen, das ist undenkbar. Die großen Romane waren immer lesbar. Die das nicht waren, waren keine großen Romane. So wie mir keiner mehr einreden wird, der »Mann ohne Eigenschaften« von Robert Musil sei ein großer Roman. Der »Werther« ist ein großer Roman, die »Buddenbrocks«, der ganze Fontane, das meiste von Thomas Mann.

Wenn Sie zurückblicken: Haben Sie in einer Rezension einmal nicht an den Leser gedacht?

Für wie lange? Für zehn Zeilen?

So daß Sie sich heute noch darüber ärgern.

Nein. Es mag solche Fälle gegeben haben. Nur habe ich das sehr bald ergänzt, in dem ich erneut auf den Roman zu sprechen gekommen bin. Es gibt einen Roman, den ich als einziger Mensch in Europa zu schätzen scheine: »Tauben im Gras« von Wolfgang Koeppen. Ein fabelhafter Roman. Joachim Kaiser gibt seit zwanzig Jahren als Beispiel meiner Fehlurteile an, daß ich »Tauben im Gras« gelobt habe. Ich habe auf dessen Schwächen hingewiesen, manches aber später wieder revidiert. »Tauben im Gras« ist besser als alle Romane von Heinrich Böll.

In der Weidermann-Debatte war viel von literarischen Kriterien wie Leidenschaft, Liebe, Wahrheit und Notwendigkeit auf der einen Seite die Rede, auf der anderen von trockener Literaturbetrachtung, reiner Romanexegese ohne zuviel biographische

Hintergründe. Wie erkennt man, ob ein Roman Leidenschaft hat?
Ich kann Ihnen nicht sagen, wie man erkennt, ob Temperament in einem Buch ist. Ich spüre, ob das ein Langweiler ist oder der Autor Temperament hat.
Und Wahrheit? Notwendigkeit?
So etwas wie Liebe, Wahrheit und Leidenschaft kann man nicht definieren. Es gibt da andere Sachen. Mir ist es schon oft passiert, daß ich ein Buch lese, um darüber eine Kritik zu schreiben, und daß ich nach der Hälfte der Lektüre zwei Dinge wußte: Das Buch gefällt mir, und ich weiß nicht warum. Das ist mir schon oft passiert. Ich habe mal einem Redakteur bei der »Zeit« gesagt: »Ich bin fertig mit dem Roman, über den ich für Sie schreiben soll, kann aber nur einen einzigen Satz darüber schreiben: ›Der Roman gefällt mir.‹« »Ja, ist gut«, hat der Redakteur dann geantwortet, »aber Sie werden das begründen, und dann werden Sie zehn Seiten brauchen.« Dann wurden es neun.
Was halten Sie von der reinen Literatur-, der reinen Werkbetrachtung?
Also Flaschenpost? Soll heißen, daß man dabei das literarische Werk behandelt, als wäre es von der Nordsee an den Strand gespült. Man macht die Flasche auf, zieht das Manuskript heraus, weiß nicht von wem es ist, wann und wo es geschrieben wurde. Das alles, meinen diese Idioten, braucht den Kritiker nichts anzugehen. Diese Methode kam aus den USA und war in den sechziger Jahren sehr populär. Das ist großer Blödsinn. Man muß das literarische Werk mit allen zugänglichen Mitteln beurteilen, mit allem Wissen. Ein neuer deutscher Roman, gestern geschrieben, gestern erschienen. Wer ist der Autor, wie alt ist der Autor, wo lebt er, wieviel Bücher hat er

schon geschrieben, wieviel habe ich davon gelesen, muß ich die anderen kennen – all daß muß in eine Rezension.

Aber um ein Buch zu lieben oder zu verstehen, muß man nicht immer den autobiographischen Hintergrund kennen. Das kann eine Lektüre auch ungünstig beeinflussen.

Halt. Halt. Nein. Als Leser nicht. Aber als Kritiker, ja. Der Leser liest Bücher zu einem einzigen Zweck: um sich die Zeit zu vertreiben.

In Berlin fand vor kurzem der Internationale PEN-Kongreß statt. Für wie groß halten sie die politische Wirkmacht von Schriftstellern, was halten Sie von der Kombination Literatur und politisches Engagement?

Ich bin leider der Ansicht, daß die direkte politische Wirkung der Schriftsteller nicht sehr groß, sondern sehr beschränkt ist. Als klassisches Beispiel für ein gutes Gelingen und eine überzeugende Kombination von politischem Engagement und Literatur wird immer wieder Emile Zola und der Dreyfuß-Prozeß genannt. Zola hat den Prozeß neu aufgerollt, der unschuldig verurteilte Jude Dreyfuß wurde freigesprochen. Aber Zola hat einen Artikel geschrieben und keinen Roman darüber, und dieser Artikel wäre nicht so wirkungsvoll, hätte Zola nicht so viele Romane geschrieben und wären diese nicht so beliebt. Selbstverständlich, da hat auf dem PEN-Kongreß Günter Grass eine Rede gehalten, die debattiert und diskutiert und auf einer »Zeit«-Seite abgedruckt wurde - aber nur, weil er Günter Grass ist, nicht irgendein unbekannter Schriftsteller ohne Werk. Ein Autor muß erst bekannt werden, er muß zeigen, daß er wirklich ein Autor ist. Die Hinwendung von Autoren zur Politik ist oft eine Flucht. Weil sie mit ihren Romanen oder Novellen nicht vorankommen, wenden Sie sich der Politik zu. Es gibt theoretisch auch den umgekehrten Fall. Ein Romancier, ein Novellist sagt: Heute ist Politik wichtig, wichtiger als meine Literatur, also kämpfe ich auf dieser Ebene. Meiner Ansicht nach ist das meistens das Ergebnis von Mißerfolg beim eigenen Schreiben.

Kann denn nicht ein Roman sowieso mehr bewirken, auf lange Sicht, wenn er nicht explizit politisch ist, wenn er auf andere Weise ein Bewußtsein schärft, wenn er um Haltungen bemüht ist, um innere Rebellionen?

Nein, wovon Sie reden, das ist sehr schwer realisierbar. Ein Autor plant ein Jahr ein Buch, dann schreibt er zwei Jahre, dann kommt der Verlag, liest, redigiert, korrigiert und gibt den Roman in Druck. Bis er erscheint, sind Jahre vergangen. Der Autor ist an ihm nicht mehr interessiert, er ist nur interessiert daran, wie das Echo auf seinen Roman ist, wie die Kritiken ausfallen. Ich habe Heinrich Böll mal gefragt: »Haben Sie als Autor mal was davon gehabt, was in einer Kritik über einen ihrer Romane geschrieben wurde, über bestimmte Schwächen etwa, haben Sie da etwas gelernt?« Er hat gesagt: »Nein, das kommt alles zu spät. Wenn die Kritik erscheint, liegt das Schreiben des Romans viel zu lang zurück, und ich bin schon ganz und gar beschäftigt mit was anderem.«

Sie haben aber mal geschrieben: »Die Kritik wirkt, wenn sie redet, und sie wirkt, wenn sie schweigt. Sie belehrt und erzieht, verführt und demoralisiert den Schriftsteller auch dann, wenn sie sich nur an das Publikum wendet oder wenn er entschlossen ist, sich ihrem Einfluß zu entziehen.« Das klingt nach einem viel größeren Glauben an die Macht der Kritik und ihren Einfluß auf die Schriftsteller, als sie es ebem am Beispiel von Böll ausgeführt haben.

Wann war das?

1961

Man darf keine Kritiken zitieren, ohne zu sagen, wann sie geschrieben worden sind. Das Jahr ist wichtig. Es ist was ganz anderes, was Alfred Kerr über Gerhart Hauptmann 1895 oder 1935 geschrieben hat. Kritik ist immer situationsbedingt, der Zeitpunkt muß angedeutet werden.

Aber wie verhält es sich dann Ihrer Ansicht nach nun mit der Kritik und ihrer Wirkung auf die Arbeit der Schriftsteller?

Sie kommt zu spät, immer. Aber auf den Erfolg hat sie Einfluß. Von einer Kritik kann abhängen, ob ein Autor einen Heinrich-Heine-Preis oder einen Thomas-Mann-Preis bekommt. Von ihr kann es abhängen, ob zwanzigtausend oder vierzigtausend Bücher verkauft werden, auch, wie der weitere Weg des Autors verläuft. Und: Kritik trägt zum Renommee des Autors bei. Natürlich muß man umgekehrt auch von den Autoren lernen, das ist eine Selbstverständlichkeit, eine Banalität. Mein ganzes Leben lerne ich von Thomas Mann, lerne ich von Fontane, nicht zu vergessen von Goethe, Schiller, von deren Briefwechsel. Wichtig aber ist nicht die Theorie, die der Schriftsteller dem Kritiker beibringt, sondern das praktische Beispiel. Haben Sie »Radetzkymarsch« gelesen?

Nein.

Das sollten Sie unbedingt tun. Von Roth kann man lernen, wie sich Zeitgeschichte anschaulich und unterhaltsam darstellen läßt. Ein großer Schriftsteller. Seine Theorie aber, die lassen wir mal in Ruhe. Da schreibt er, der Kaiser muß wiederkommen und anderes reaktionäres Zeugs, das ist nichts.

Wie beurteilen sie die aktuelle Gegenwartsliteratur?

Da kann ich nicht soviel zu sagen. Ich habe in den letzten zwei, drei Jahren ausschließlich den Kanon gemacht, was bedeutet: Ich habe wiedergelesen und wiedergelesen. Außerdem habe ich mir immer wieder gesagt: Ich muß ihn zu Ende bringen, solange ich noch lebe. Es gibt aber einen aktuellen Roman, mit dem ich meine Probleme habe. Der Autor ist Ingo Schulze. Ich habe Rezensionen gelesen, die Schulze und dessen Roman »Neue Leben« sehr gelobt haben. In denen stand aber auch, dreihundert Seiten weniger hätten dem Roman besser getan. Das ist ein Skandal. Wenn man den Autor belehren muß, daß hunderte von Seiten überflüssig sind.

Was kommt jetzt bei Ihnen nach der Beendigung Ihrer Arbeit am Kanon?

Ich mache die »Frankfurter Anthologie« weiter, von der jetzt der neunundzwanzigste und nächstes Jahr der dreißigste Band erscheint. Das ist die größte Gedichtsammlung mit Gedichtinterpretationen, die es je in deutscher Sprache gegeben hat. Ich bin übrigens auch hier der Ansicht, daß diese Anthologie von der Kritik nicht ausreichend gewürdigt worden ist, im Gegenteil sie hat davon kaum Notiz genommen. Wie lange es die »Frankfurter Anthologie« noch geben wird, weiß ich nicht, zumindest solange ich lebe, wird sie das. Das war ein Einfall von mir, so etwas hatte es vorher nie gegeben, das war unerhört: jede Woche ein deutsches Gedicht von Walter von der Vogelweide bis zur Gegenwart, mit einer Interpretation dazu, von einem bestimmten, begrenzten Umfang. Was ich auch weitermache, das ist eine Spielerei, aber auch ein großer Spaß: Jeden Sonntag den Lesern der »Frankfurter Allgemeinen Sonntagszeitung« auf ihrer Fragen antworten.

Glauben Sie, daß es nach Ihnen noch einmal einen Kritiker mit so einem großen Einfluß geben wird? Einen Kritiker, von dem man als »Literaturpapst« spricht, von dem gesagt wird, er selbst verkörpere die Literatur?

Nein, Sie erwarten doch wohl nicht, daß ich Ihnen darauf antworte, das ist nicht meine Aufgabe. Ich habe mich mit der

Literatur der Gegenwart und der Literatur der Vergangenheit beschäftigt, und ich beschäftige mich noch damit, und ich habe nicht die Aufgabe, mir über die Literatur der Zukunft und die Literaturkritik der Zukunft Gedanken zu machen. Das sollen andere machen.

»Ich glaube an die Zukunft der deutschen Literatur«

»Stern«, 22. Juni 2006

Das Interview führten Stephan Draf und Florian Gless.

Herr Reich-Ranicki, in diesem Frühjahr hat die Literaturkritik wieder darüber gestritten, was ein gutes Buch ausmacht. Was sagen Sie?

Ich könnte es mir leicht machen und einfach sagen: Ein gutes Buch darf nicht langweilig sein. Anders ausgedrückt: Es muß mein Interesse wecken – mit seinen Figuren, seiner Handlung, seinen Stimmungen, seinen Milieus, aber natürlich auch mit seiner Darstellungskunst. Thomas Mann hat einmal gesagt, des Erzählers Kunst sei es, zu unterhalten noch mit dem, was eigentlich langweilig sein müßte, also mit dem Altvertrauten.

Ist für Sie daher das Unterhaltsame wichtiger als die mögliche – literaturhistorische – Bedeutung eines Romans?

Sie konstruieren künstliche Gegensätze. Genuß und Bedeutung bedingen sich gegenseitig. Nur ein Buch, das mir Spaß bereitet, kann wirklich bedeutend sein. Unterhaltung und Spaß müssen immer sein. Das wußten schon die Autoren des größten Bestsellers der Welt, der Bibel. Übrigens: Wenn ein bekannter Schriftsteller gestorben ist, werde ich von den Nachrichtenagenturen immer wieder gefragt, was von ihm bleiben werde. Ich weiche dieser Frage aus, weil ich für die Literatur der Gegenwart und der Vergangenheit zuständig bin, nicht für die der Zukunft.

In den sechziger Jahren haben Sie für die »Zeit« einmal im Jahr auch einen Trivialroman besprochen. Warum?

Weil die Redaktion es dringend wünschte. Ich sollte den Lesern erklären, warum Autoren wie Hans Habe, Willi Heinrich oder Luise Rinser damals so erfolgreich waren. Ich habe zu zeigen versucht, wie diese Romane gemacht sind und daß ihr Erfolg durchaus kein Zufall war. Schließlich hätten viele Leute gern solche Romane wie Habe geschrieben und damit viel Geld verdient, aber es ist ihnen eben nicht gelungen. Habe hat einen Roman, »Das Netz«, verfaßt, den er mit dem Satz begann: »Ich hätte ihn schon am Sonntag hängen können, aber ich wollte ihm den Tag des Herrn nicht verderben.« Technisch fabelhaft. Habe sagte: »Wer diesen ersten Satz liest, der liest den ganzen Roman.« Er hatte recht. Ich habe mich im übrigen durchaus auch darum gekümmert, ob meine Kritik Einfluß hatte: in der Regel enormen. Ich habe irgendeinen Roman verrissen, aber weil ich geschrieben hatte, daß in schrecklichstem obszönem Deutsch pornographische Szenen geschildert werden, wurde er glänzend verkauft. Der Leser schmachtete damals nach diesen pornographischen Szenen.
Diesen Einfluß hat die literarische Kritik heute nur noch selten. Der SWR veröffentlicht jeden Monat eine Liste der »Besten Bücher«, zusammengestellt von dreiunddreißig Kritikern …
… da habe ich jahrelang mitgemacht …
… auf dieser Liste stehen überwiegend Bücher, die sich nur wenige hundert Mal verkaufen. Wo sind die Leser?
Es funktioniert schlecht, weil die meisten Leute die SWR-Bestenliste überhaupt nicht kennen. Das lesen die nicht. Wollen Sie nun sagen, das ist eine Institution im luftleeren Raum? Ja, teilweise. Deswegen habe ich aufgehört, da mitzumachen.
Aber nicht nur die Bestenliste scheint abgehoben. Auch die großen Feuilletons ergehen sich in Debatten, denen kaum ein Leser folgen kann oder will.

Sie treten bei mir weit offene Türen ein. Das sage ich doch unentwegt: Vergeßt die Leser nicht! Bei jedem Buch, das ich in die Hand nehme, frage ich mich: Wen interessiert das?

An wen denken Sie, wenn Sie eine Rezension schreiben?

Jedenfalls nicht an die Kollegen. Ich denke doch, wenn ich schreibe, nicht daran, was mein Freund und Kollege Joachim Kaiser meinen wird! Ich frage mich aber sehr wohl: Werden der Architekt, den ich gut kenne, und mein Anwaltsfreund diese Anspielung verstehen? Muß ich das deutlicher machen? Kritiken werden für Leser geschrieben.

Ohne Rücksicht auf Verluste.

Der junge, noch nicht etablierte Kritiker, der ehrlich schreibt, daß er diesen neuen Roman für total mißraten hält, riskiert sehr viel. Ich war mit einer Kritikerin befreundet, die in einer großen Provinzzeitung schrieb. Sie hat ein Buch des Suhrkamp-Verlags verrissen. Während der Buchmesse findet nun aber der Kritikerempfang bei Suhrkamp statt, früher war das der Höhepunkt der Messe. Sie bekam keine Einladung. Der Verleger Siegfried Unseld hatte gesagt: Sofort streichen! Ihr Chefredakteur bat sie nun aber, über den Empfang zu schreiben. Sie sagte: »Nein, ich bin gestrichen worden.« Der Redakteur: »Ja, das geht nicht. Sie müssen sich so verhalten, daß Sie nicht ausgeschlossen werden.« So ist sie mundtot gemacht worden. Ich kritisiere nicht Unseld. Er tat – was sein Recht war – alles für seine Autoren. Weiter: Ein Schweizer Kritiker, Mitarbeiter der »Frankfurter Allgemeinen Zeitung«, sagte mir, »Ich kann über keinen Schweizer Autor eine Kritik schreiben. Nur über tote.« Warum? »Ich schreibe die Kritik, die wird morgen gedruckt, übermorgen treffe ich ihn in der Straßenbahn. Er wird mir nicht die Hand geben.« In Österreich ist es ähnlich.

Und weil das so ist, versuchen Verlage immer öfter, den persönlichen Kontakt zwischen Kritiker und Autor herzustellen. Da wird zum Beispiel gemeinsames Kajakfahren in den Alpen angeboten.

Diese Interviews mit Autoren! Ich habe einmal ein langes Gespräch mit Anna Seghers geführt, der Autorin des großen Romans »Das siebte Kreuz«. Nach zwei Stunden hatte ich den Verdacht, daß sie dieses Buch überhaupt nicht begriffen hat. Von Literatur verstehen Autoren so viel wie Vögel von Ornithologie.

Verstehen denn Kritiker mehr von Literatur?

Sehen Sie, das ist ein weiterer wichtiger Punkt: Ich habe mir über Jahrzehnte die größte Mühe gegeben, einer Generation von Feuilletonredakteuren und Kritikern zu helfen. Ich habe mit ihnen gearbeitet und mich um ihre fachliche Erziehung sehr gekümmert. Jetzt gibt es leitende Redakteure, die sich überhaupt nicht um die Arbeit ihrer Leute kümmern. Ich habe etwas getan, was heute kaum noch einer tut: Ich habe die Artikel aufmerksam gelesen und redigiert, immer mit dem Ziel, ein deutliches Urteil herauszuarbeiten: »Hier ist ein Satz, ein Gedanke, der ist schon interessant. Mach' aus diesem einen Satz bitte drei. Die Leute haben nicht den Atem, so lange Sätze zu lesen.« So habe ich Redakteure erzogen. Das wird heute kaum noch gemacht.

(…)

Gibt es Kritiken, die Sie heute zurücknehmen würden?

Wegen meiner Antwort werde ich auch von Ihnen für einen größenwahnsinnigen Menschen gehalten werden. Ich sage nämlich: Ich habe mich nie geirrt. Ich kann nicht über ein Buch, das ich vor vierzig Jahren besprochen habe, heute sagen, ich hätte mich geirrt. Denn: In der Kritik steht, was ich vor vierzig Jahren über dieses Buch gedacht habe. Es gibt keine Irrtümer, es gibt Urteile, die alle zeitbedingt sind. Ich könnte nur dann sagen, mein vor zwanzig oder vierzig Jahren gedrucktes Urteil sei ein Irrtum, wenn ich sicher wäre, daß mein heutiges Urteil richtig ist. Diese Sicherheit habe ich nie. Ich habe Heinrich Bölls Roman »Billard um halb zehn«, um hier ein Beispiel zu nennen, sehr positiv beurteilt. Viel positiver, als er es wert war. Warum? Das war 1959, ich war neu in der Bundesrepublik, knapp ein Jahr, ich war erstaunt, wie wenig sich die zeitgenössische deutsche Literatur mit der eben erst abgeschlossenen Epoche des Nationalsozialismus beschäftigt. Da war ein Autor, Böll, der sich sehr wohl damit beschäftigte, ja, dieser Epoche einen ganzen Roman widmete. Und ich dachte: So was muß man unterstützen. Ich habe den Roman, soweit ich nur konnte, gelobt. Ich bedaure es nicht. Genauso, wie ich es nicht bedaure, als ich von Stockholm gefragt wurde, wer den Nobelpreis bekommen soll, Böll genannt zu haben.

Das klingt, als hätten Sie diesen Vorschlag im nachhinein in Frage gestellt.

Nein. Ich habe gedacht, wenn sie mich fragen, erwarten sie einen deutschen Autor, nicht einen chinesischen. Ich habe also lange überlegt, eine halbe Minute, und telegraphiert: Heinrich Böll. Er hat den Preis bekommen. Wenn ich ihn nicht vorgeschlagen hätte, hätte er ihn wahrscheinlich auch bekommen. Ich habe auch andere Autoren genannt, fünf Jahre lang wurde ich gefragt, da haben sie immer einen anderen genommen. Ich habe vorgeschlagen: Max Frisch, Friedrich Dürrenmatt, Graham Greene, und dann gibt's noch einen, der kann ihn noch bekommen: John Updike.

Meldet sich Stockholm telephonisch?

Nein, nein, nein. Per Brief. Die schreiben: »Wir bitten, Ihr Urteil zu begründen. Aber wenn Sie es eilig haben, geht es auch ohne Begründung.« Sehr bequem. Tja. Und wem haben sie nicht alles den Preis gegeben? Dario Fo! Bitte, noch schlimmer geht's doch nicht. Oder doch? Elfriede Jelinek! Nein, bitte. Wissen Sie, der Nobelpreis für sie war eine Gemeinheit Günter Grass gegenüber. Der Preis für Grass ist entwertet worden durch den Preis für die Jelinek.

Heute wird das Feuilleton nur noch von etwa drei Prozent der Leser wahrgenommen. Kann das so weitergehen?

Die Zeitung druckt nicht nur das, was der Zeitung direkten Nutzen bringt. Es werden täglich in der Zeitung die Wettermeldungen veröffentlicht. Völlig sinnlos. Das Wetter wird so oder so, ob Sie es mitteilen oder nicht. Die Zeitung muß es berichten, weil es ein Interesse der Leser dafür gibt. Eine Zeitung lebt auch davon, daß sie einen Ruf hat, ein Renommee. Es hat sich im Laufe von zweihundert Jahren erwiesen, daß der Ruf einer Zeitung zu einem nicht geringen Teil vom Niveau des Feuilletons abhängt. Sehen Sie: In der »Zeit« wurde ab und zu die Frage gestellt, sollten wir nicht Meinungsforscher beauftragen, zu ermitteln, was die Leser bei uns lesen? »Jaaaa«, sagten die politischen Journalisten, »wäre interessant!« »Jaa!«, sagten die Kollegen vom Sport. Nur das Feuilleton – es schwieg. Sie haben verstanden? Denn die Umfragen zeigten, daß das Feuilleton schon damals nur von acht Prozent gelesen wurde. Dennoch: Der Verleger der »Zeit«, Gerd Bucerius, hat einmal gesagt: »Wir haben jetzt viel mehr Abonnenten und Käufer. Dies ist zurückzuführen auf eine Blüte des Feuilletons unserer Zeitung.« Er hat, ich schäme mich, das zu sagen, in diesem Zusammenhang auch meinen Namen erwähnt. Also: Sie können nicht mit der Frage »Wer braucht das?« die Kritik fertig machen. Sie wird von einem geringen Prozentsatz gebraucht, aber sie ist dringend nötig.

Damit gute Bücher auch weiterhin ihre Leser finden?

Ja. Auch Sie müssen dafür sorgen, daß im »Stern« über diese guten Bücher ausführliche und sehr gut lesbare Kritiken erscheinen. Ich habe mich mein ganzes Leben lang mit dem ersten Satz gequält. Aus einem ganz einfachen Grund: Weil der Leser die Möglichkeit hat, nach meinem ersten Satz den Artikel wegzulegen. Gebt euch Mühe, Kritiken zu drucken, die die Leute dazu bringen, sie weiterzulesen.

Glauben Sie an die Zukunft der Kritik?

Ich glaube an die Zukunft der deutschen Sprache und der deutschen Literatur – und damit auch an die Zukunft der deutschen Kritik. Freilich: Die Krise der deutschen Kritik wird nie enden.

Anmerkungen

»All das sind unübersetzbare Werke« erschien im Februar 2000 in »Dialog« unter dem Titel »Zauber der polnischen Romantik«.

»Das ›Quartett‹ ist eine Wortsendung« erschien am 23. Oktober 2000 in »Format« unter dem Titel »Ich ertrage das nicht«.

»Der Kanon ist eine Art Lebenswerk« erschien am 9. Januar 2006 im »Focus« unter dem Titel »Geistreich, witzig, intelligent«.

»Der Rest ist Schweigen« war ein Beitrag der Sendung »ttt – Titel, Thesen, Temperamente«, ARD, vom 15. August 1999.

»Die abermalige Lektüre würde diesen Lesern eine herbe Enttäuschung bereiten« erschien am 14. Oktober 2000 in der »Welt« unter dem Titel »Was bleibt? Was stirbt?«.

»Die Boykottdrohung der israelischen Abgeordneten ist unbegreiflich« erschien am 18. Januar 2005 in der »Frankfurter Allgemeinen Zeitung« unter dem Titel »Diese Boykottdrohung ist unbegreiflich«.

»Die meisten Werke der Literatur verschwinden allmählich« erschien 2006 in »Cicero«, Nr. 6, unter dem Titel »Eine Schwäche für Lili Marleen«.

»Ein Kritiker muß übertreiben und überspitzen« erschien am 8. Februar 2001 in »News« unter dem Titel »Mit Feder und Schwert«.

»Ich glaube an die Zukunft der deutschen Literatur« erschien am 22. Juni 2006 im »Stern« unter dem Titel »Ich habe mich nie geirrt«.

»Ich habe in der Literatur Schutz gesucht« erschien am 15. August 1999 in der »Welt am Sonntag« unter dem Titel »Liebe spielt eine große Rolle«.

»Ich habe keinen einzigen Augenblick an Gott geglaubt« erschien am 19. August 1999 im »Stern« unter dem Titel »Ich habe keinen Tag meines Lebens an Gott geglaubt«.

»Ich kenne keinen Kritiker, der unfehlbar wäre« erschien in zwei Teilen am 21. und 28. Mai 2000 in der »Welt am Sonntag« unter den Titeln »Ich bin nicht der Papst der deutschen Literatur« und »Ohne Eitelkeit könnte ich nicht Kritiker sein«. Die Teilung ist durch eine Leerzeile markiert.

»Ich lese keine Repräsentanten einer Nation« erschien am 3. Dezember 2005 im »Magazin« unter dem Titel »Das Urteil«.

»Ich liebe Friedrich Schiller« erschien am 29. April 2005 auf der Online-Seite ZDF.de unter dem Titel »Ich liebe Schiller!«.

»Jeder Autobiograph schont sich selbst« erschien am 22. Mai 2000 im »Spiegel« unter dem Titel »Ritterschlag für einen Außenseiter«.

»Kein Thema sollte von der Literatur ausgeschlossen werden« erschien am 13. Dezember 2003 in der »Welt« unter dem Titel »Nicht fragen. Überleben«.

»Komödiantentum schmälert kein poetisches Talent« erschien am 29. November 1999 in »Format« unter dem Titel »Handke spielte keine Rolle«.

»Kritiker sind in der Regel einsame Menschen« erschien am 22. Mai 2000 in der »Süddeutschen Zeitung« unter dem Titel »Bekenntnisse eines Buchstaplers«.

»Lebenslängliche Urteile gibt es in der Literatur nicht« erschien 2006 unter dem Titel »Ein bißchen Mut zur eigenen Ansicht« in »Gregor Gysi trifft Zeitgenossen«, Blätter des Deutschen Theaters Bd. 4, herausgegeben von Birgit Rasch.

»Literatur soll Spaß machen« erschien am 18. Juni 2001 im »Spiegel« unter dem Titel »Literatur muß Spaß machen«.

»Meine Heimat ist die deutsche Literatur« erschien am 19. August 1999 in »News« unter dem Titel »Lebensbilanz«.

Musik ist nicht unpolitisch« erschien 2004 in »Rondo«, Nr. 6, unter dem Titel »Parsifal – gebraucht und mißbraucht«.

»Streiten habe ich in meiner Jugend gelernt« erschien am 1. September 2001 in der »Welt« unter dem Titel »Frittatensuppe rezensiere ich nicht«.

»Was ich in diesem Buch geschrieben habe, ist wahr« erschien am 11./12. September 1999 in der »Süddeutschen Zeitung« unter dem Titel »Alles, was ich geschrieben haben, ist wahr«.

Zeittafel 1999 bis 2006

1999	
15. August	»Mein Leben« erscheint
18. Dezember	Hessischer Kulturpreis
2000	
8. Februar	Goldene Kamera
7. Juni	Friedrich-Hölderlin-Preis der Stadt Bad Homburg
2. Juni	80. Geburtstag
30. Juni	letztes »Literarisches Quartett« mit Sigrid Löffler
8. August	erstes »Literarisches Quartett« mit Iris Radisch
2001	
18. März	Samuel-Bogumil-Linde-Literaturpreis
26. März	Ehrendoktorwürde der Universität Utrecht
14. Dezember	letzte Ausgabe des »Literarischen Quartetts«
2002	
3. Februar	erste Ausgabe von »Reich-Ranicki solo«
10. Juli	Ehrendoktorwürde der Universität München
28. August	Goethepreis der Stadt Frankfurt
18. September	»Der Kanon. Die deutsche Literatur. Romane« erscheint
3. Dezember	neunte und letzte Ausgabe von »Reich-Ranicki solo«
17. Dezember	Großes Bundesverdienstkreuz mit Stern der Bundesrepublik Deutschland

2003	
22. Oktober	»Der Kanon. Die deutsche Literatur. Erzählungen« erscheint
2004	
4. September	Europäischer Kulturpreis
8. September	»Der Kanon. Die deutsche Literatur. Dramen« erscheint
2005	
29. April	Sonderausgabe des »Literarischen Quartetts« zum 200. Todestag Friedrich Schillers
2. Juni	85. Geburtstag
17. August	Sonderausgabe des »Literarischen Quartetts« zum 50. Todestag Thomas Manns
26. Oktober	»Der Kanon. Die deutsche Literatur. Gedichte«
2006	
9. Januar	Ehrendoktorwürde der Freien Universität Berlin
24. Januar	Staatspreis des Landes Nordrhein-Westfalen
2. Februar	Ehrendoktorwürde der Universität Tel Aviv
3. Februar	Sonderausgabe des »Literarischen Quartetts« zum 150. Todestag Heinrich Heines
19. April	»Der Kanon. Die deutsche Literatur. Essays« erscheint

Gesprächspartner und Interviewer

Personenregister

Sieben Wegbereiter (2002)

Schriftsteller des zwanzigsten Jahrhunderts
304 Seiten, gebunden mit Schutzumschlag
€ 19,90 / sFr 35,20

Meine Bilder (2003)

Porträts und Aufsätze
336 Seiten, gebunden mit Schutzumschlag
€ 29,90 / sFr 52,–

Unser Grass (2003)

224 Seiten, gebunden mit Schutzumschlag
€ 17,90 / sFr 31,90

Über Amerikaner (2004)

Von Hemingway und Bellow bis Updike und Philip Roth
320 Seiten, gebunden mit Schutzumschlag
€ 19,90 / sFr 35,20

Thomas Mann und die Seinen (2005)

464 Seiten, gebunden mit Schutzumschlag
€ 22,90 / sFr 40,20